La Sierra de Guadarrama

Imagen de una montaña

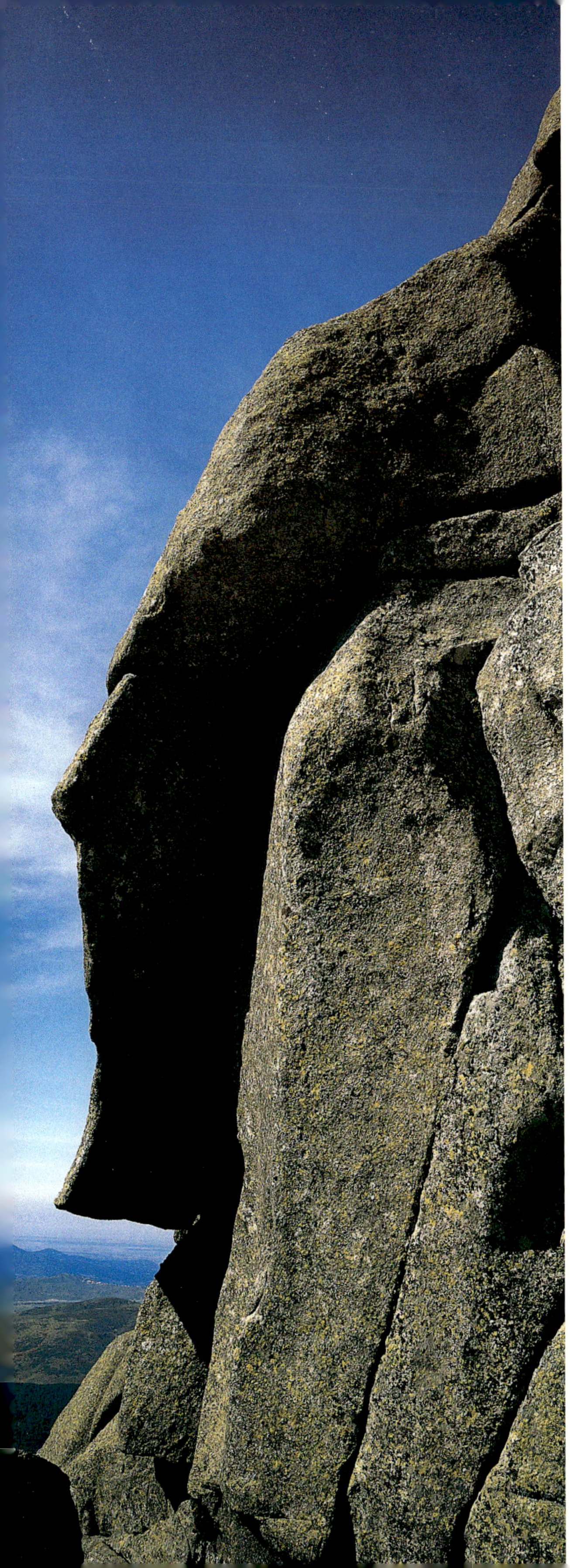

La Sierra de Guadarrama

Imagen de una montaña

Fotografía:
JAVIER SÁNCHEZ MARTÍNEZ

Texto:
EDUARDO MARTÍNEZ DE PISÓN

EDICIONES LA LIBRERÍA

A Queralt

Ella siempre supo comprender mi pasión por la montaña y la fotografía.
Precisamente fue en la Sierra de Guadarrama donde juntos dimos nuestros primeros pasos...

C/ Mayor, 80
28013 - Madrid
Tel.: 91 541 71 70
Fax: 91 548 93 93
info@edicioneslalibreria.com

PORTADA: Equipo de diseño de Ediciones La Librería
MAQUETACIÓN: Elena Lázaro

Impresión: Jomagar Roto Offset
Encuadernación: Guijarro

I.S.B.N.: 84-95889-84-6
Depósito Legal: M-41.145-2004
Impreso en España/*Printed in Spain*

Las montañas muestran claros paisajes naturales por sus mismos relieves destacados, porque constituyen refugios a veces últimos de formas de vida vegetal y animal y porque con frecuencia conservan rasgos reveladores de procesos culturales valiosos.

Estos territorios están pasando a integrarse en las redes geográficas generales, experimentando cambios de usos, de modelos y de configuración. Pero los más originales valores de los paisajes montañosos resultan dominantemente del vigor de sus soportes naturales.

Esta pauta forma el fundamento de las morfologías montañosas y, en la alta montaña, caracterizada por lo inhóspito, es el ámbito exclusivista de uno de los paisajes naturales más estrictos de la Tierra. Los niveles de altitud, por ejemplo, distribuyen sus espacios bioclimáticos por el imperio del frío o por el papel del sustrato rocoso, de las precipitaciones o del viento. Estos caracteres hacen a las montañas especiales reservas de espacios naturales.

El relieve de la montaña no es sólo el gran soporte de sus demás elementos y dinámicas, es su misma clave configuradora. Arma las arquitecturas montañosas y en ciertos ámbitos rocosos como las gargantas y la alta montaña desnuda es el elemento constitutivo esencial. El relieve es un valor natural que deberemos integrar en los códigos conservacionistas.

Por ello, desde el siglo XVIII la montaña alpina y particularmente la alta, la de los roquedos y glaciares, ha sido también objeto de una intensa imagen cultural, cuya vanguardia estuvo formada por los científicos, aunque fue difundida por los escritores como el refugio del sentimiento benefactor de la vuelta a la naturaleza.

El más profundo provecho que se obtiene del contacto con la naturaleza, del internamiento en los paisajes de montaña es el que procede de ese sentimiento, el que proviene de la adaptación atenta y respetuosa a sus dominios y a sus componentes: de nuestra acomodación a sus paisajes.

Y ese es el bien que también se pierde cuando no existe en nosotros tal actitud o cuando esos paisajes naturales son transformados hasta el punto de quedar descaracterizados.

El bien de que hablamos procede del ritmo de los viejos caminos, del compás del viento y de la lluvia, de la permanencia del perfil de la roca, del ciclo de las hojas, de la calma de los panoramas serenos y pacientes en el horizonte.

No es frecuente, sin embargo, ese temple; o lo es menos que el que proviene de una mirada pragmática a los recursos naturales o de la que prefiere adaptar las montañas a un objetivo ajeno

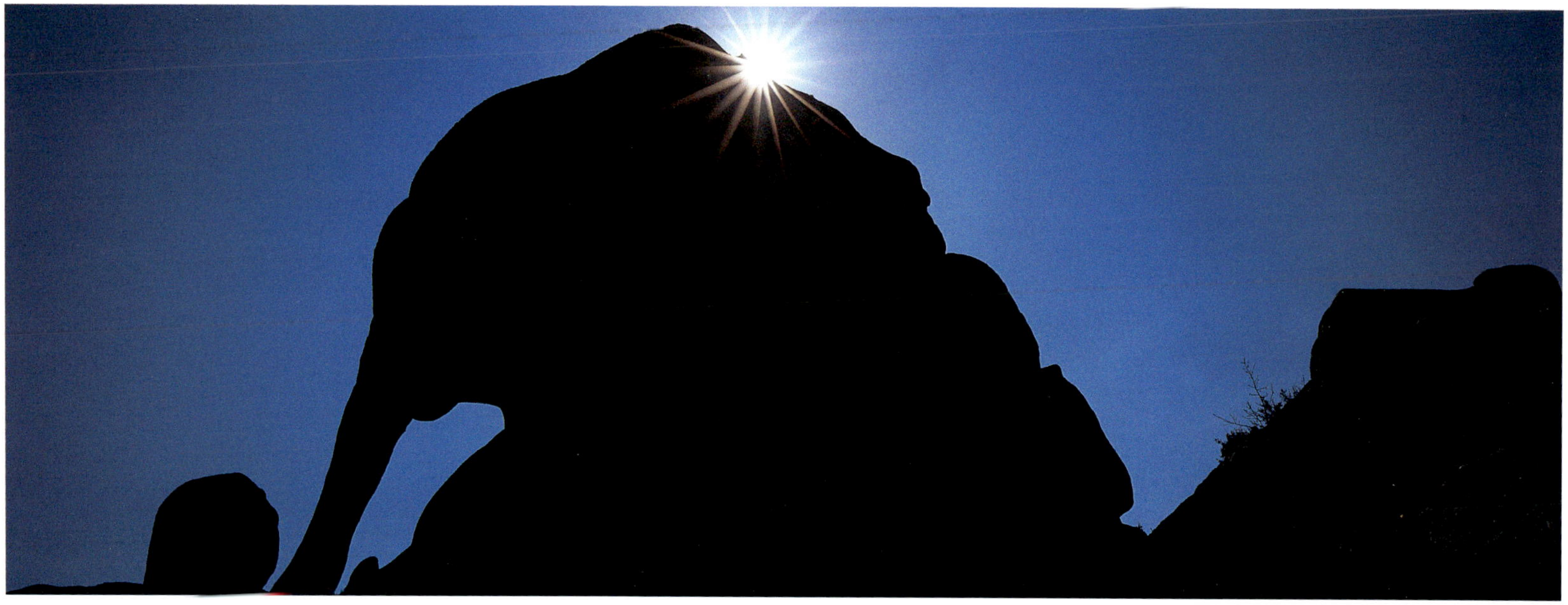

En las proximidades de La Gran Cañada y Cinco Cestos se encuentra el risco del Elefantito. 1

e interpone pantallas que eviten el contacto directo con la naturaleza.

El bien del que hablamos es el que surge del poderoso valor de lo lejano, de la seguridad del silencio, de la armonía de los elementos exclusivamente naturales, de la posibilidad de la soledad, del ritmo y el ambiente de las cosas salvajes, de esos paisajes fabricados con lentitud, cuya forma es demasiado magnífica como para ser dañada.

Sólo en relación con los hondos contenidos propios del paisaje, el visitante de la montaña podrá obtener un significado moral de su visita.

En este acercamiento ha sido ejemplar la Sierra de Guadarrama. Ya en el siglo XIV había amantes del ambiente silvestre del Guadarrama que lo comparaban con otros modos de vida menos apartados: *«Cómo dejaré la Sierra / do hay aire y truchas finas / por ir morar a la tierra / do hay bediñas e porcinas / a do la gente se encierra / con las especies caninas»*. Pero es más cerca de nuestros días, cuando el apego al Guadarrama se convierte en un movimiento cultural, importado de la Europa alpina, un entendimiento educador de la naturaleza, activamente puesto en práctica y expresado por la Institución Libre de Enseñanza y por la Generación del 98.

Como ha hecho ver Nicolás Ortega, si todo paisaje es una formalización de hechos, de contenidos y de valores apreciables para la educación, su expresión en la Sierra de Guadarrama se convirtió en un excelente recurso didáctico y cultural, material y simbólico, por sus cualidades, su enraizamiento y su accesibilidad. Se creó así una sensibilidad específica y una concreción en la práctica del guadarramismo que, a la vez que ha recibido ese beneficio educativo de la naturaleza, ha otorgado una cualificación y un sentido cultural propio a esta sierra. Paisaje y excursionismo van juntos, porque éste es el medio apropiado para enterarse de aquél. Concepto y práctica guadarramista aparecen asociados y obedecen ambos a las aspiraciones e ideas de Giner de los Ríos. El acercamiento al paisaje se planteaba, pues, como un proceso identificativo, como una busca de ciertos

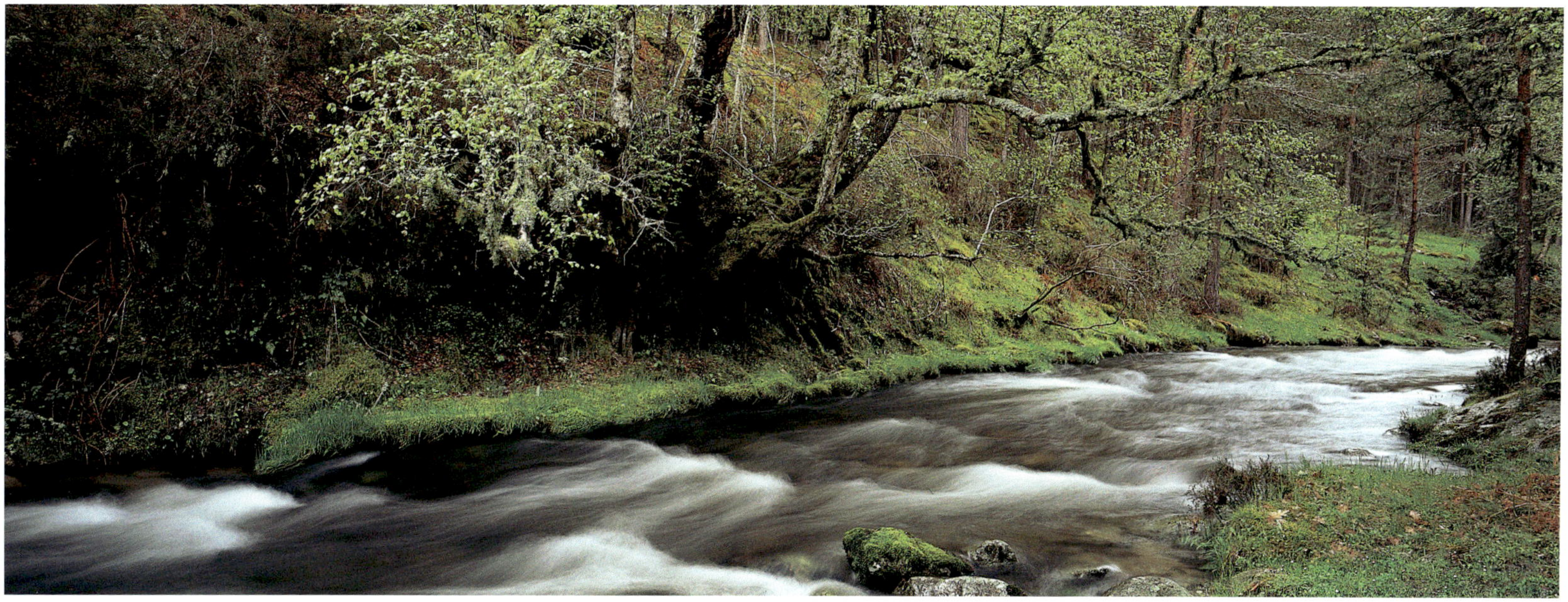

rasgos de la identidad colectiva en el escenario geográfico y como una posibilidad de aprendizaje y de ejercitar la inteligencia, la sensibilidad y la imaginación, además del cuerpo. Esa expresión selecta del paisaje también revertirá en una imagen renovada del Guadarrama, un descubrimiento de sus valores y una atribución de valores simbólicos a sus lugares, Peñalara, La Pedriza, el Reventón... Hay múltiples efectos de reciprocidad entre naturaleza y persona en el sentimiento del paisaje; pero, en esta escuela, tal sentimiento pasa necesariamente por el Guadarrama, el revelador Guadarrama, provocador de entusiasmos.

En efecto, los paisajes poseen una capacidad civilizadora de retorno. En ella intervienen los efectos de su contemplación, su vivencia directa y la participación en sus imágenes culturales. Los paisajes tienen un cuerpo paralelo que tal vez esté ausente de los lugares, pero que les otorgan a veces su sentido más profundo, valores morales. La relación no material entre una sociedad y su paisaje puede adquirir así bastante profundidad. Esto ha ocurrido entre la ciudad de Madrid y su próxima Sierra de Guadarrama, aunque no sin zigzagueos. Extraña relación inmediata entre el asfalto y la sierra boscosa de manantiales limpios y peñas de perfil con nieve.

Hay, pues, un movimiento intelectual, artístico y naturalista, procedente sobre todo de Madrid, al que se incorporan muchos escritores conocidos del cambio de siglo XIX al XX, incluso de primera fila, como Baroja, Machado, Juan Ramón Jiménez. Con frecuencia comparaban la ciudad y su hosca periferia, primero con la silueta de la Sierra en el horizonte y luego con la placidez de sus rincones. A comienzos del siglo XX el poeta Enrique de Mesa describía el duro entorno de la ciudad como *«afueras de Madrid: estercoleros; / medianerías rojas; / trozos de sembradura con senderos; / de vez en vez, un álamo sin hojas»*. Y marcaba la oposición con la montaña: *«Pobreza, suciedad. Por la bocana / de la calle, que hiende el caserío, / blanca y azul, lejana, / la Sierra, madre del sediento río.»* Machado hablaba igualmente del *«Guadarrama, viejo amigo,*

Tramo superior del río de la Angostura en el valle alto del Lozoya. **2**

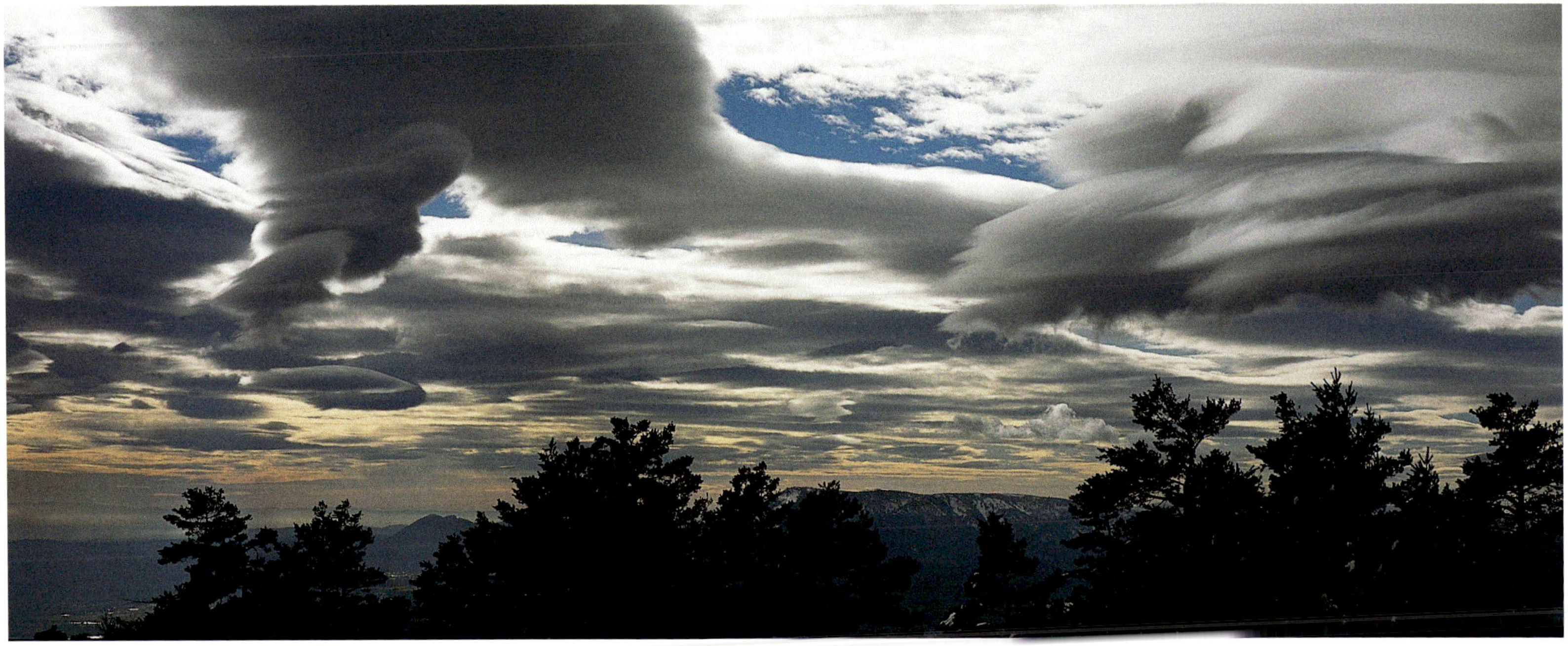

/ la sierra gris y blanca, / la sierra de mis tardes madrileñas / que yo veía en el azul pintada».

Algo más tarde entraron en la montaña y allí entendieron un mensaje nuevo entre sus sombras, palabras que sólo habitan en los barrancos hondos *«donde el viento canta».* Vuelven a Madrid con la impresión y el recuerdo de los pasos dados en sus escenarios, de los caminos perdidos en la borrasca de las peñas, de *«las trochas duras, / cercano al hosco roquedal cimero».* Fue en la Sierra donde Machado oyó que *sonaba el planeta* en la voz del agua. Allí vieron la belleza del invierno, las rocas erizadas de hielo, las luces tendidas por la nieve. Así fue naciendo una necesidad de la belleza acompasada que sólo da la naturaleza. Devolvieron la deuda con sus versos. La melodía aprendida en las roquedas bravas y los mantos de los bosques, en los regatos de voz de cristal, donde aún ríe la nieve de la cumbre, vuelve en su voz, escrita en semejanza al concierto conjunto del agua, del aire, de la piedra y del árbol, al canto mudo de la niebla, al *«cristal murmurador»* del nevero que funde y a la *ronca voz del río.* Han conocido el silencio y el tumulto de las nubes que, desde las bocanas de los puertos, ruedan por las laderas, el sonar de batalla de la lluvia, el batir de las alas del viento, el rugido en la noche de las aguas bravas por los canchales. Un libro, un poema sobre la naturaleza de un lugar es como un auto sacramental en el que dialogan los elementos y los sentidos, en el que la razón indaga mientras el Mundo habla y actúa.

El pinar a fines del invierno es en realidad la reunión de la belleza de la silueta del tronco, del color tan identificador del ramaje rojizo, del crepitar que apenas se oye de su corteza, el paso entre las acículas de los pájaros, un trino lejano y otro próximo y distinto, el claro soleado, los brillos de las micas del granito en el borde de la senda, el sonido del agua, el centelleo de la cumbre nevada entre las copas, el gran bloque gris medio cubierto de musgo, el aroma de las plantas, de la ribera o de la sombra, la permanencia de un elegante estilo de la naturaleza, el reencuentro con los recuerdos.

El fuerte viento en las capas altas modela este tipo de nubes, a veces de forma lenticular. **3**

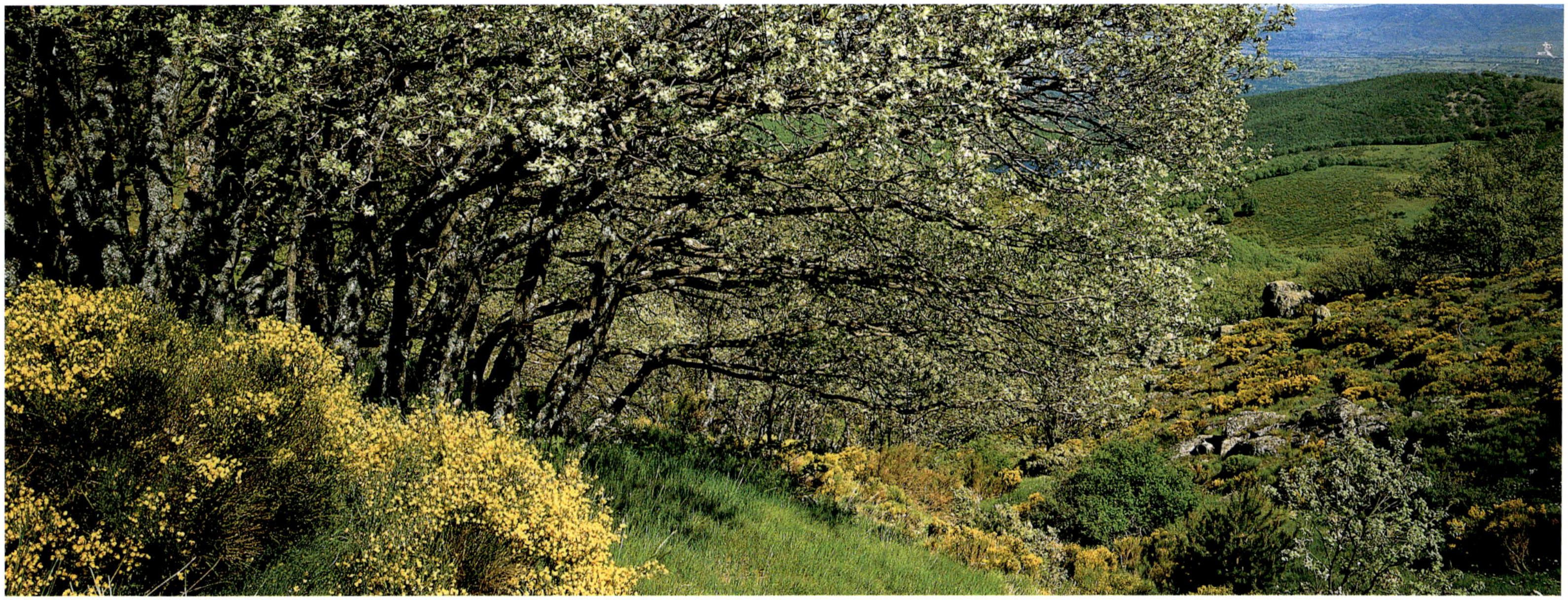

Todo es un conjunto que se ofrece de modo complementario, acorde, armonioso y calmo.

Es el concierto entero del agua de la montaña el que entra en la boca del caminante que bebe en el borde del torrente. La montaña va a ser parte incluso física de los escritores y con ellos de sus lectores, como aquéllos y éstos pertenecen paso a paso a la sierra. Integración selecta de ciertos ciudadanos en los austeros pinares. Viejos roquedos que son estimados como maestros. Lugares especialmente sentidos porque nos dieron raíz en el abismo. Esta tradición ha creado un nivel de percepción y también unas obligaciones de mantenimiento de los valores que lo permitieron, de emprender iniciativas que eviten el apagamiento de su ensueño. Hay paisajes temibles que amenazan nuestras montañas. Recuerdo a veces aquel final del libro de Arseniev sobre la taiga del Ussuri, cuando vuelve para visitar la tumba de Dersu Uzala y no pudo reconocer el lugar, desfigurado por las obras de los hombres. Los grandes cedros que abrigaban la sepultura habían desaparecido y de la calma sólo quedaba el recuerdo. No quiero aplicarlo más a nuestras montañas.

Al cabo de los años mi vida es una sucesión de paisajes perdidos, de jardines cortados, de escenarios que parecían eternos y sólo estaban prestados por un tiempo. He visto morir riberas en su infancia, lagos en su adolescencia, cumbres jóvenes. La vejez está compuesta de renuncias. Tristes son los reencuentros con los lugares irreconocibles, sin el rostro de la memoria. Hay paisajes que sólo existen ya en mis difusos recuerdos personales y que desaparecerán definitivamente conmigo. Hay tantos paisajes asociados a las vidas, a las idas y retornos, que es preciso mantener su sustancia. Nosotros, los errantes no somos de tierra quemada, gente sin espalda, perdeedores de arraigos. Lo seremos si al retorno no están allí los horizontes que nos permiten que el mundo tenga significados. Al cabo de los años, tantos paisajes maltratados, tantos lugares que se han vaciado de alma en una busca ciega para ser competitivos. El paso del tiempo es como un viaje, porque la vida recorre un

La primavera se manifiesta en los robledales y piornales del valle de Miraflores. **4**

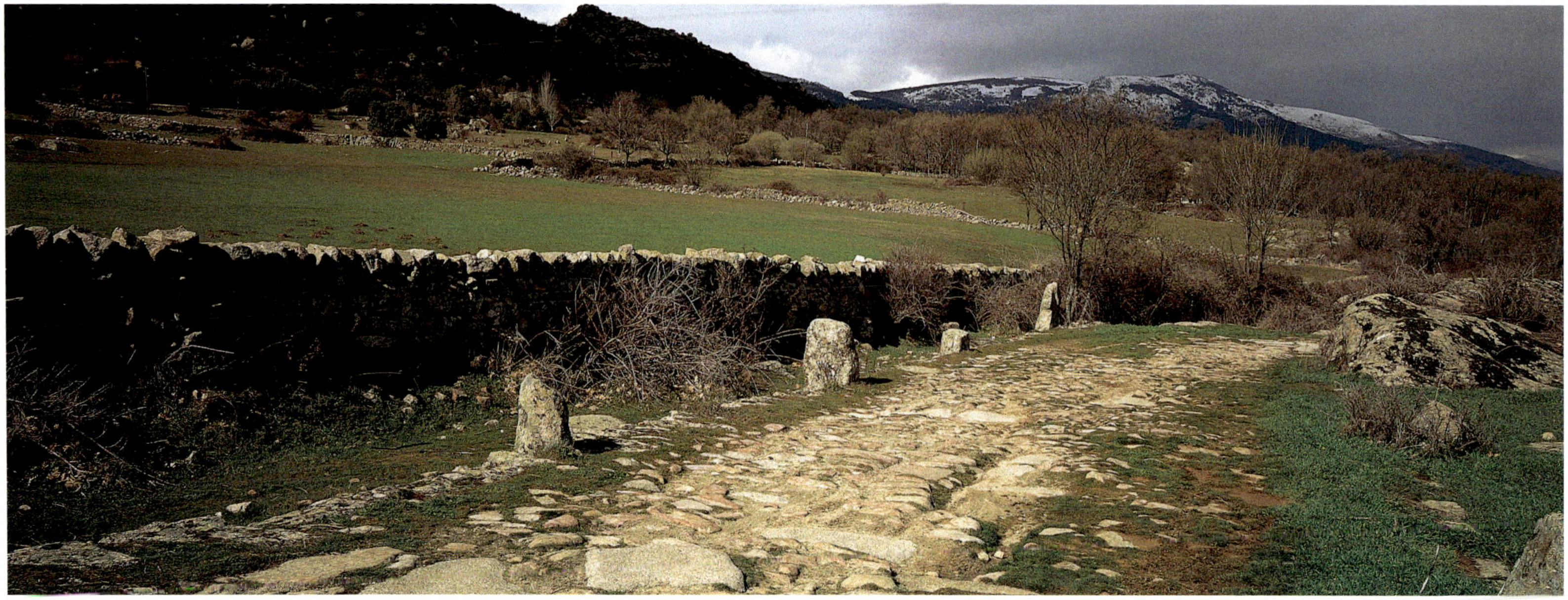

Calzada romana de Las Machotas, convertida en senda de merinas y GR-10 entre Zarzalejo y El Escorial. **5**

camino, porque las cosas se transforman y los paisajes mudan y a veces tanto, que, sin movernos de ellos, parece que hubiéramos ido a otras regiones.

La vida se asienta, entre otras cosas, en los sueños y con ello superamos las condiciones de una mera existencia. Hay circunstancias que no quitan existencia, pero que aminoran la vida. Los proyectos e ilusiones son propios de la vida y liberan a los hombres de replegarse a una existencia definida por un horizonte con frecuencia bastante atroz. Ciertamente, la experiencia es melancolía. *«El tiempo es breve, las ansias crecen, las esperanzas menguan»*, escribía Cervantes. La vida, en efecto, es un ruido breve entre dos silencios. Pero en el mantenimiento de los sueños vitales, en el sostenimiento de la emoción ante las cosas, no hay edad. Son las pérdidas de los objetos y de las personas lo que crea la nostalgia y da paso a la tentación del abandono. Entre esos sueños vitales hay que proponer la necesidad del cuidado de los paisajes porque coincide con la necesidad de la armonía. No hay que olvidar que somos terrestres, que todo es terrestre y que nuestra relación con la tierra no esta vacía de significados. Respiramos aire de la tierra, bebemos agua de la tierra, comemos plantas y animales terrestres. Vivimos de la tierra ingenua. Y además ¿cómo no introducir o proyectar sueños y armonías en esta relación? ¿las ansias son sólo materiales?

La Sierra de Guadarrama es un legado vivo. Ciertamente está conformada por viejas rocas de formas muy características, bosques de clara personalidad, prados, nieves invernales en sus perfiles cumbreños, ríos de marcados valles. Todos ellos sirven de soporte y escenario a una herencia cultural decantada en paisajes aún armoniosos. Y también está constituida por cambios y hasta por planes de mayor o menor vitalidad. Es justamente en el proceso de cambio donde hay que intervenir con propuestas atractivas y resistentes para que ni las viejas rocas ni las herencias seculares sean llevadas por delante por alguna de las muchas riadas unilateralmente utilitarias que aparecen y desaparecen en los tiempos actuales. El proceso en rea-

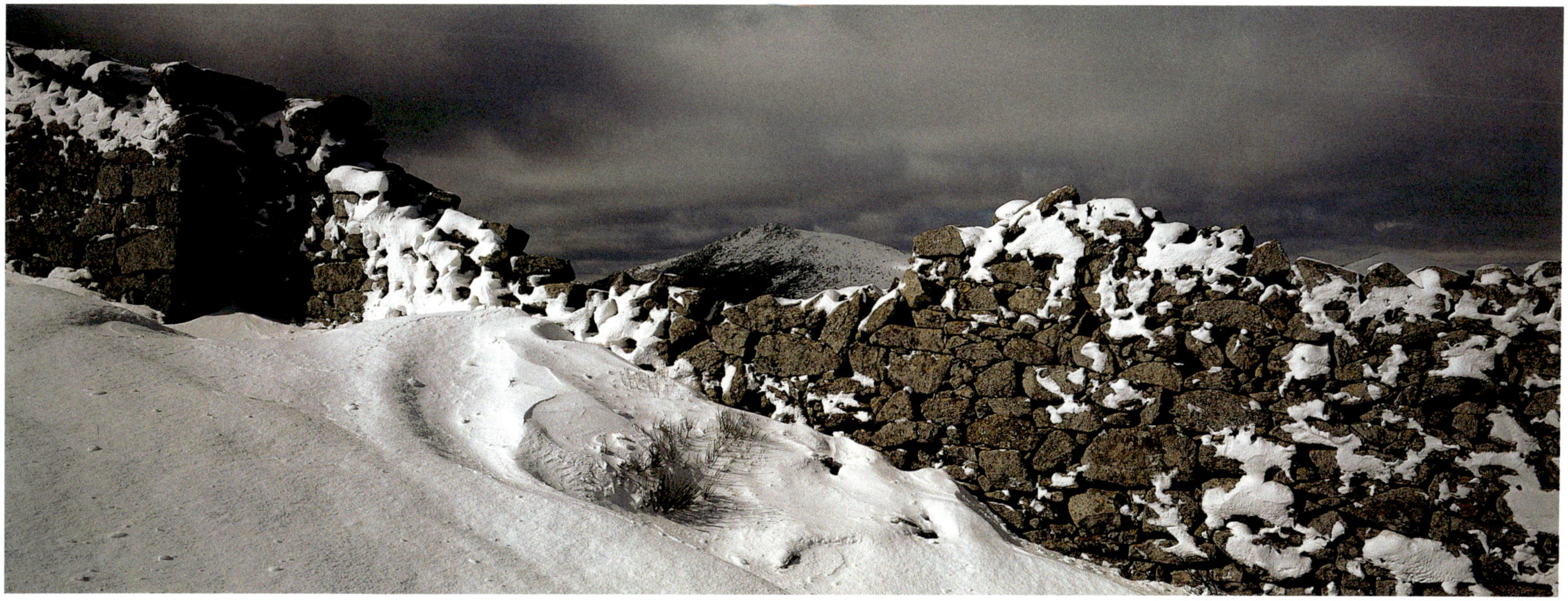

lidad es múltiple. Deberíamos procurar hacerlo también acorde.

La gran suerte de Madrid es tener la Sierra al lado. En el aspecto cultural también ha sido una ventura cierta para la Sierra tener Madrid tan cerca. Pero igualmente es innegable que es un problema serio para su naturaleza estar en la inmediata órbita de una ciudad tan impetuosa. La Sierra no es grande y menos para tal demanda. Se suele decir que antes había mucho espacio y poca gente y ahora hay mucha gente y poco sitio. La influencia urbana tradicional se ejerció, por ejemplo, a través de puntos excepcionales como los Reales Sitios y, en momentos más recientes, actuando de referencia migratoria próxima y dando lugar a cierta especialización económica serrana, como en el caso de las canteras, de la demanda lechera, de la producción forestal, de las reservas de agua, de su estima como recurso para la salud y el ocio, o como objetivo de colonias y residencias de veraneo. De la ciudad proceden también los proyectos de comunicaciones por ferrocarril y carretera, internándose hasta los puertos y atravesándola. A la presión urbana se deben cambios visibles que recorren la falda entera de la Sierra, desde las áreas residenciales a las estaciones de esquí. Todo ello se da en una poderosa dinámica transformadora, en modificaciones que no sólo alcanzan a espacios, paisajes y usos, sino también a sus valores.

El uso turístico intenso de la Sierra ha venido siendo casi sólo de fines de semana, nivosos o no, y de verano, más bien para buscar el fresco. Pero, cuando llega ese uso, es inundatorio y traslada los problemas de masificación y equipamiento de la ciudad a los paisajes naturales. Con ello, el disfrute adecuado de la montaña no alcanza los niveles de calidad que debe proporcionar la naturaleza libre y preservada, así como tampoco se consigue en bastantes lugares el mínimo grado de soledad que parece que conviene al visitante.

De modo que si siguiéramos otro modelo a lo mejor podríamos evitar las secuelas de esa tendencia. Y tal patrón para la montaña no está lejos, sino en la propia Sierra, en la restauración ejemplar

"La Pared Maestra" levantada en tiempos de Felipe II. Al fondo el cerro de San Benito (1626 m). **6**

ejecutada en el espacio natural de Peñalara. Hoy se estima la posibilidad de una iniciativa conservacionista global largamente esperada: la propuesta de conceder la categoría de Parque Nacional a un ámbito aún por determinar de la Sierra de Guadarrama. Otro proceso de caracteres diferentes se está pues emprendiendo, en consonancia con una recuperación de los valores que nuestra cultura ha otorgado al Guadarrama. Esta línea directriz de protección y de ordenación de los paisajes naturales serranos tendrá derivadamente un positivo efecto de retorno en la sociedad que vive estos espacios. Esta propuesta sumará una escritura nueva al viejo documento territorial y paisajístico donde hay ya tantos siglos de escrituras superpuestas sin borrar los anteriores, como algo vivo y proyectado al futuro.

Hemos llegado a un punto en el que lo que no está protegido está amenazado. Hay múltiples y contrastadas miradas sobre la Sierra, desde la de los biologistas que aspiran a reintroducir especies a las de los promotores que quisieran implantar más armatostes de esquí o que persiguen pesadillas de cemento, y es preciso encontrar en cada lugar los términos ponderados. Hay espacios donde es posible el paso a aquella vieja y frustrada propuesta de hacer de un suficiente sector del Guadarrama un Parque Nacional sin forzamientos ni en la norma ni en la montaña. Los núcleos son francos y aunque existan periferias más dudosas que requerirán un trato esmerado, éstas no deberían decidir afectando negativamente a lo que es contundente en la médula.

El Parque Nacional adquiere varios sentidos, uno para la misma Sierra, sus elementos, significados, paisajes, procesos y habitantes, otro para la región en la que se enclava, la de Madrid y la de Segovia y la cadena montañosa del Sistema Central. Otro aún a escala peninsular, como parte de una red geográfica de montañas, y a la nacional, como expresión parcial de un sistema de parques, y también a la internacional, como paraje destacado en los lugares selectos del mundo. La inserción en la categoría de Parque Nacional inscribe a la Sierra en un conjunto estelar. Esta noble preservación tendrá incontables beneficiarios en el tiempo. Para ellos se habrá reservado un recinto de piedra, agua y bosques en el que aprender y disfrutar en el silencio mantenido de la Sierra.

Eduardo Martínez de Pisón

I

Las Machotas
La Mujer Muerta

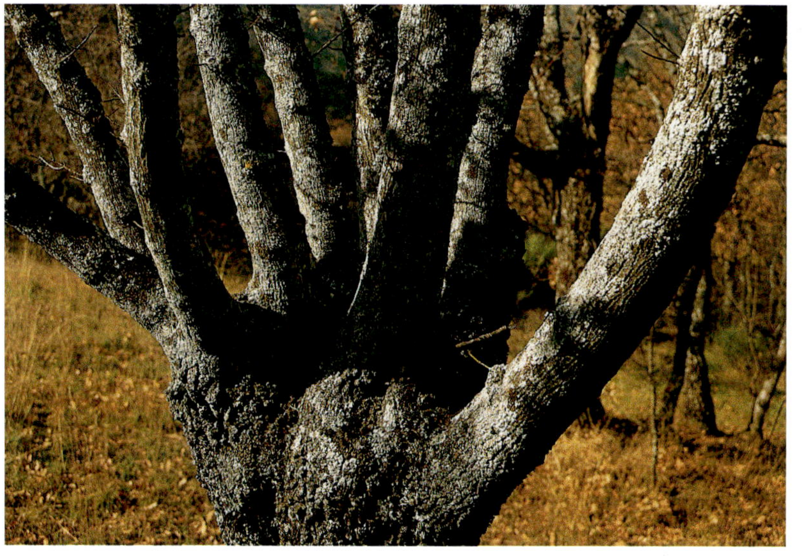

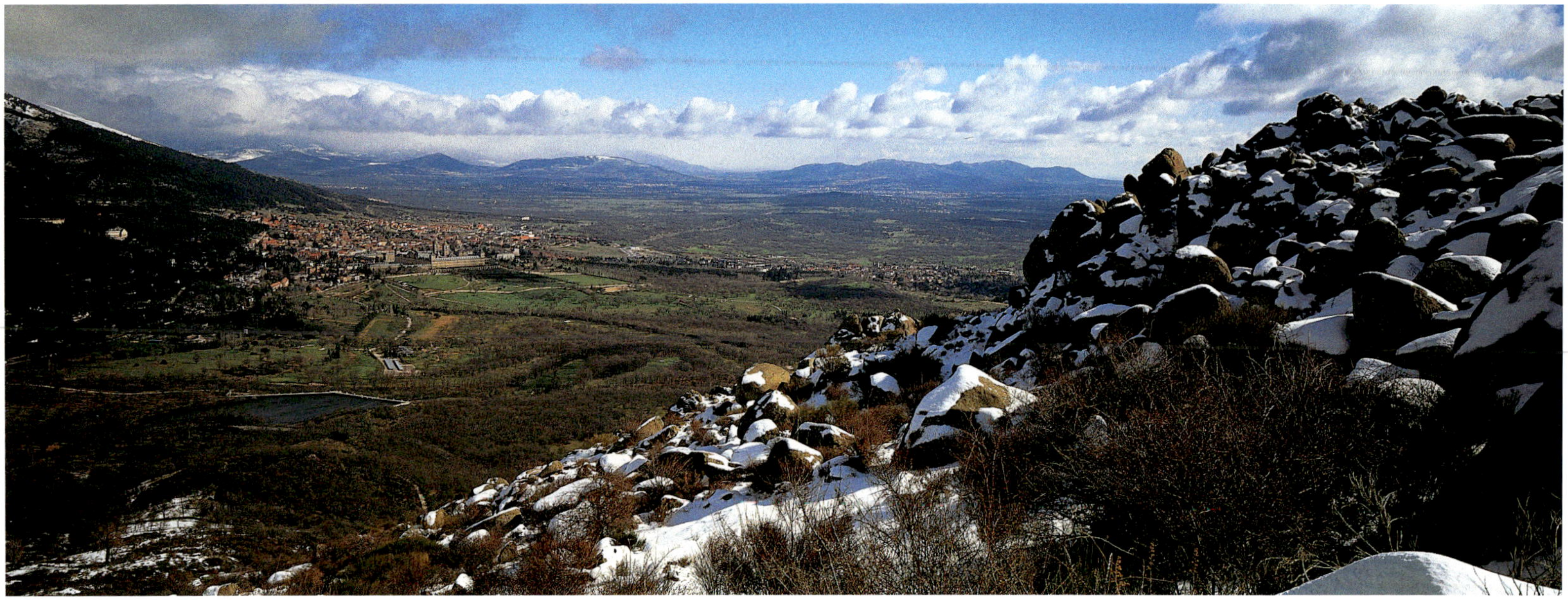

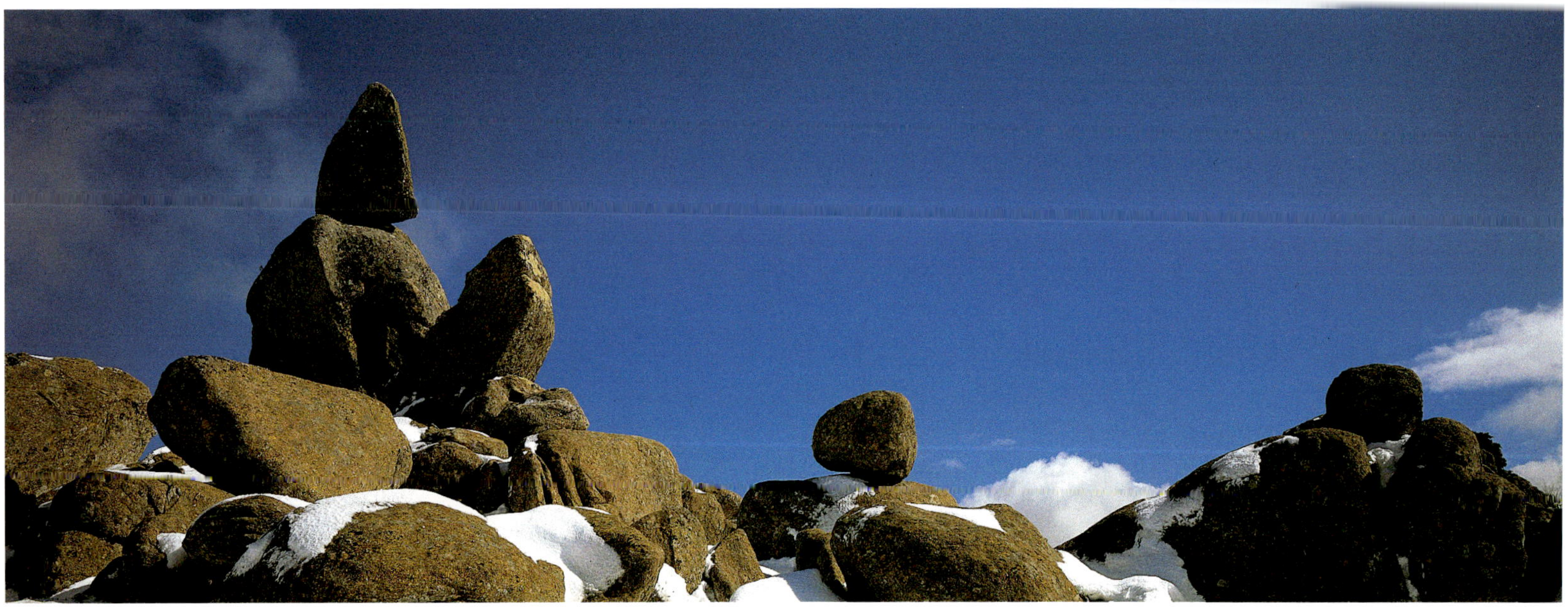

(Página anterior) Detalle de fresno en el bosque de La Herrería (El Escorial). **7**

Umbría del Valle y El Escorial desde La Machota Alta. **8**

Algunas formaciones rocosas adoptan figuras antropomórficas, como el Risco del Fraile, en La Machota Alta. **9**

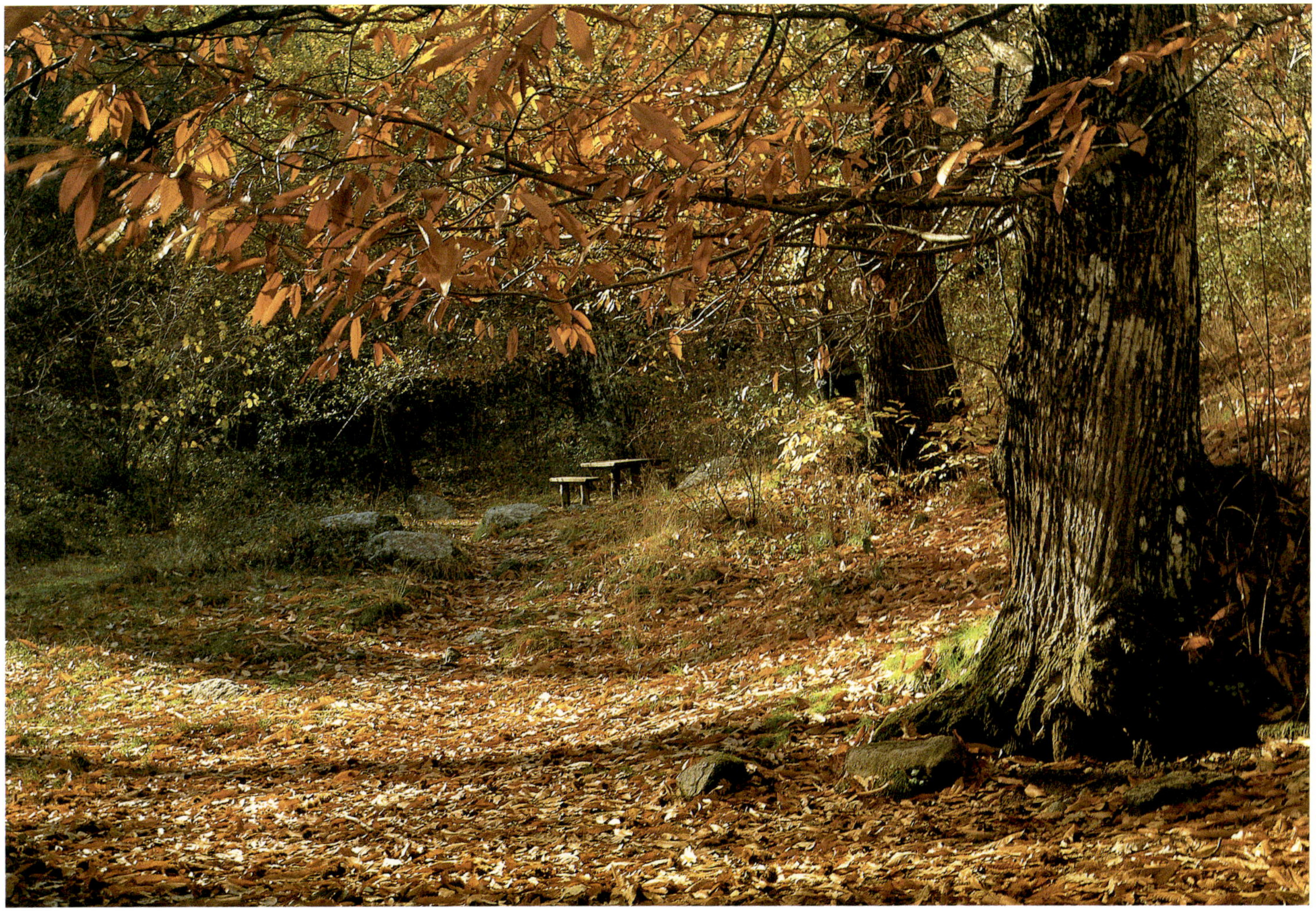

Castaño en las proximidades de la Fuente de la Reina, en el bosque de La Herrería (El Escorial). **10**

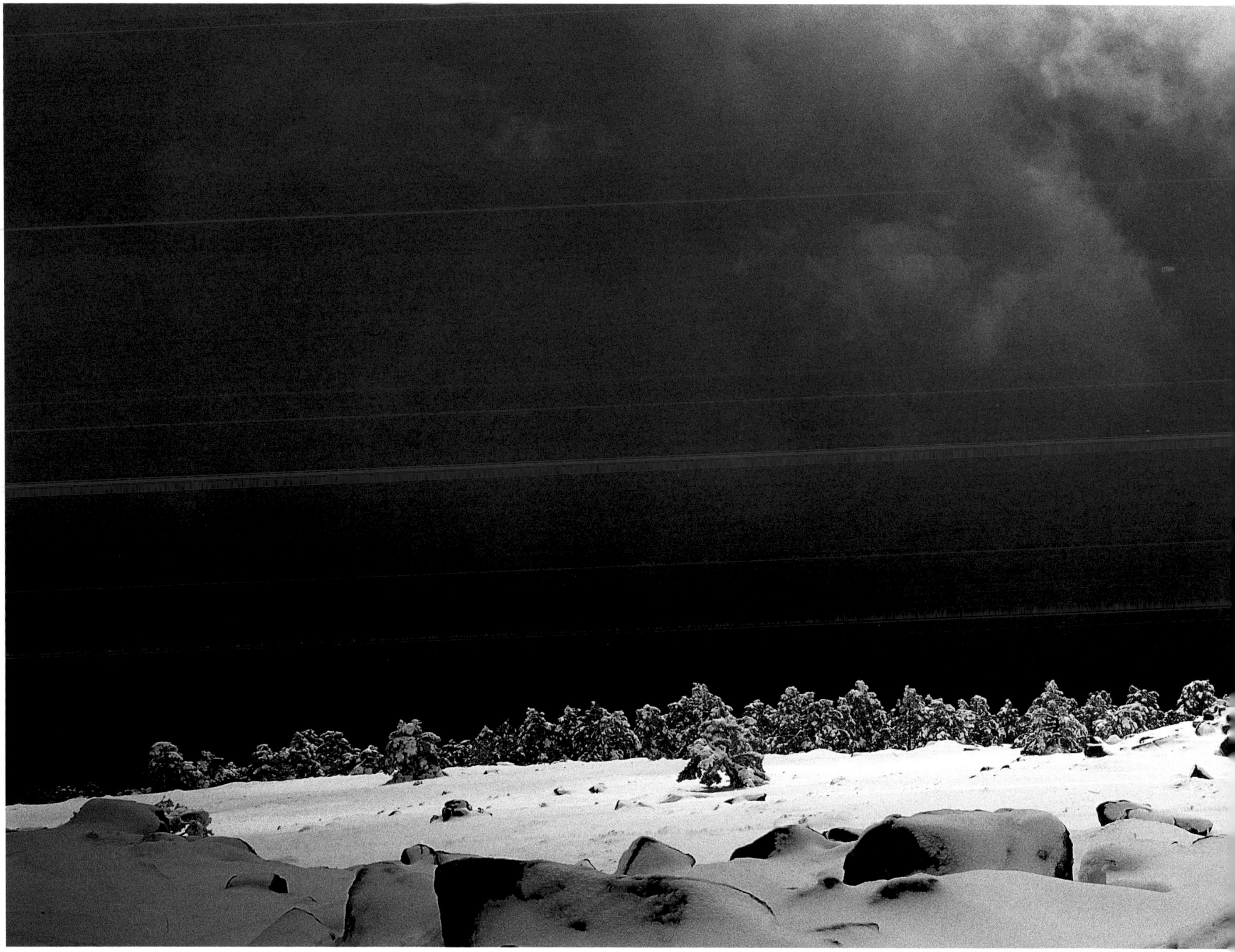

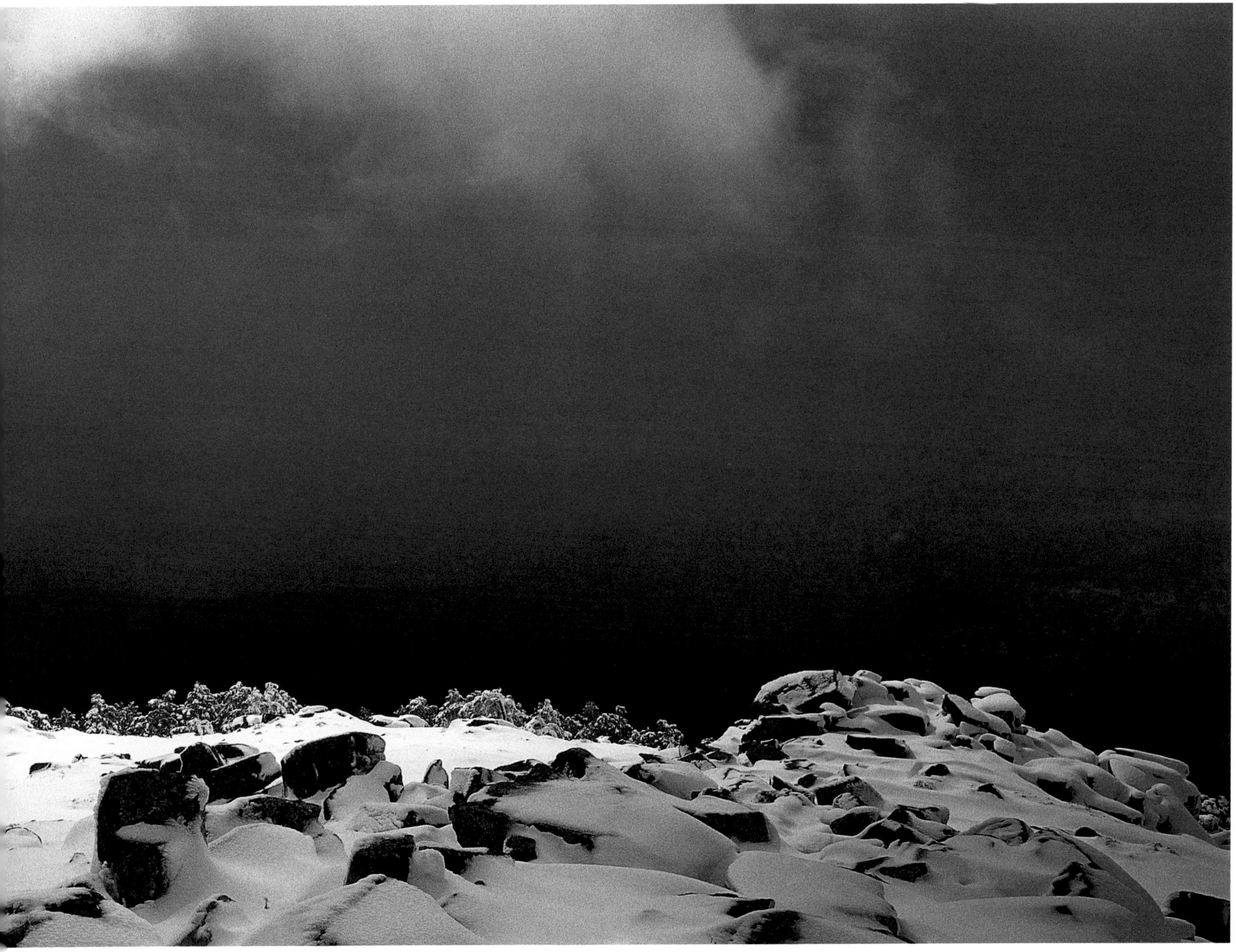

Ladera sur de Cabeza Líjar después de una copiosa nevada, al fondo se aproxima un nuevo frente (Sierra de Malagón). 11

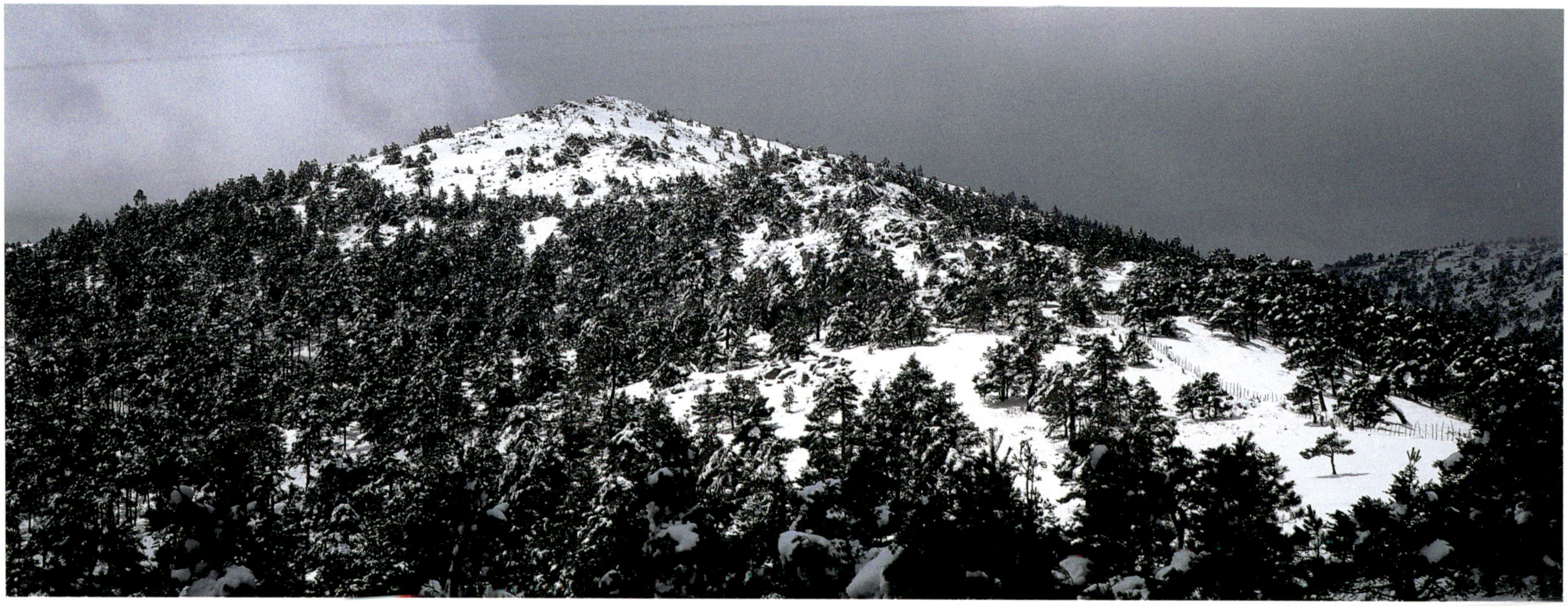

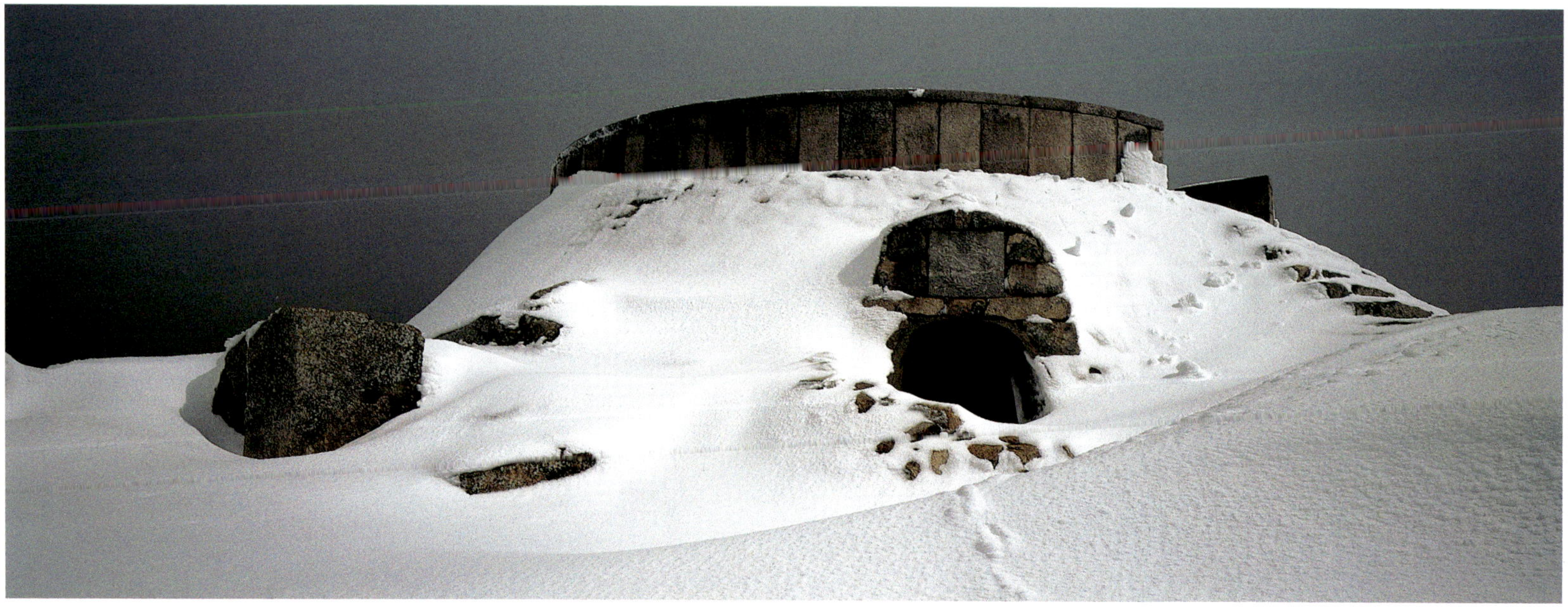

Cerro de la Salamanca (1789 m) desde el Collado de la Mina. 12

Mirador de Cabeza Líjar (1823 m) convertido en búnker durante la guerra civil. Límite de las tres provincias: Ávila – Segovia – Madrid. 13

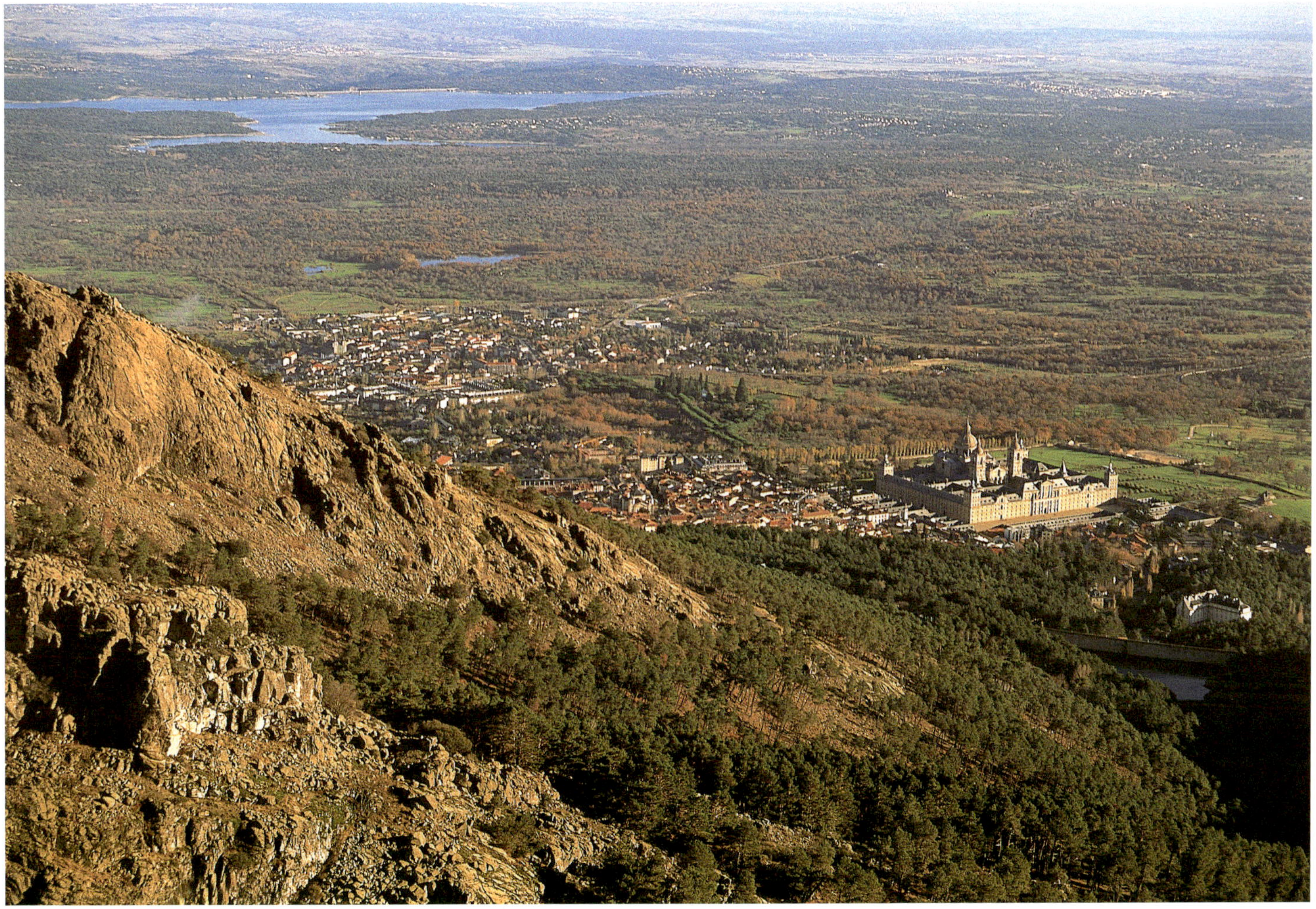

El Escorial y su monasterio desde las cercanías del cerro de Abantos (1754 m). Al fondo el Embalse de Valmayor. 14

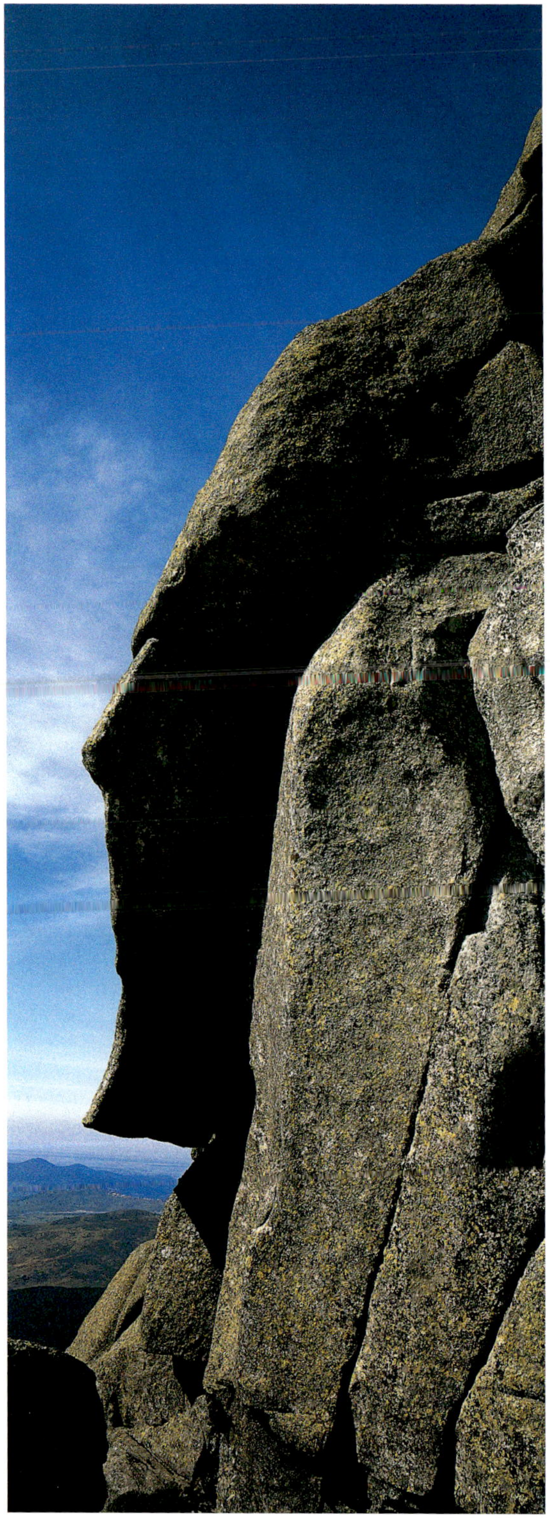

En las cercanías del Alto de La Peñota (1945 m)
descubrimos la imagen de una esfinge pétrea. **15**

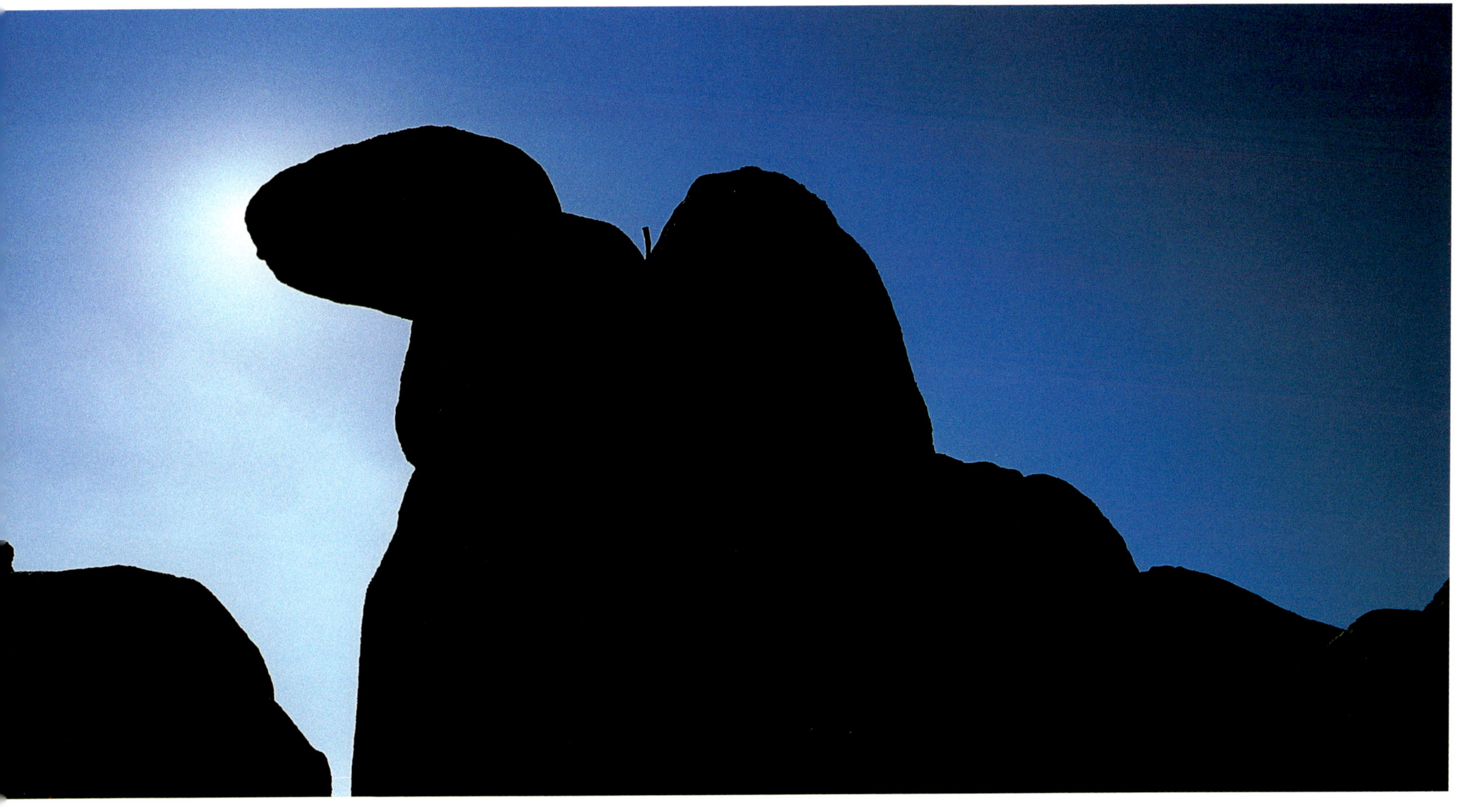

Contraluz en la cara norte de la Peña del Arcipreste de Hita. **16**

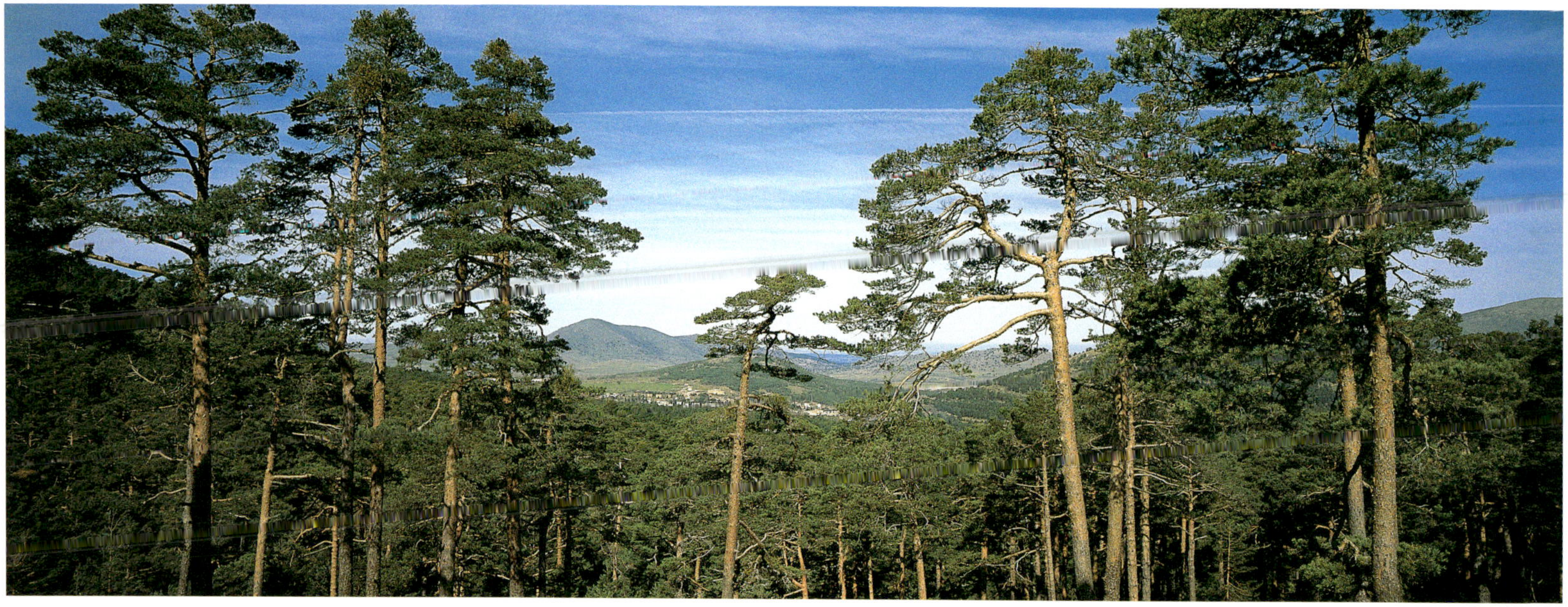

El pueblo de San Rafael desde los pinares de Aguas Vertientes en la cara segoviana de la Sierra de Guadarrama. 17

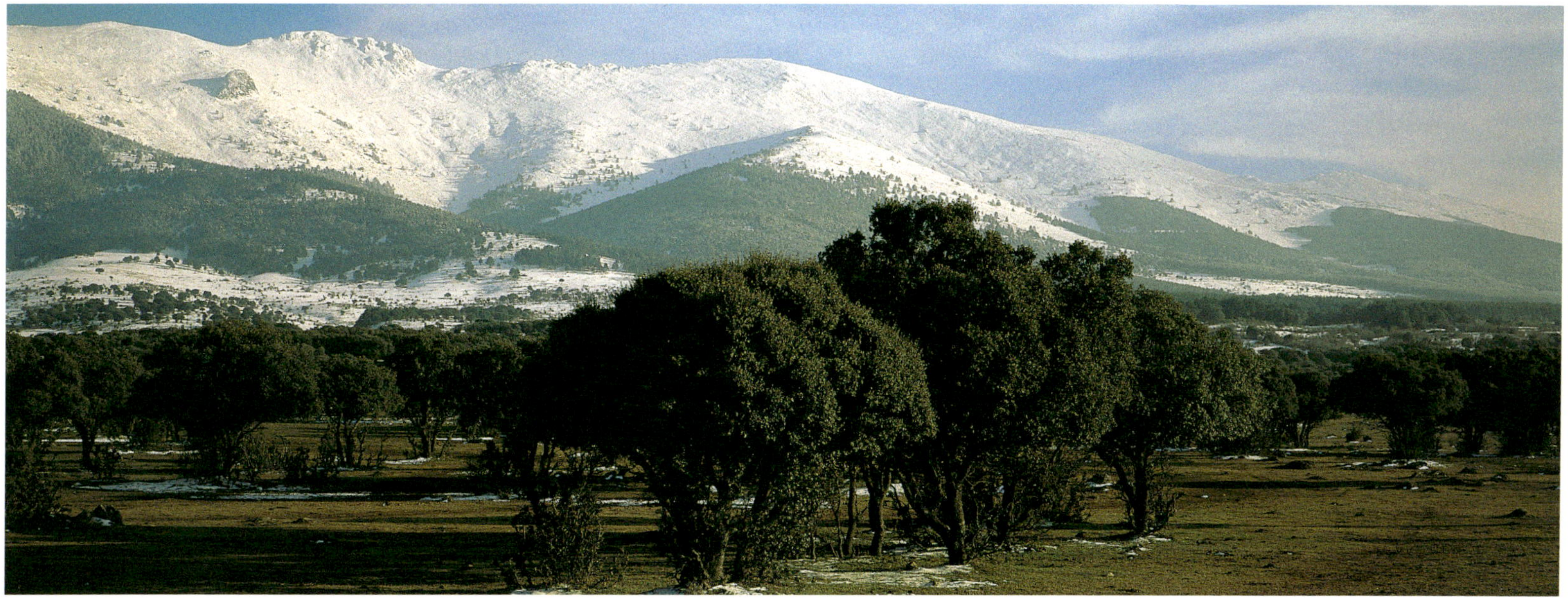

La silueta de La Mujer Muerta con la Peña El Oso (2196 m) desde los encinares que cruzan la Cañada Real Soriana Occidental (Segovia). **18**

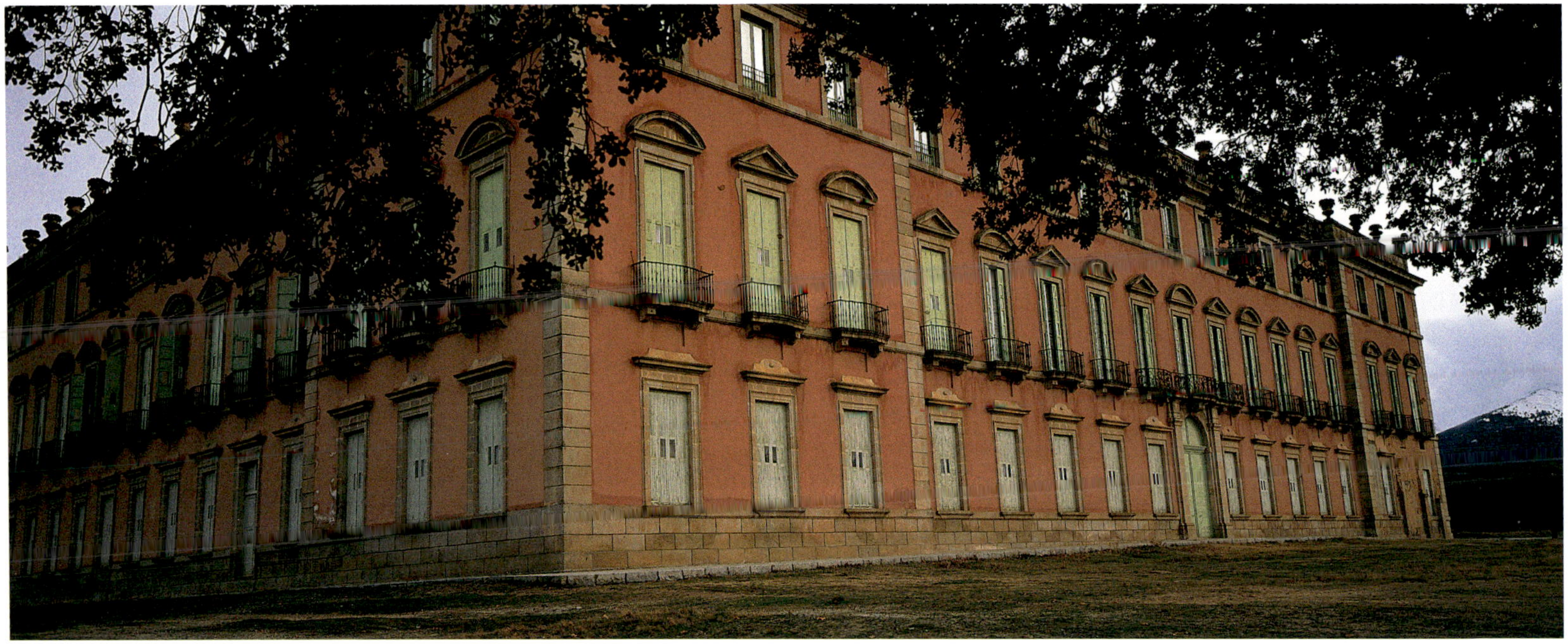

Palacio Real de Riofrío (s. XVIII) en Segovia. **19**

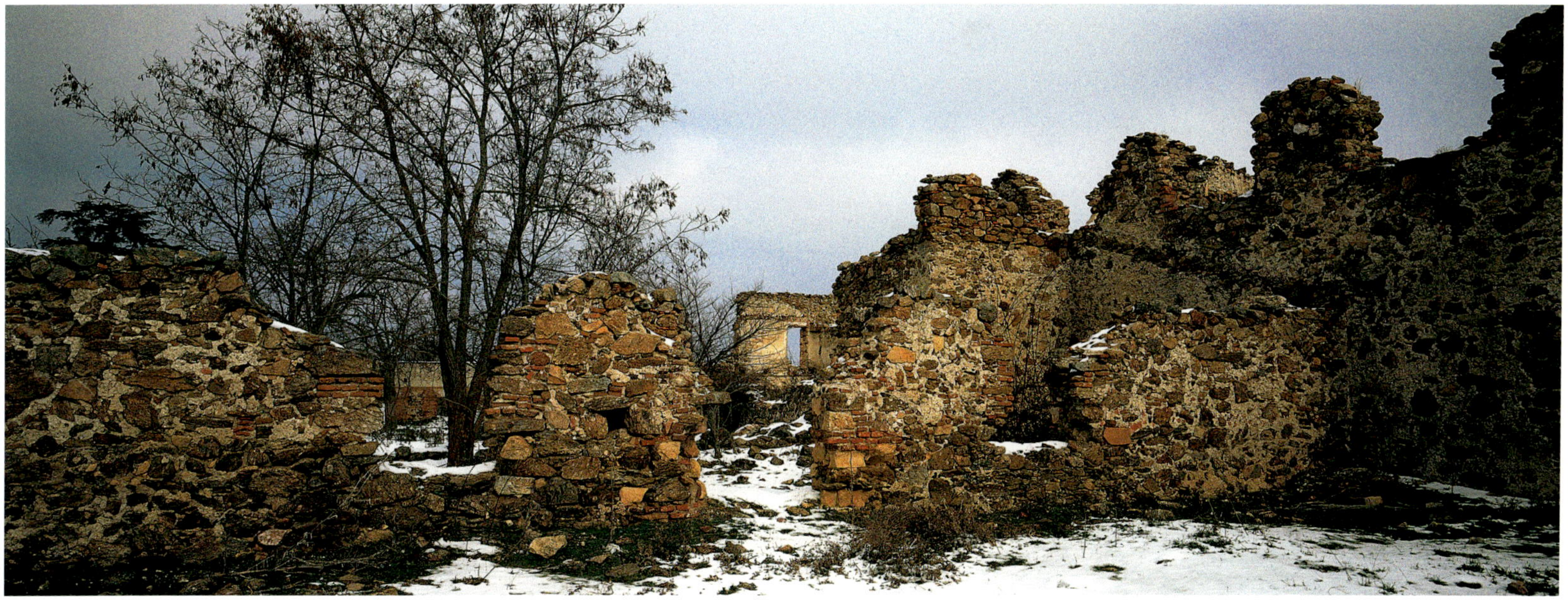

Ruinas de la Venta de Santillana o Iturbieta. Antiguo rancho de esquileo situado en el cruce de la Cañada Real Soriana Occidental y el cordel de ganados, en las cercanías de Revenga. **20**

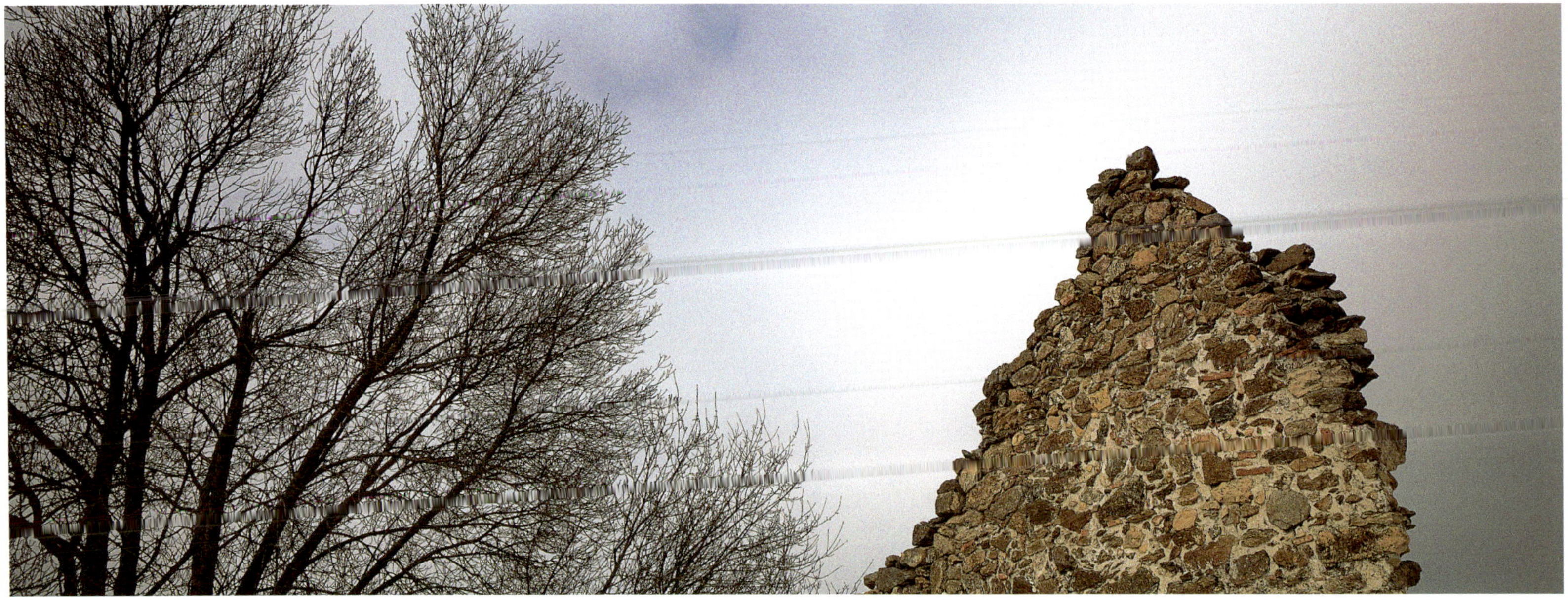

Detalle de uno de los pocos muros que permanecen en pie. Venta de Santillana o Iturbieta. **21**

II

Siete Picos
Puerto de Canencia

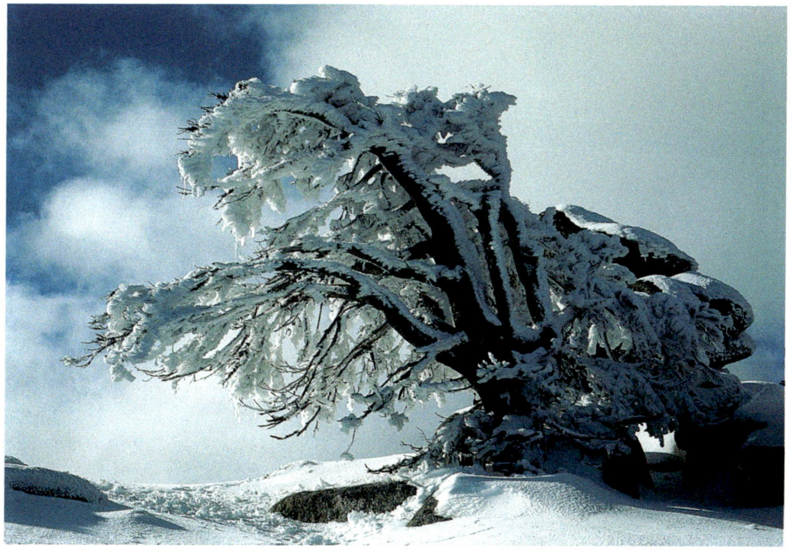

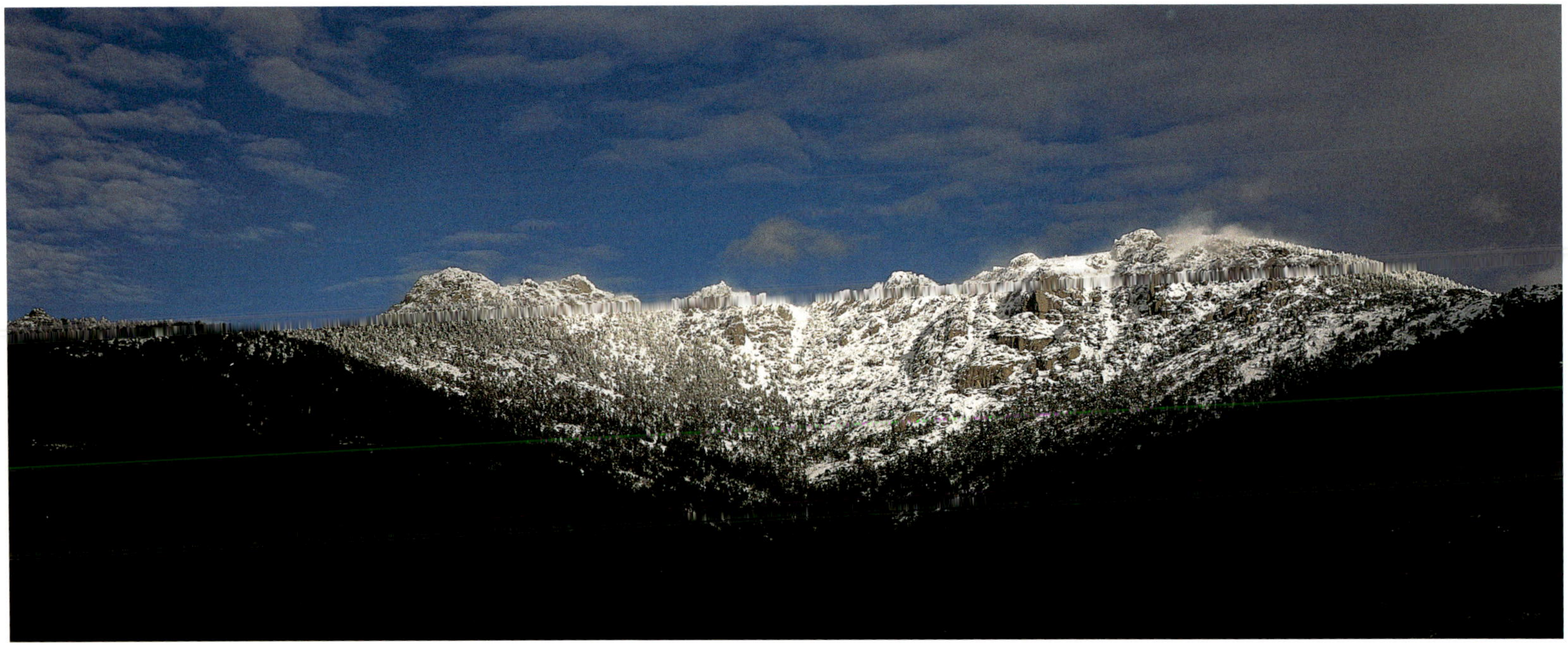

(Página anterior) Árbol solitario soportando el rigor invernal. (Siete Picos). **22**

Primeras luces en la vertiente meridional de Siete Picos (2138 m) **23**

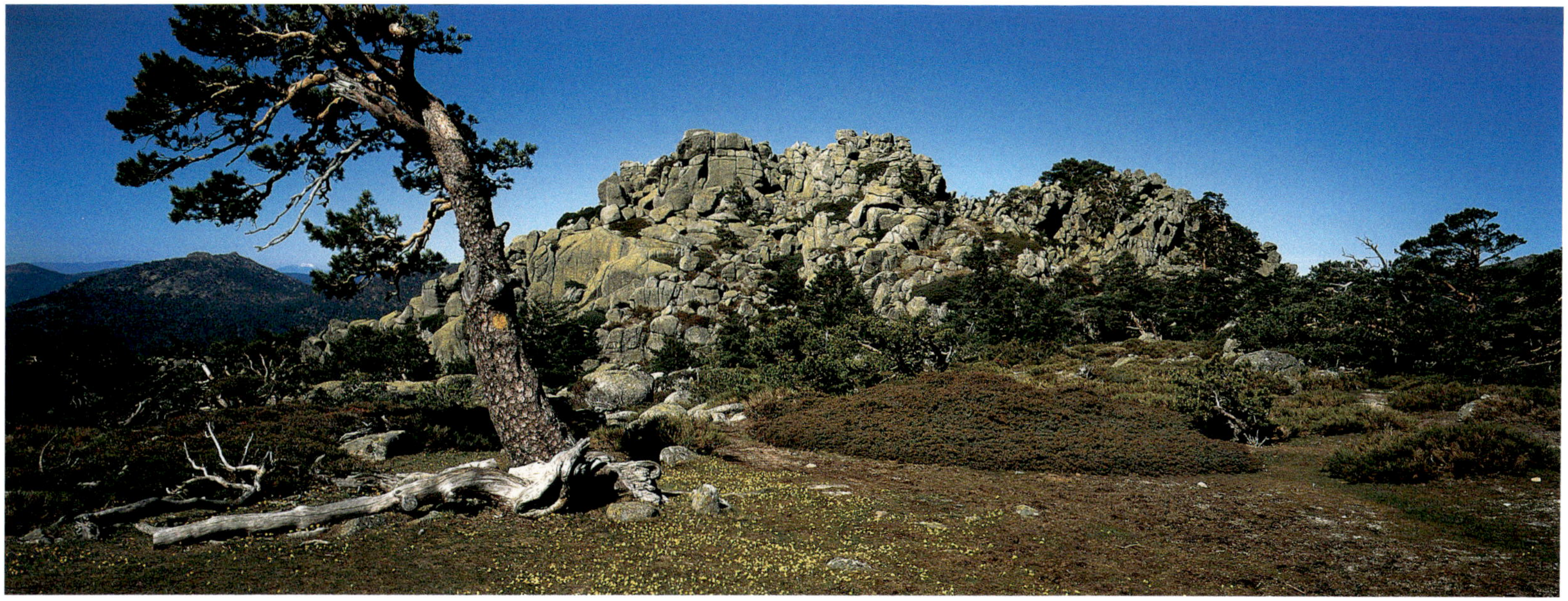

Pradera y Pico de Majalasna (1932 m), el primero de los Siete Picos. **24**

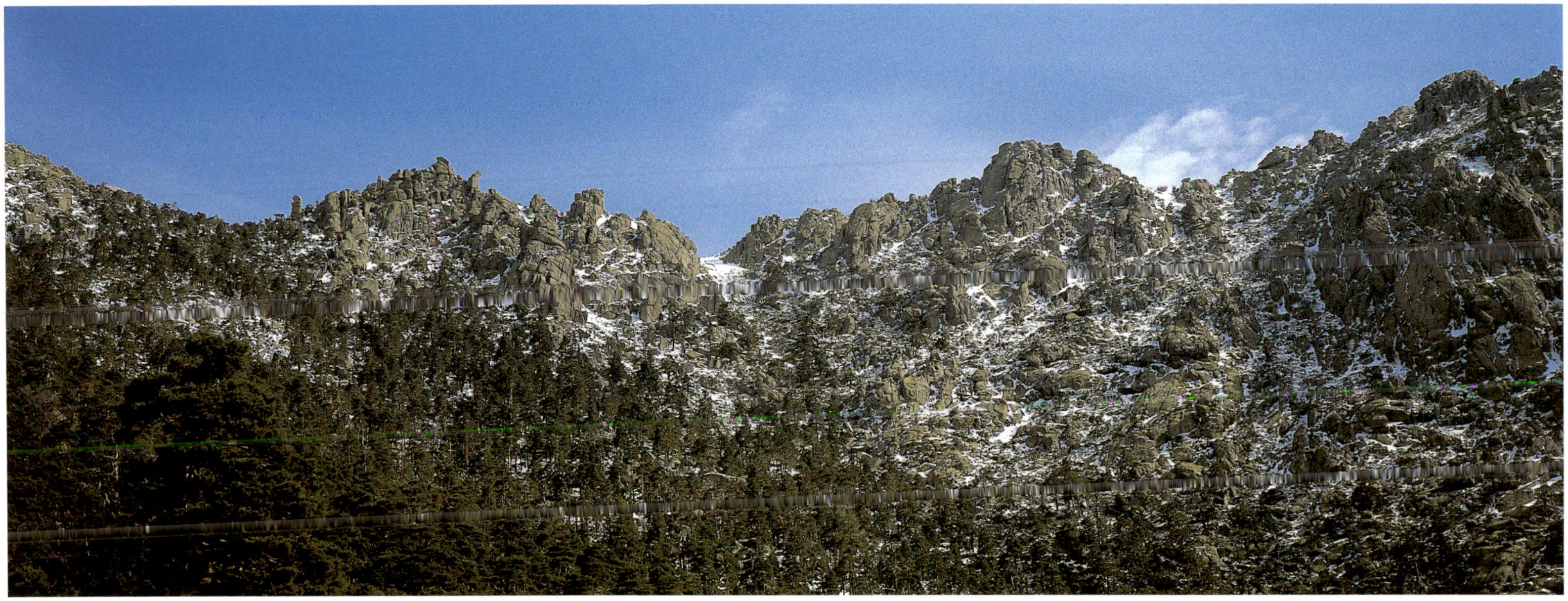

Vertiente meridional de Siete Picos desde la Senda Herreros. **25**

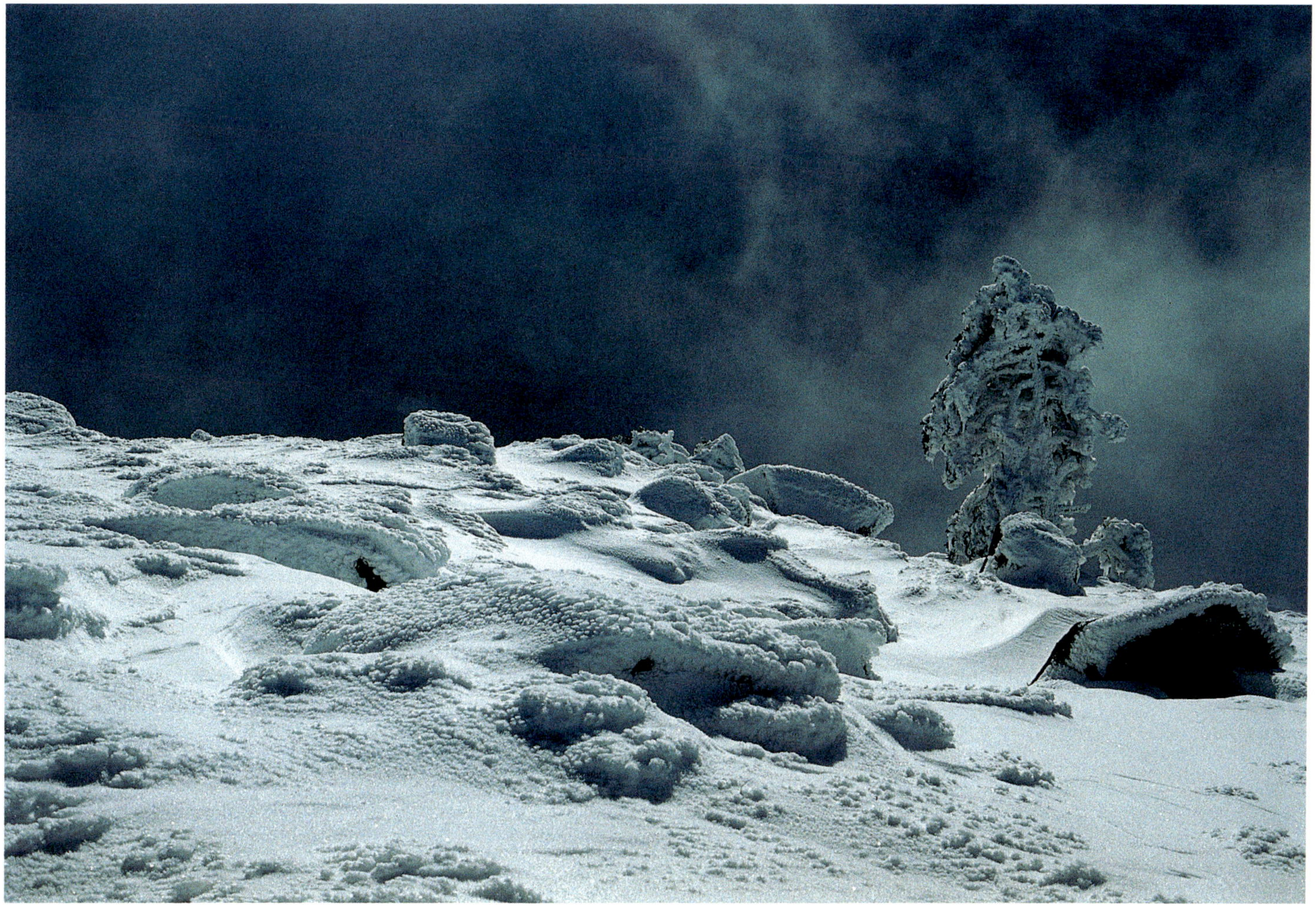

Detalle de un pino solitario en la Umbría de Siete Picos. **26**

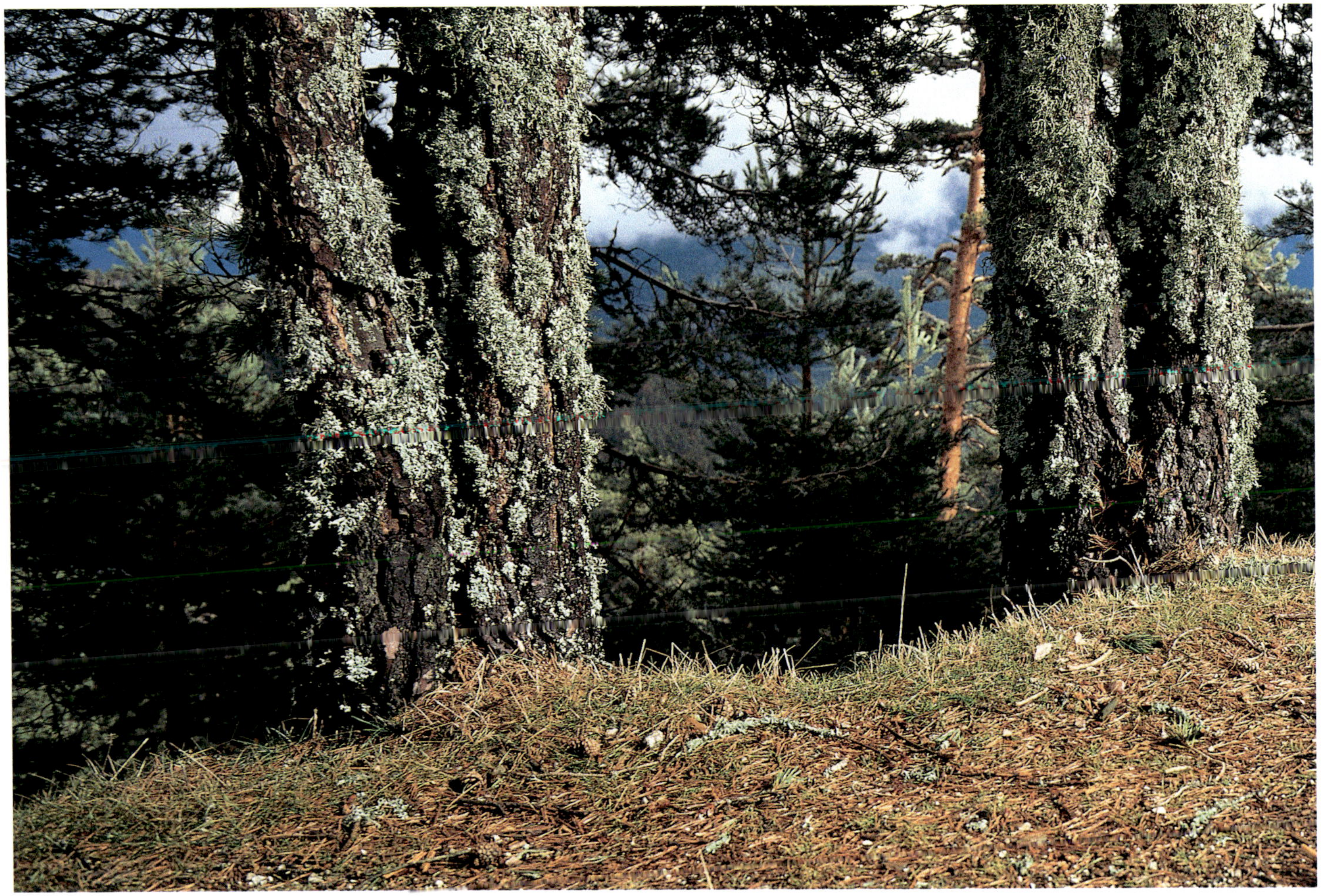

Pinos cubiertos de líquenes en los laterales de la Calzada Romana de la Fuenfría. **27**

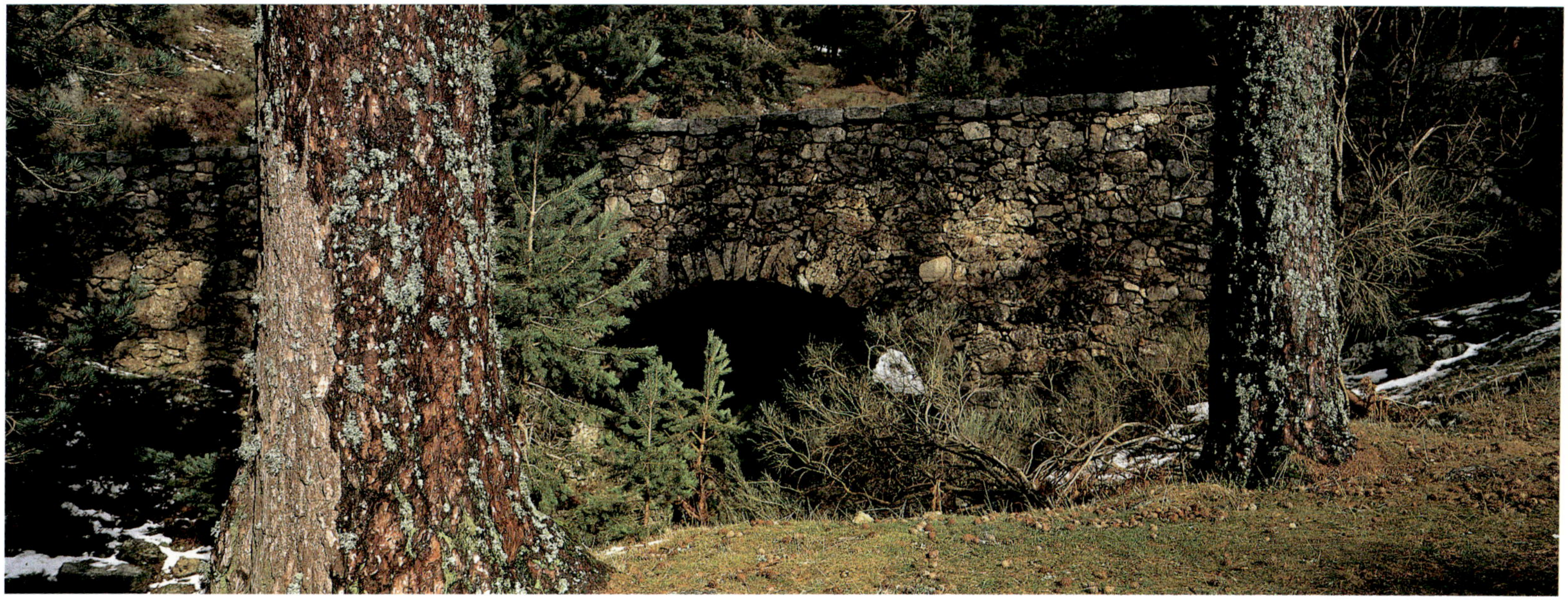

Puente de Enmedio situado en la Calzada Romana de la Fuenfría, antes de llegar al puerto. **28**

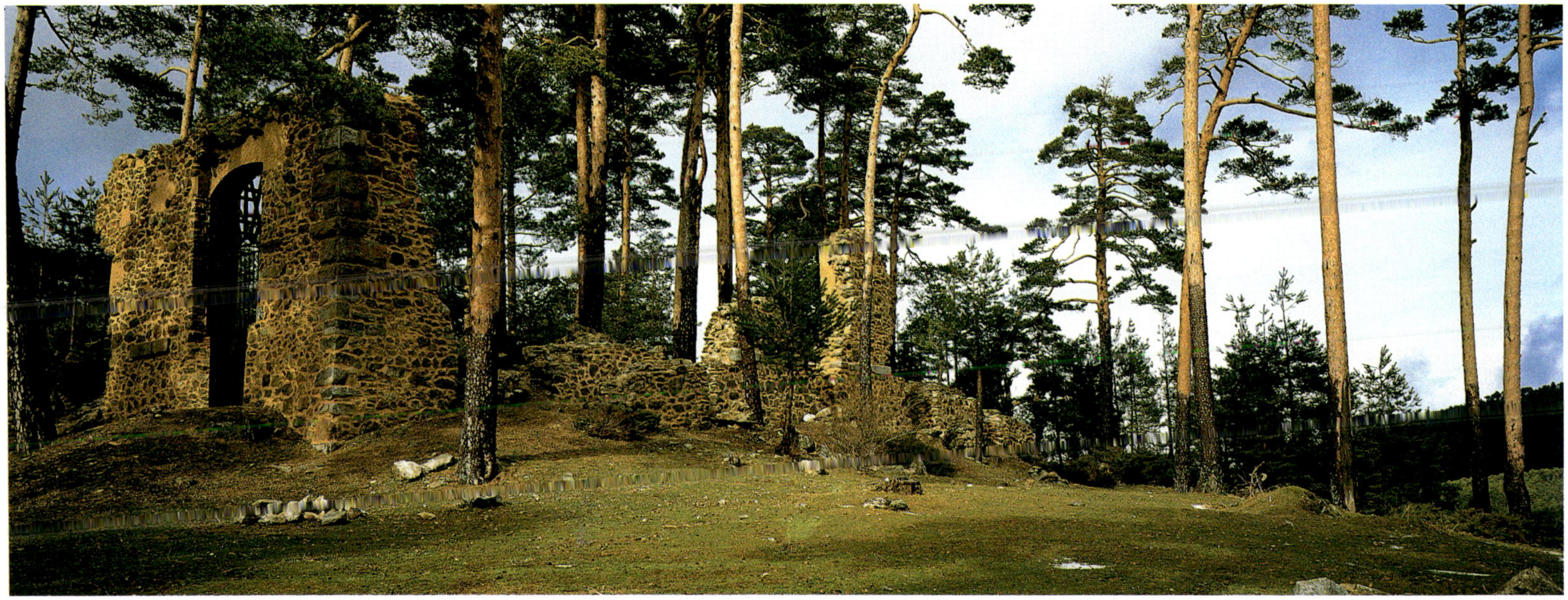

Ruinas de la Casa Éraso (Casarás), también conocida como Casa de la Nieve, levantada en tiempos de Felipe II. **29**

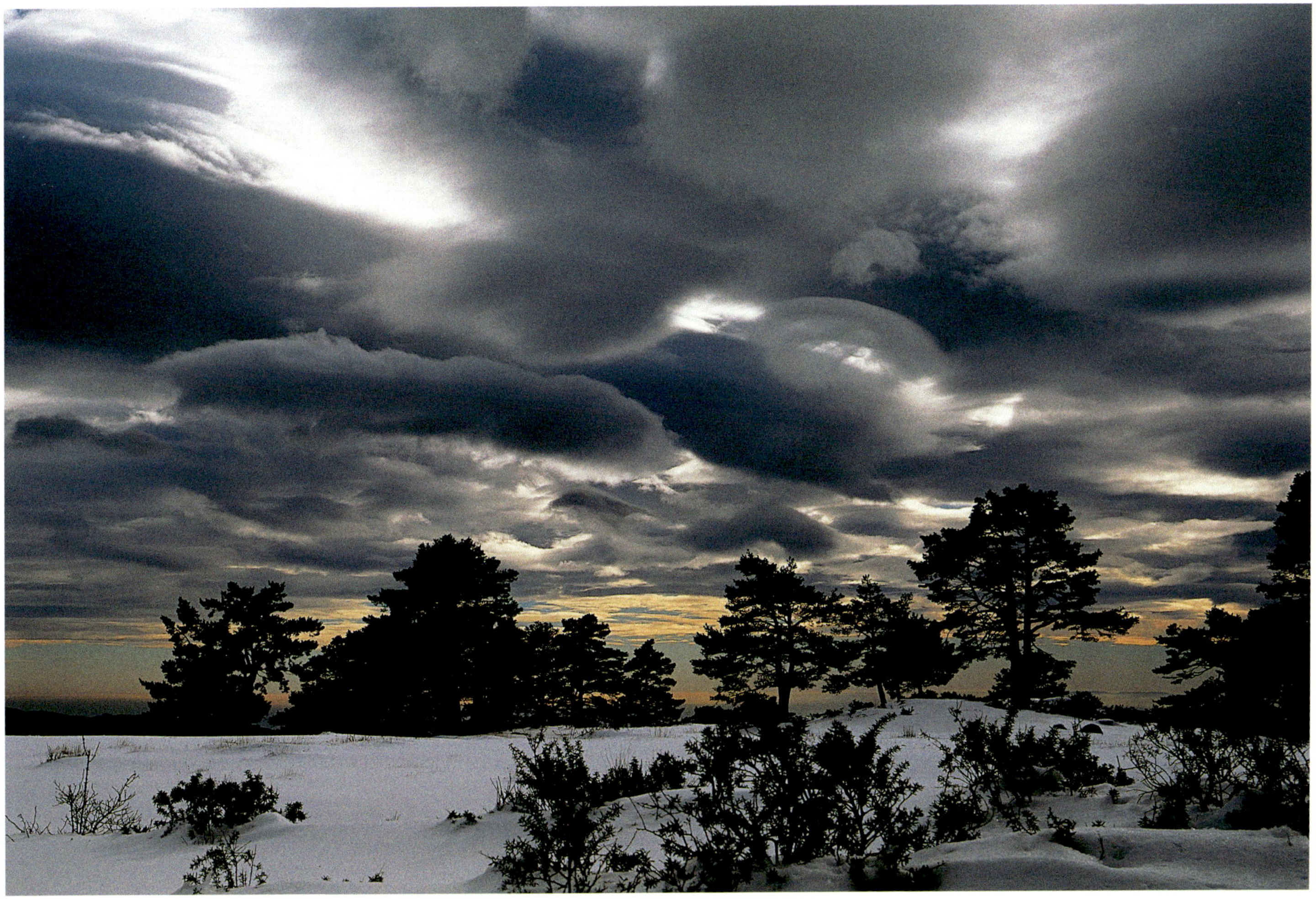

Dramática imagen invernal cerca de la Peña Entorcal. **30**

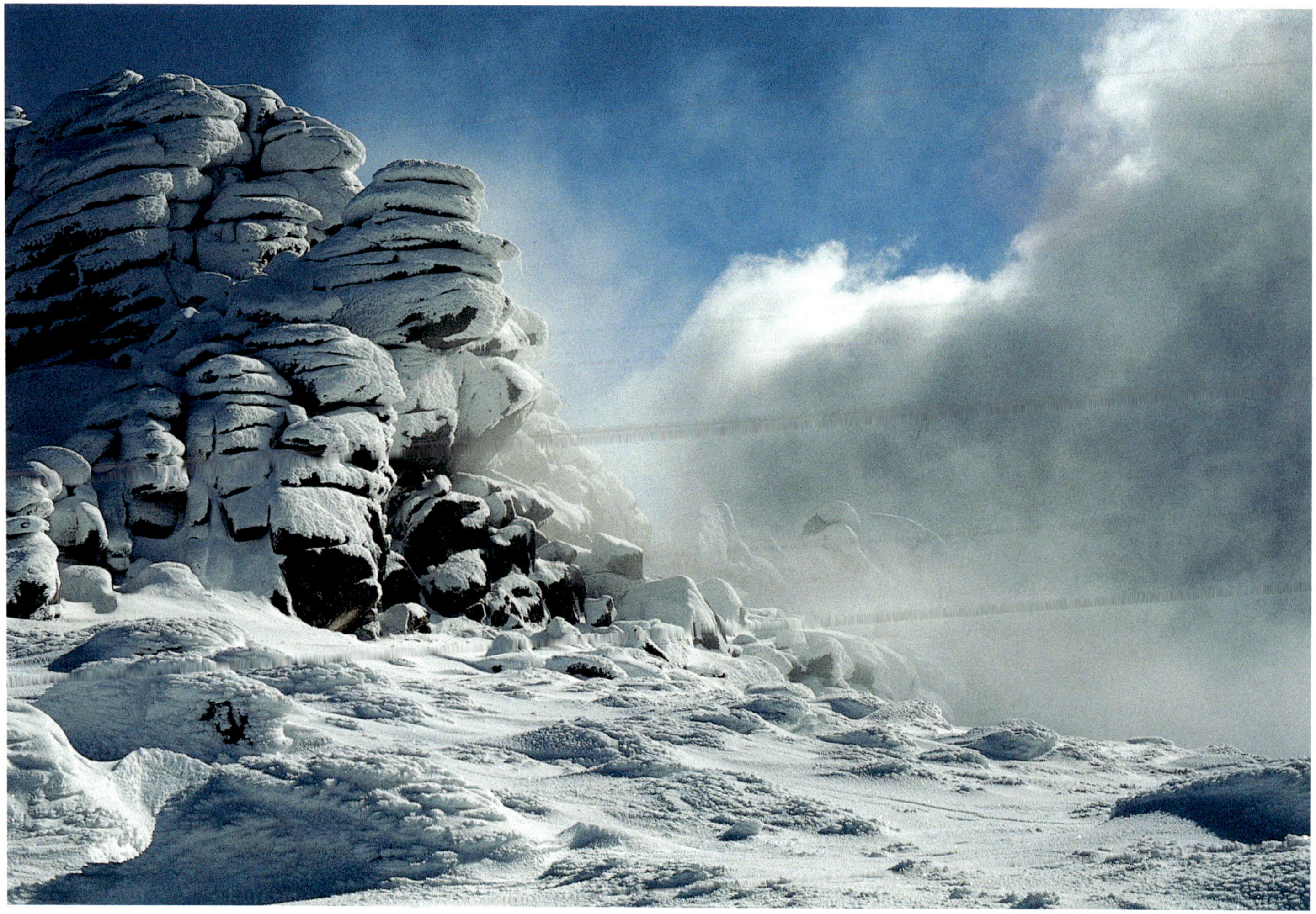

El séptimo pico (2138 m) es la mayor elevación del macizo de Siete Picos. **31**

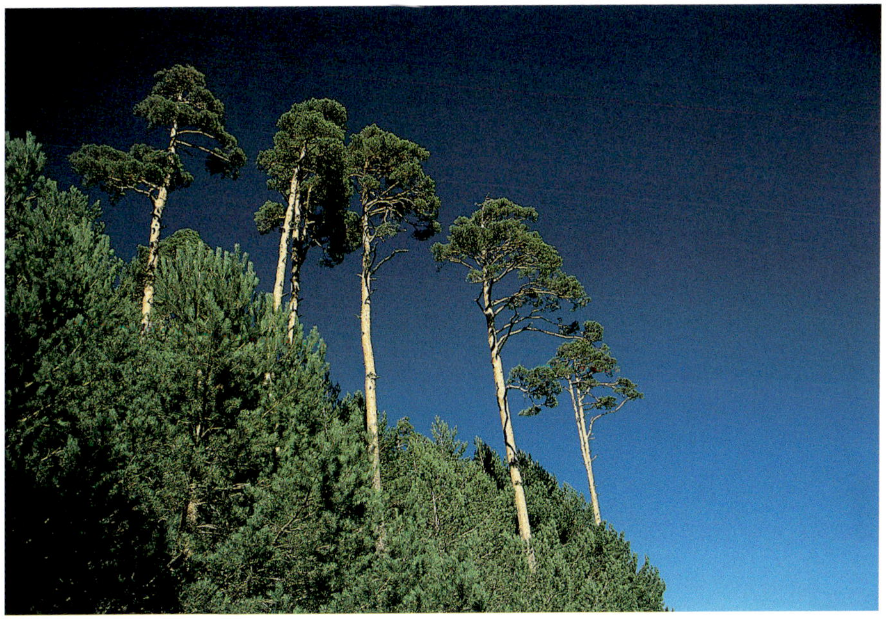

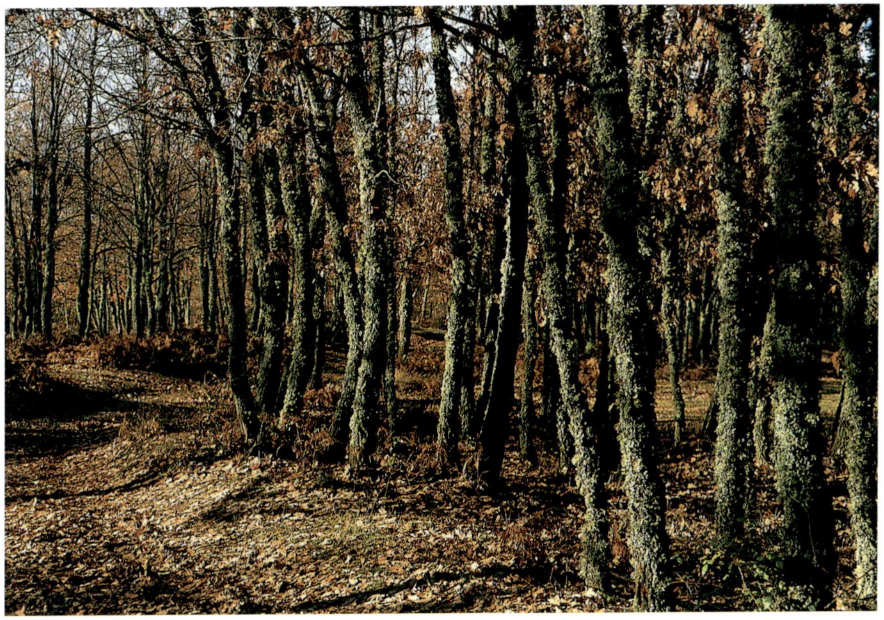

Pinos centenarios sobresalen en los Montes de Valsaín (Segovia). **32**

Otoño en el robledal camino del Chorro (La Granja). **33**

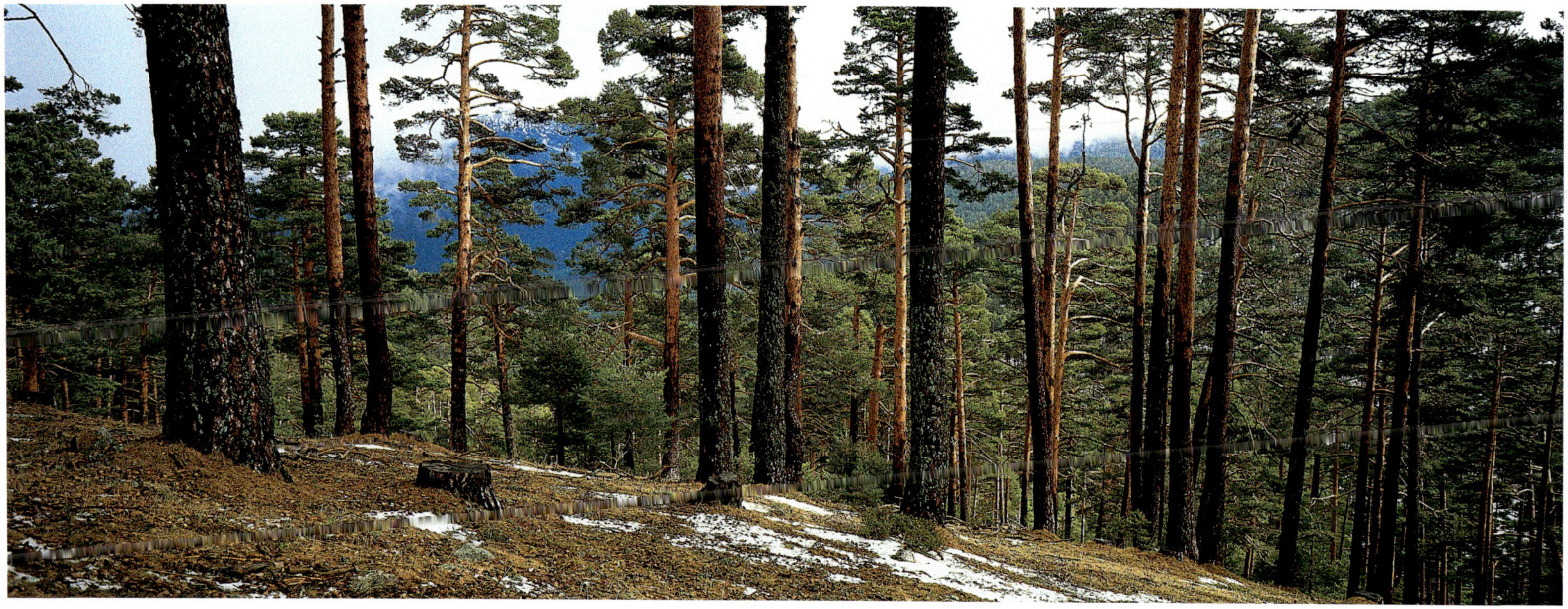

Pinares de Valsaín en las proximidades de la Fuente de la Reina. **34**

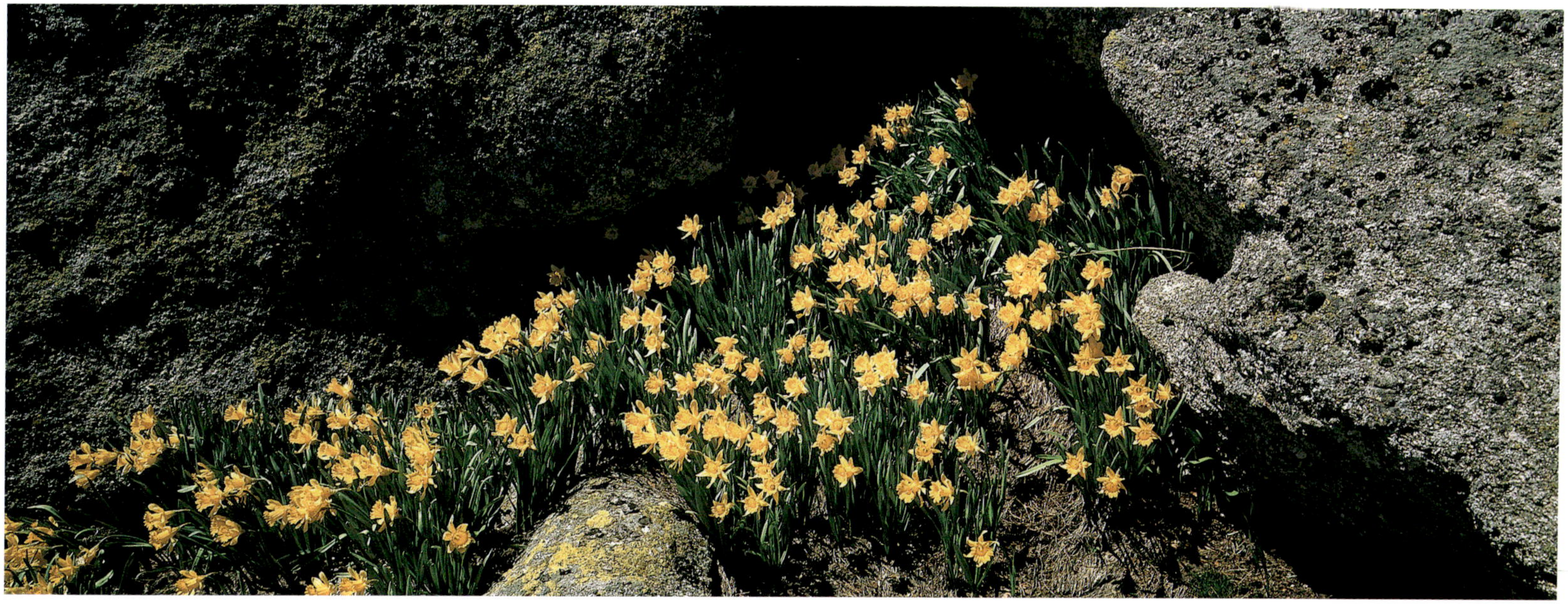

Narcisos entre rocas... en la Senda de las Encinillas (Siete Picos). **35**

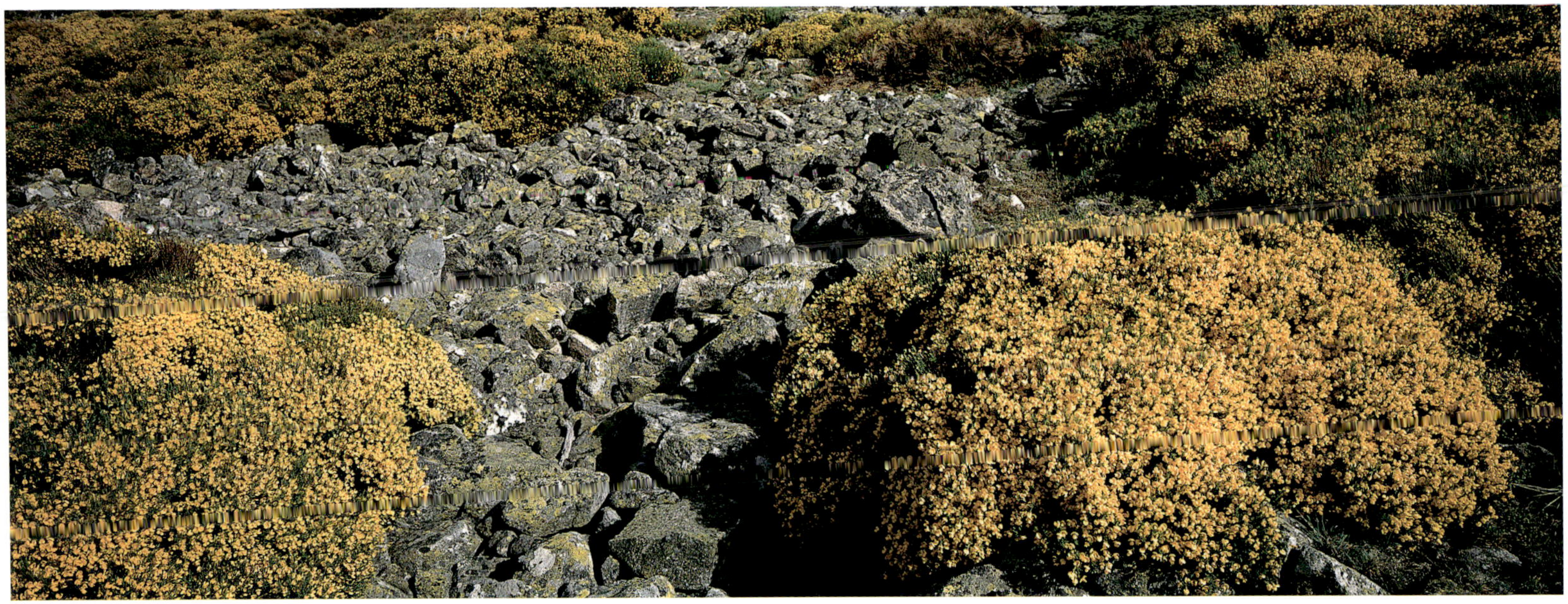

Piornos entre canchales. Puerto de Navacerrada. **36**

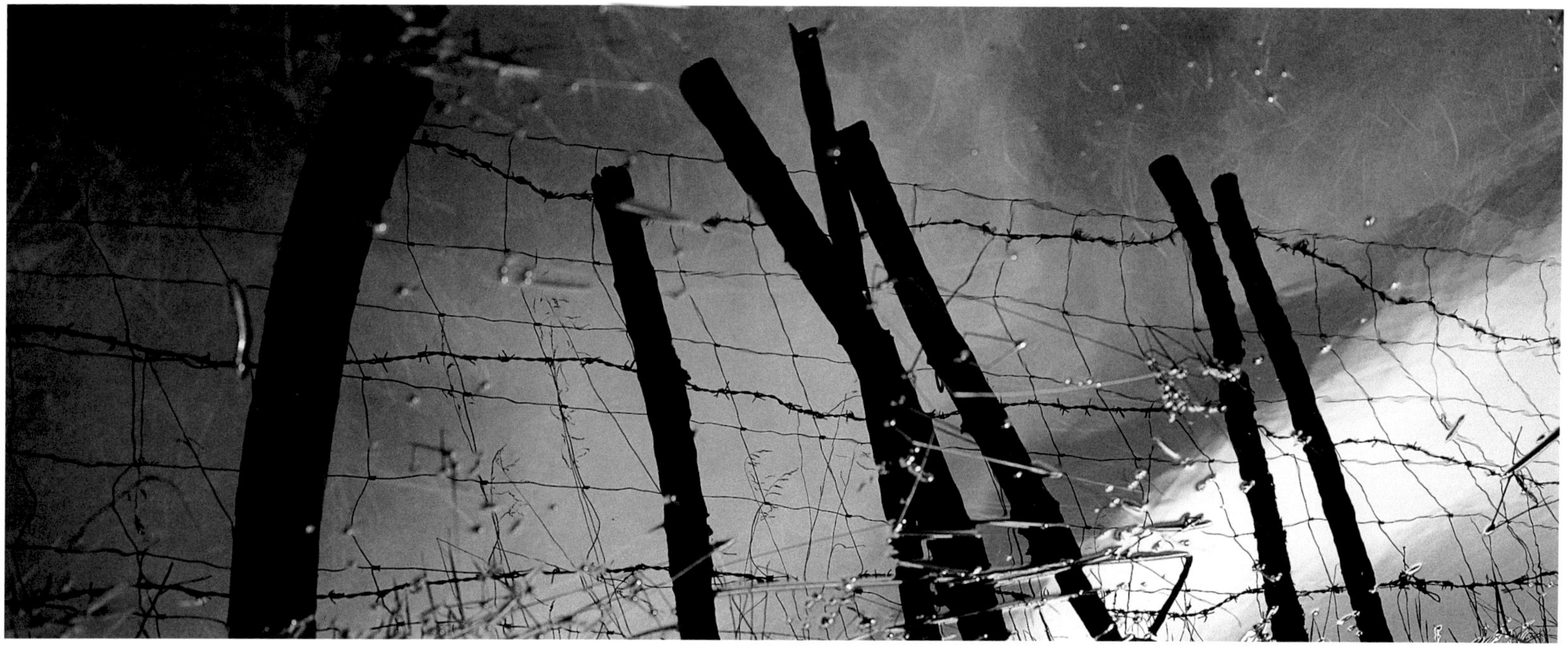

Reflejos. **37**

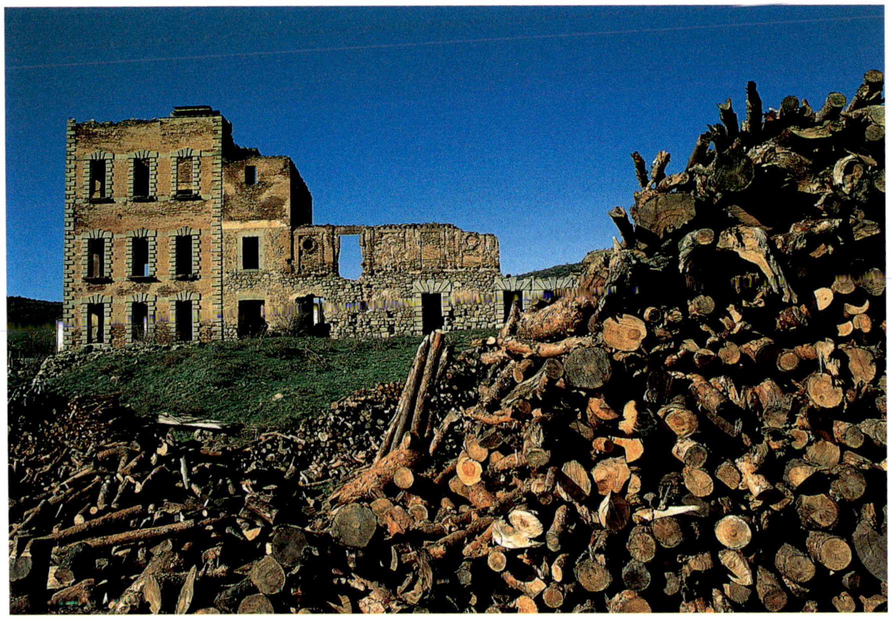

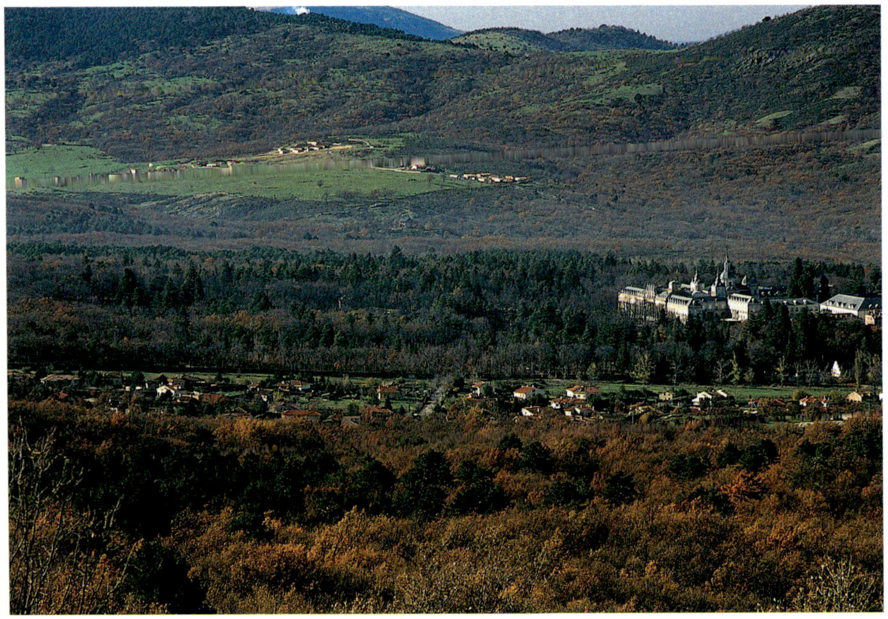

Ruinas del Palacio de Valsaín (s. XVI). **38**

Jardines y Palacio de La Granja (s. XVIII) en la estación otoñal. Al fondo, la Cruz de la Gallega. **39**

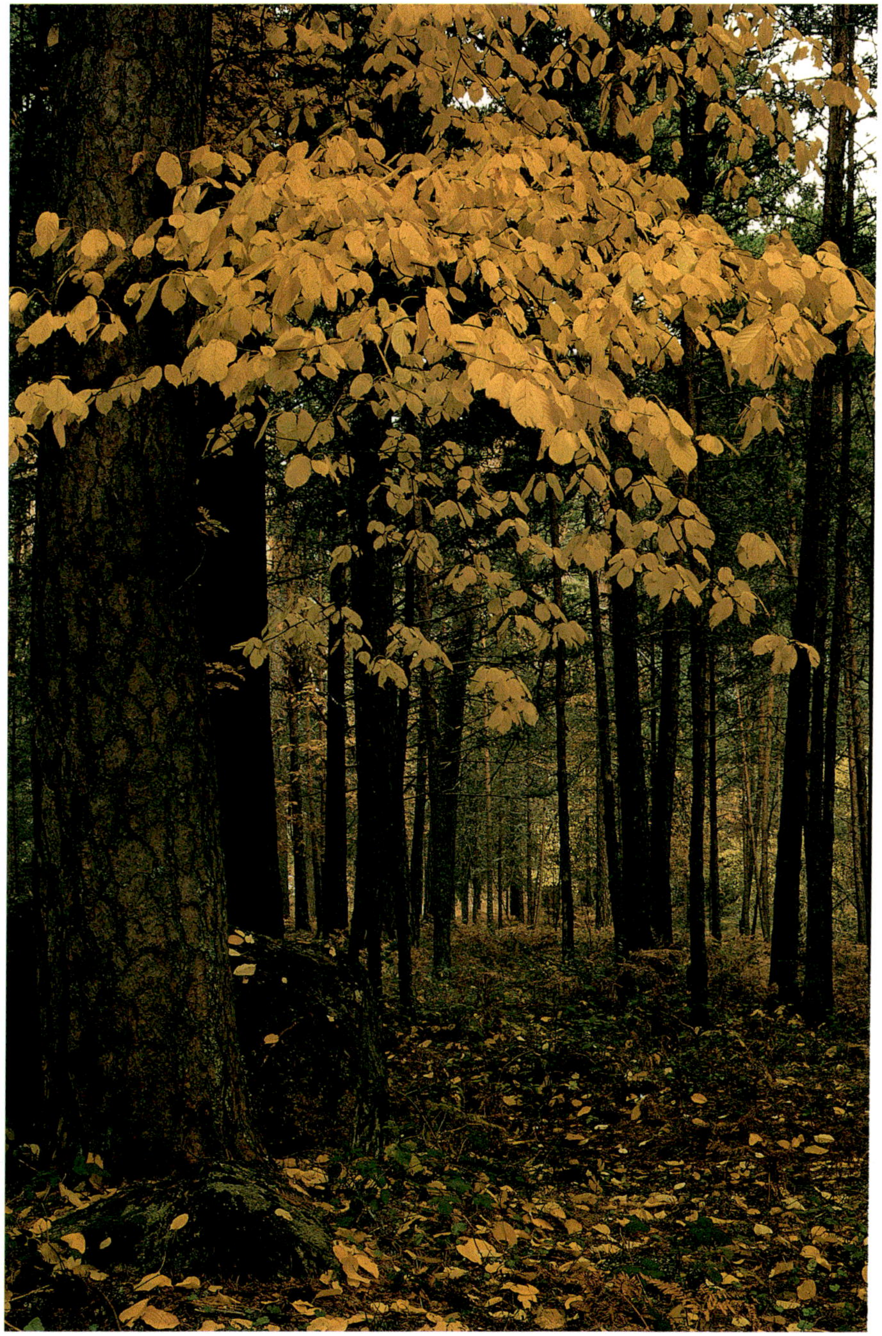

Bosque de Valsaín a la altura de la Boca del Asno, en el Camino de las Pesquerías. **40**

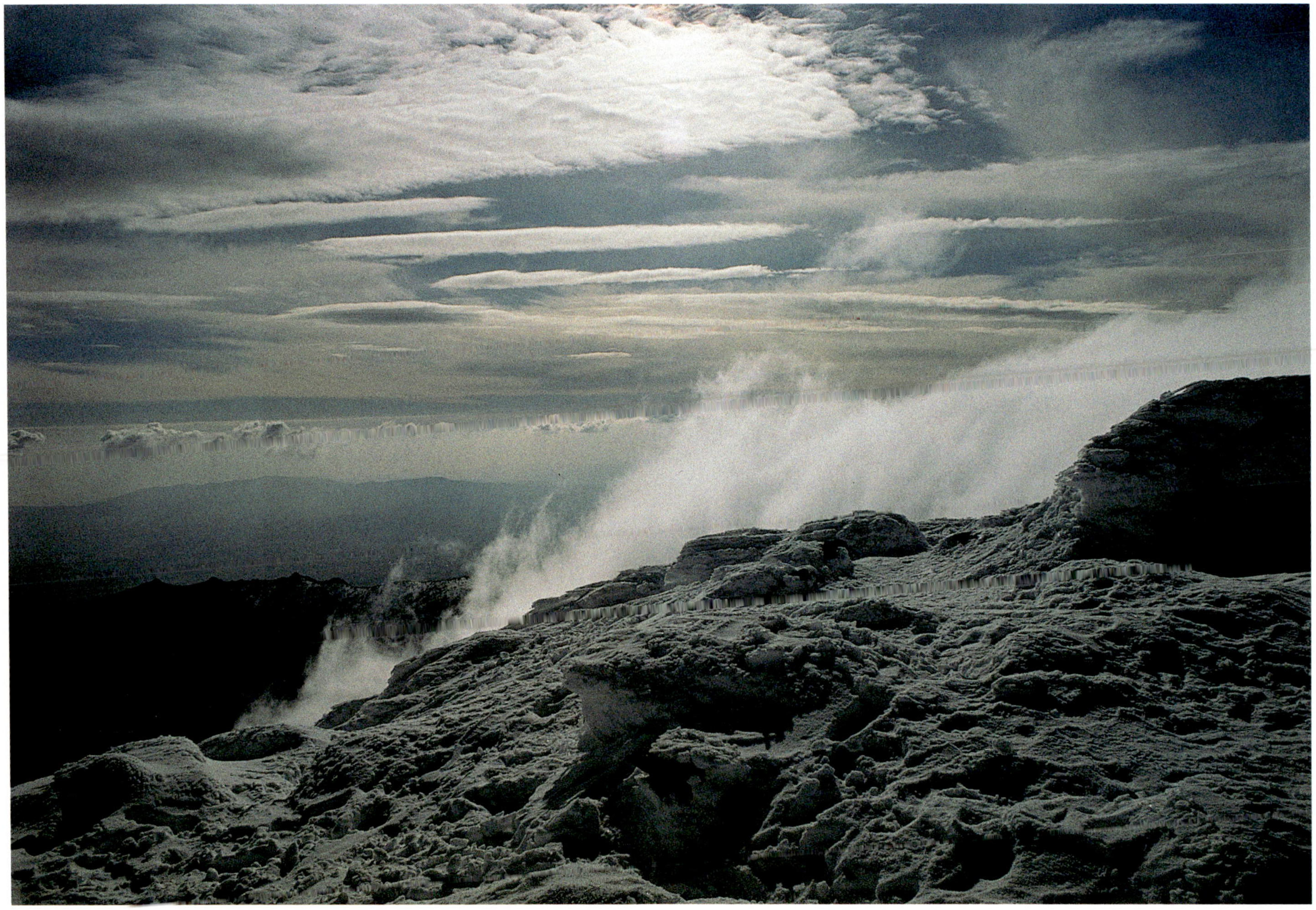

Cuerda Larga. **41**

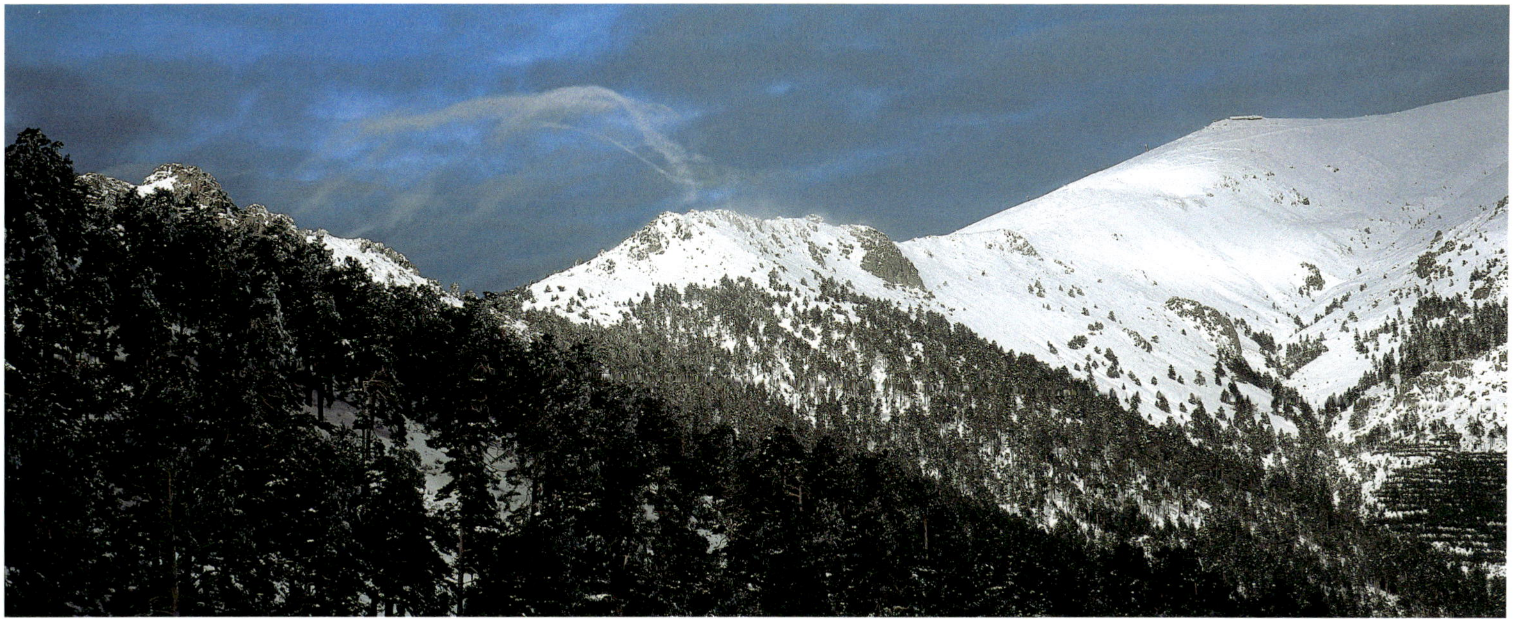

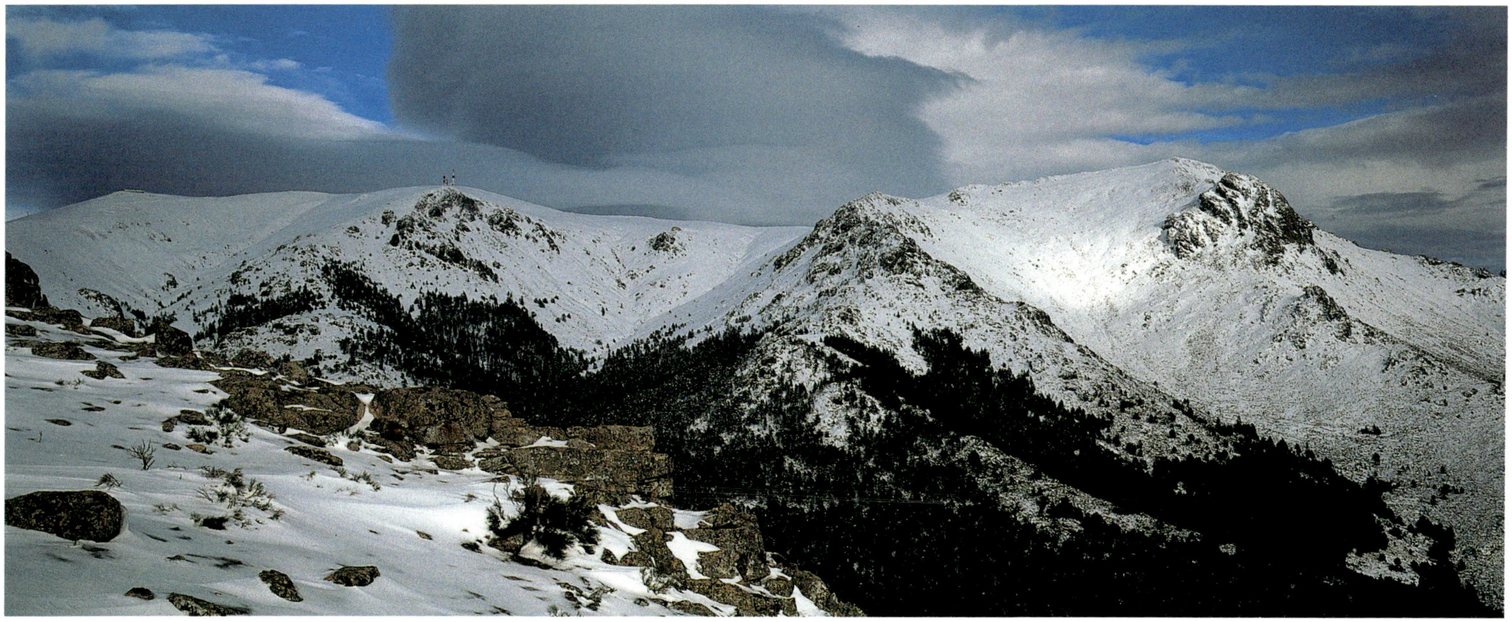

Cuerda de Las Cabrillas (Navacerrada). **42**

Alto de las Guarramillas, La Bola del Mundo (2262 m) y La Maliciosa (2227 m) desde el Mirador de Las Conchas. **43**

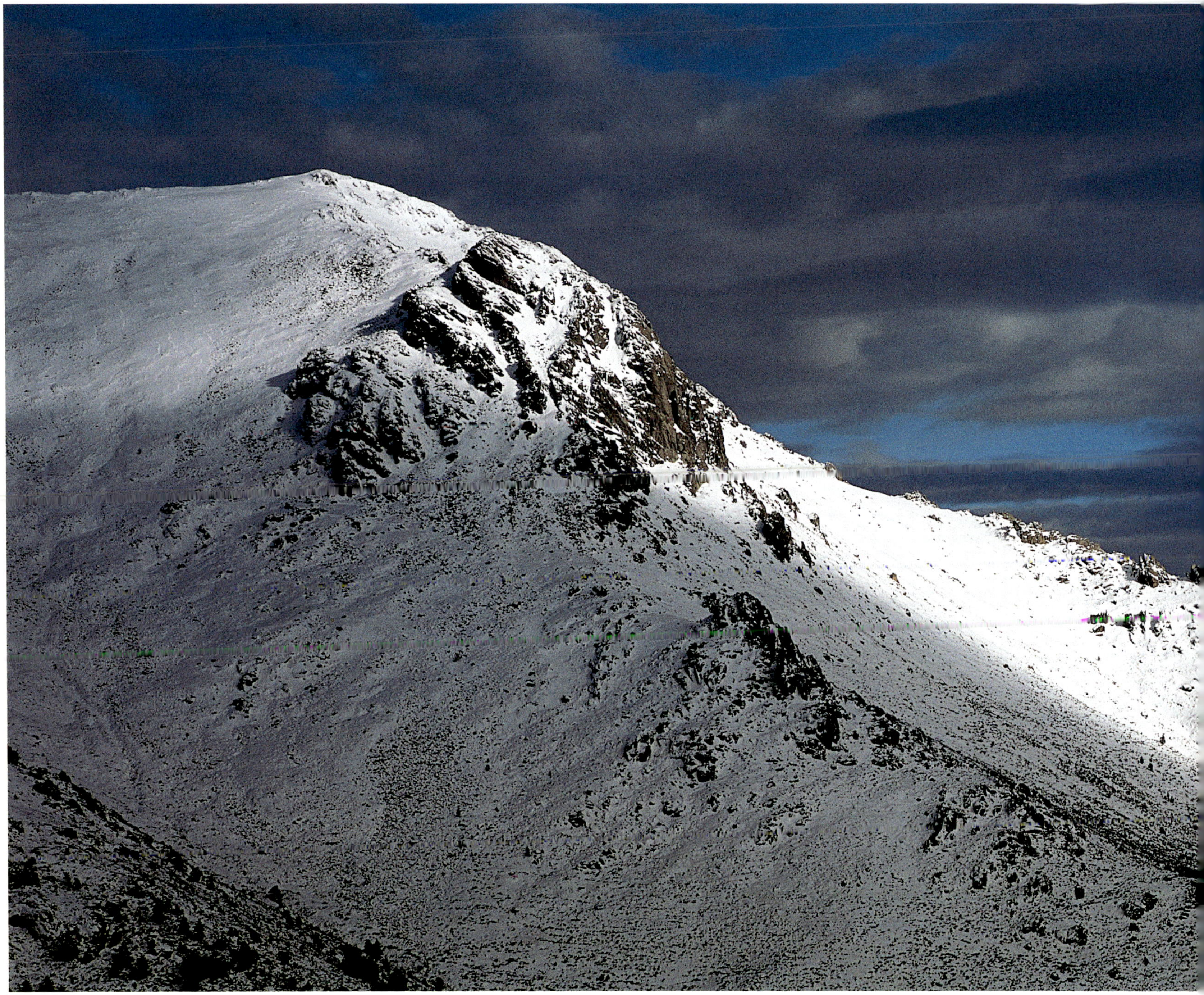

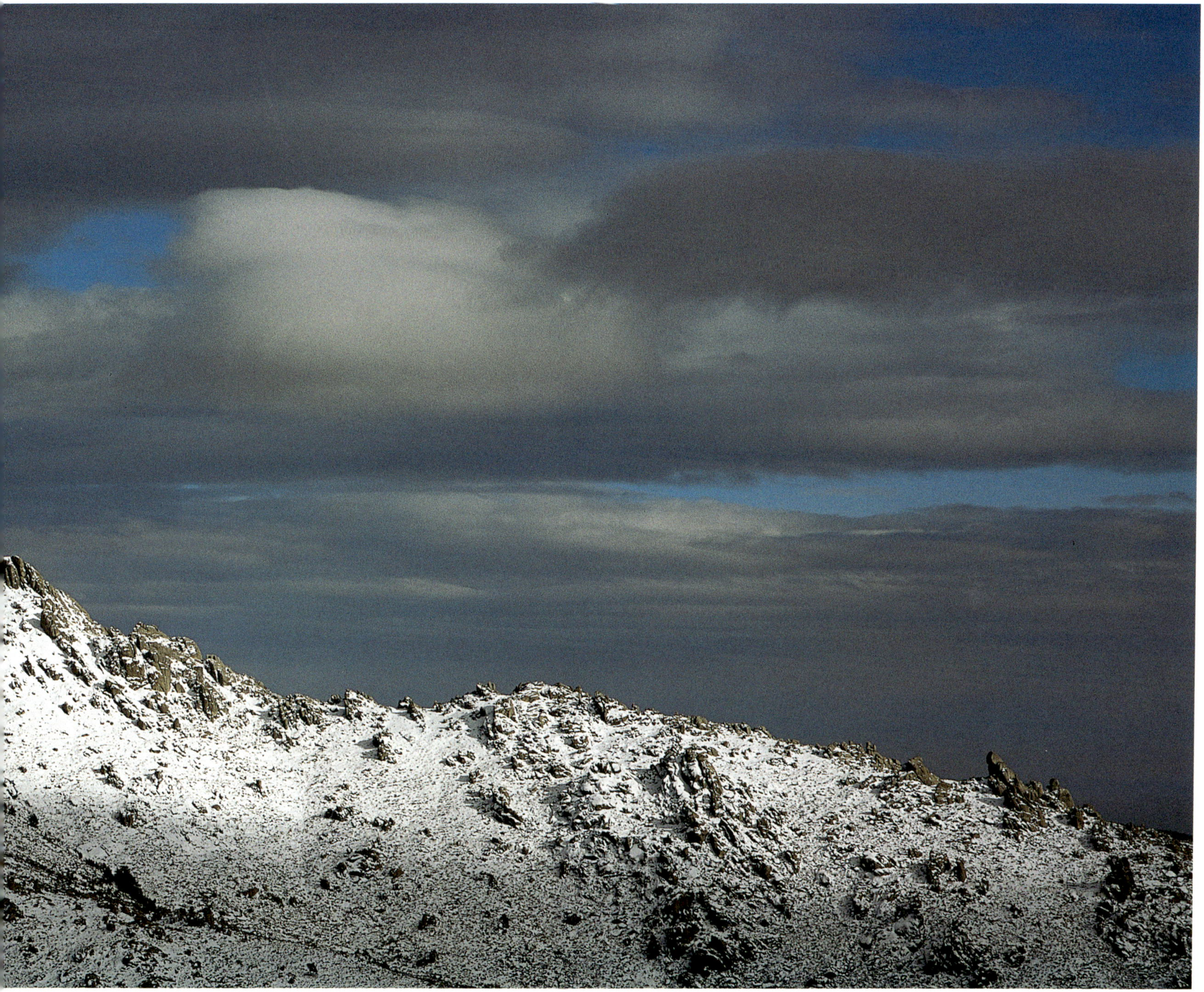

La Maliciosa y Cuerda de los Almorchones desde la Cuerda de Las Cabrillas. **44**

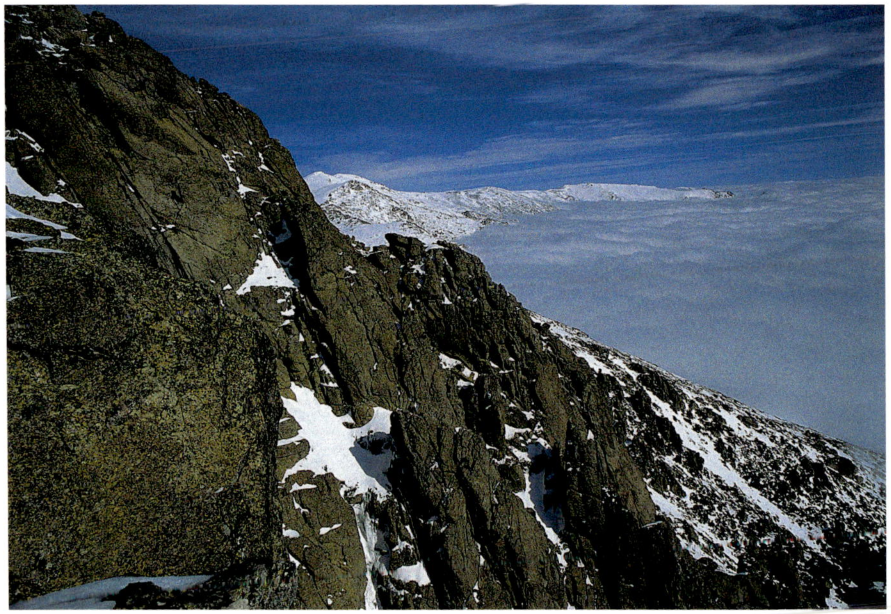

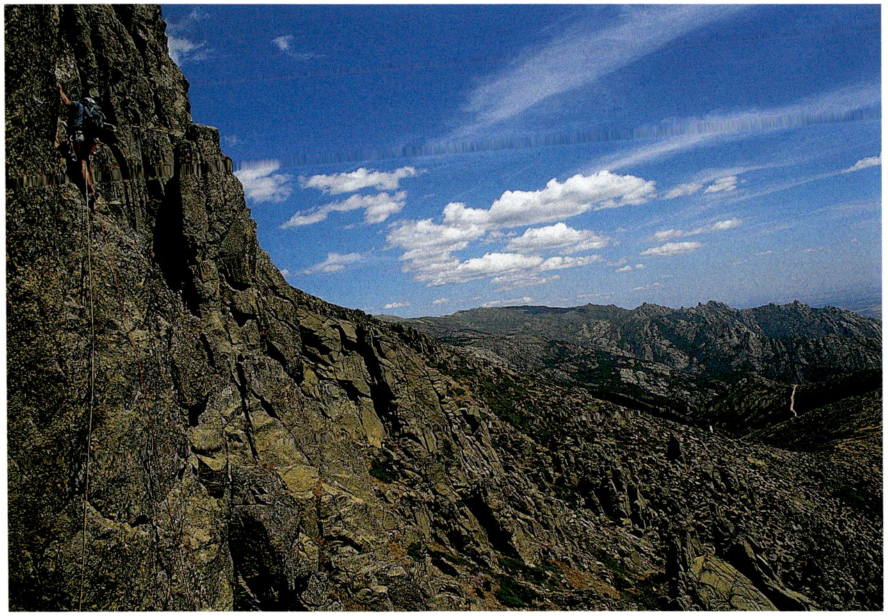

Cuerda Larga desde La Maliciosa, en medio de un mar de nubes. **45**

Escalando en la vía del "Espolón Promesas" en la cara sur de La Maliciosa. **46**

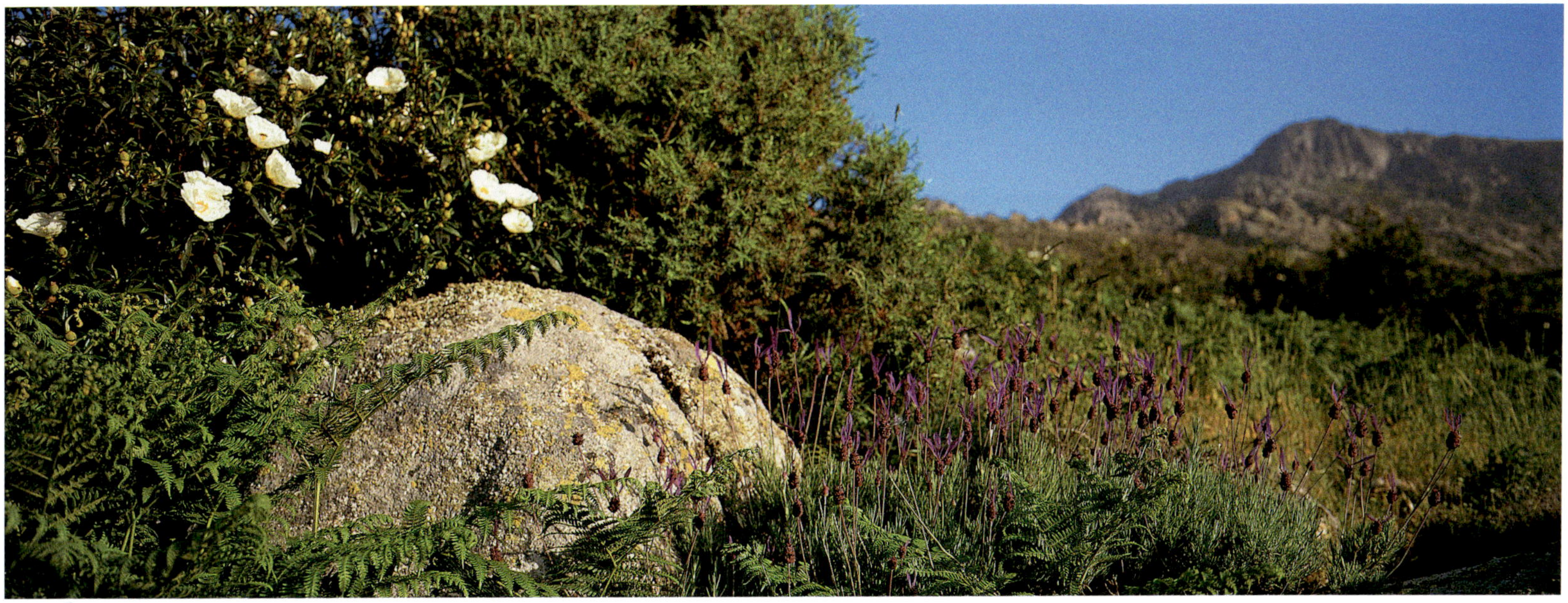

Floración de la jara y el cantueso en el arroyo de La Gargantilla. Vertiente meridional de La Maliciosa. **47**

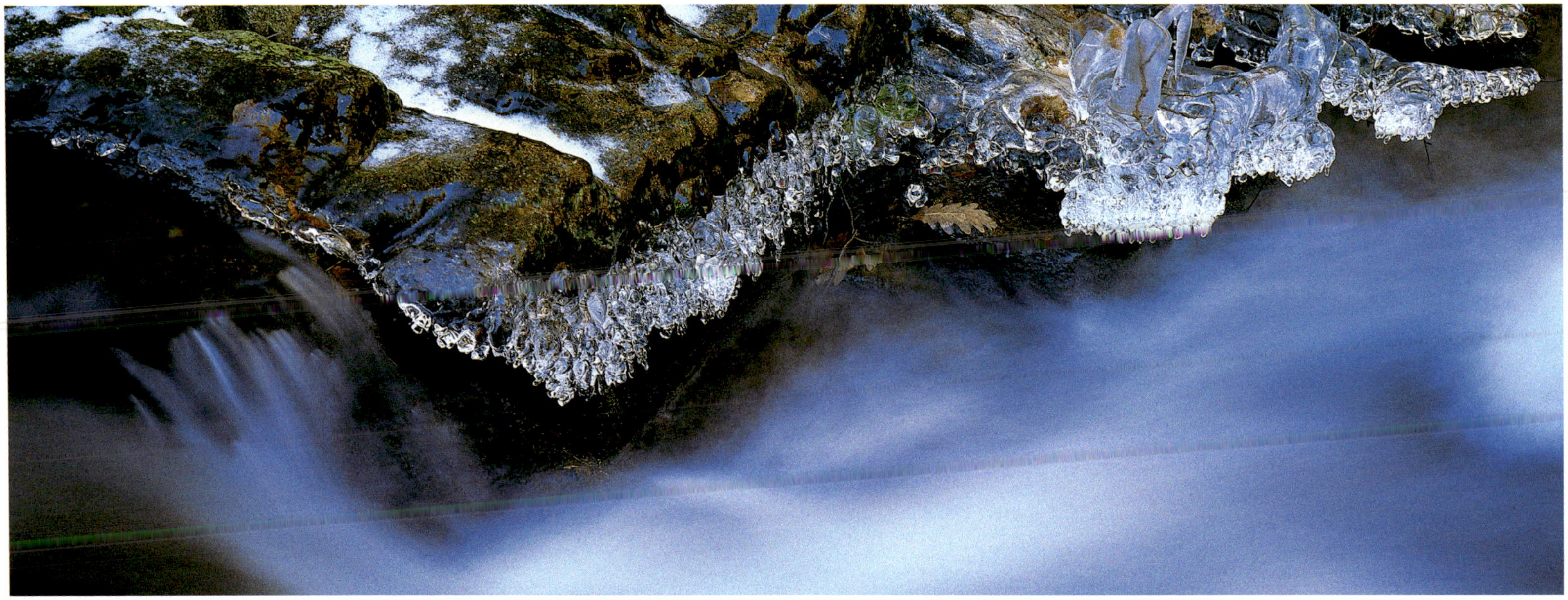

Detalle invernal. **48**

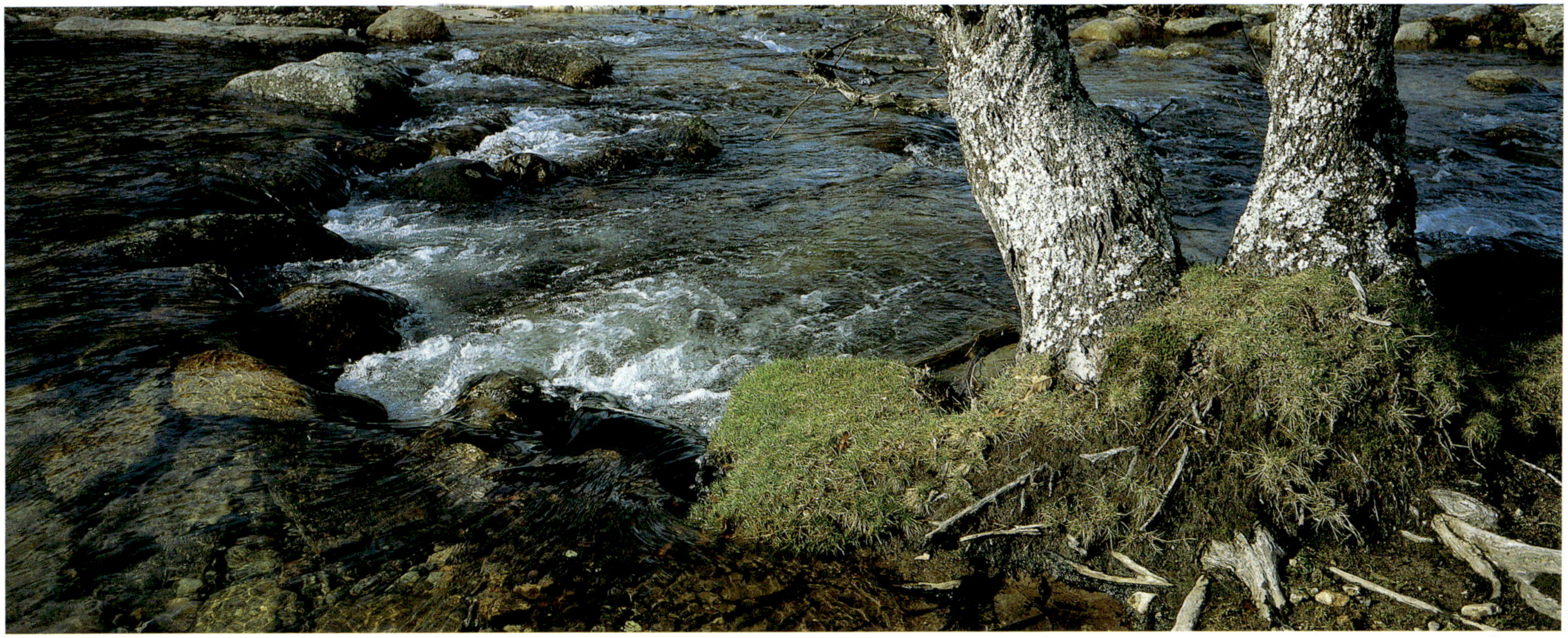

Arroyo del Aguilón en el valle del Lozoya. **49**

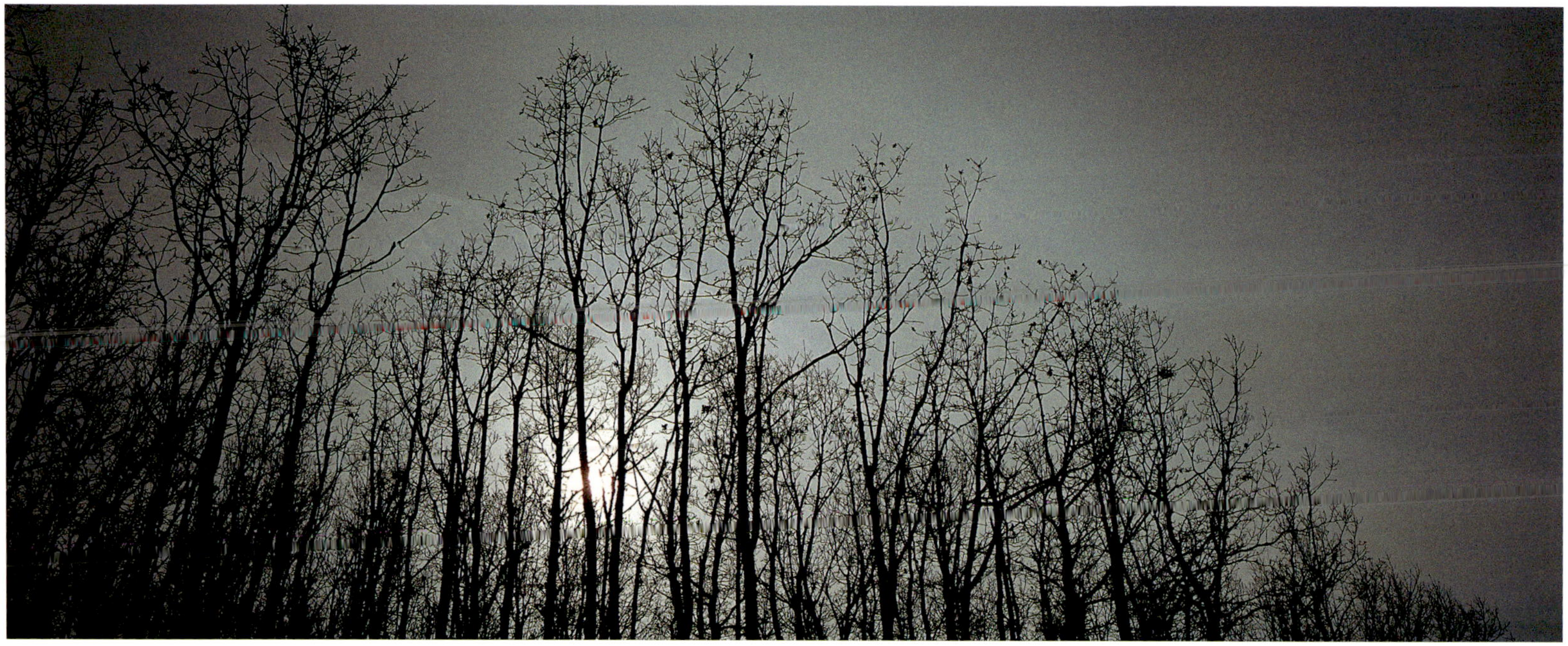

Contraluz en robledal del valle del Lozoya. **50**

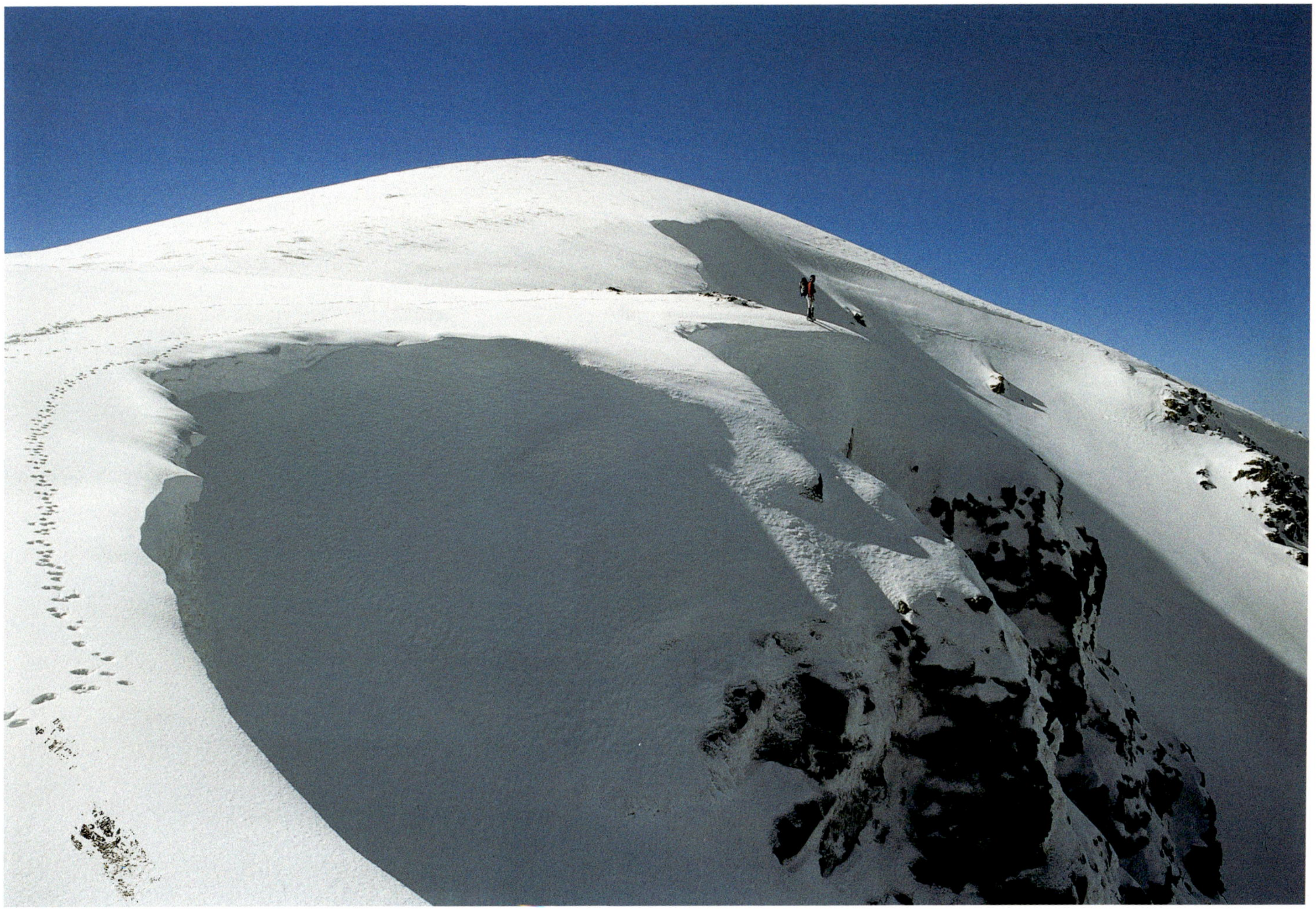

Cerro de Valdemartín (2278 m). **51**

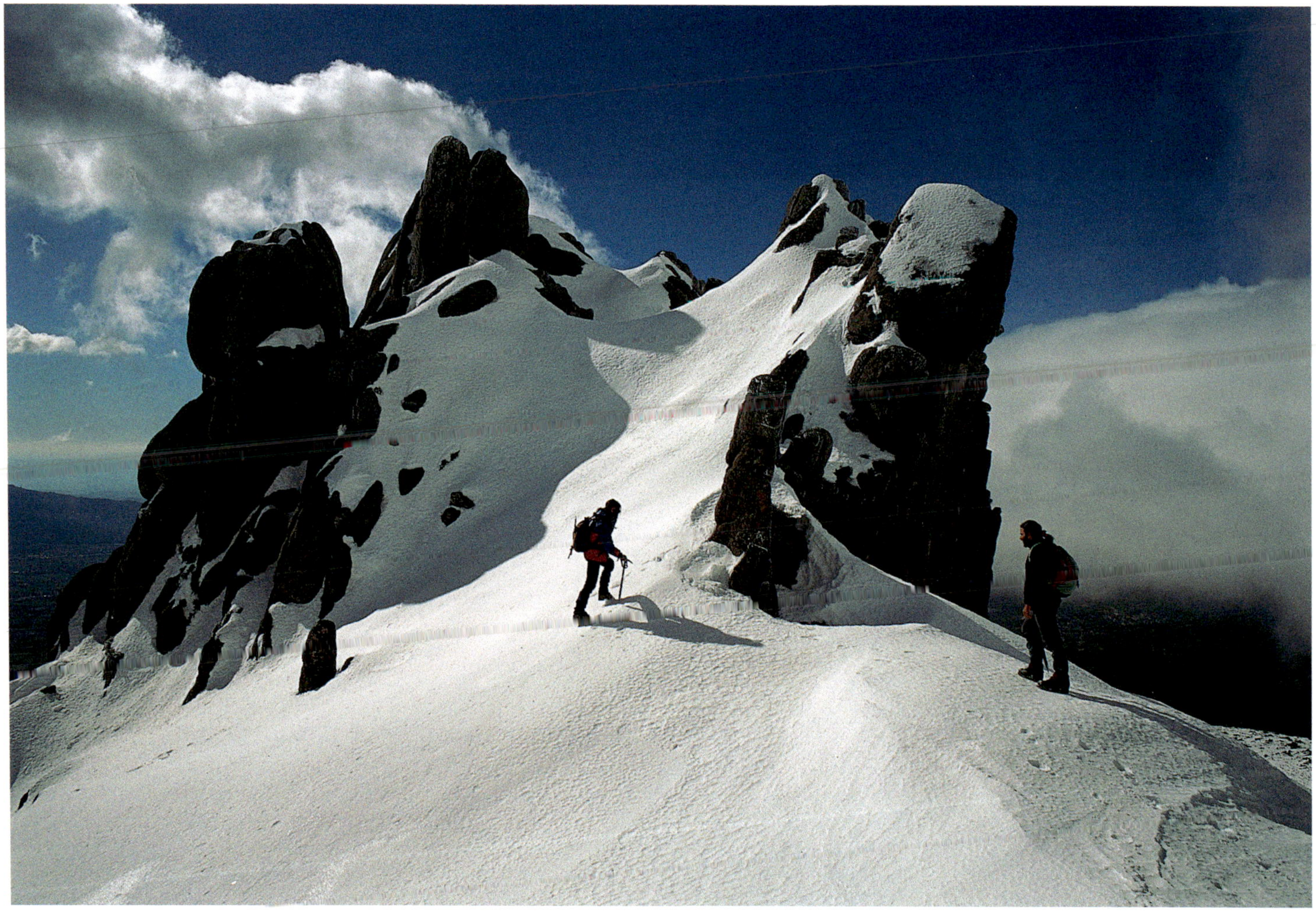

Ascendiendo a La Maliciosa. 52

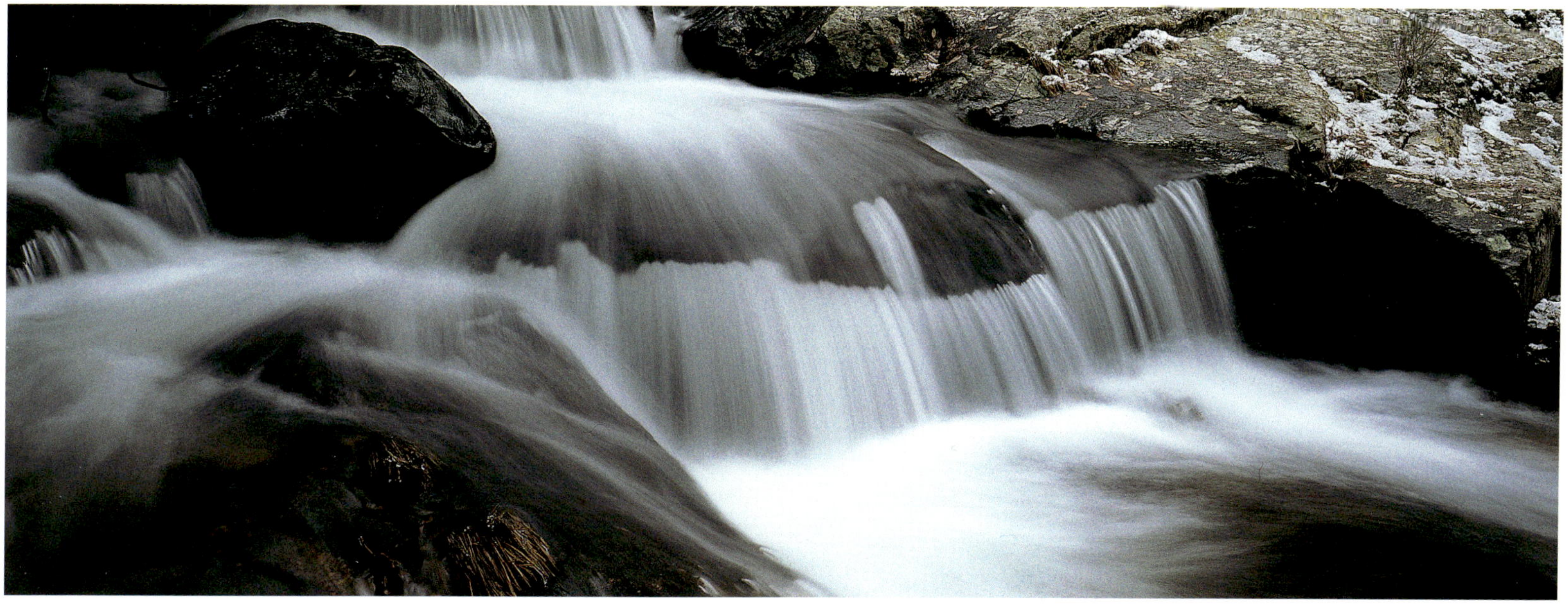

Arroyo del Aguilón en el valle alto del Lozoya. **53**

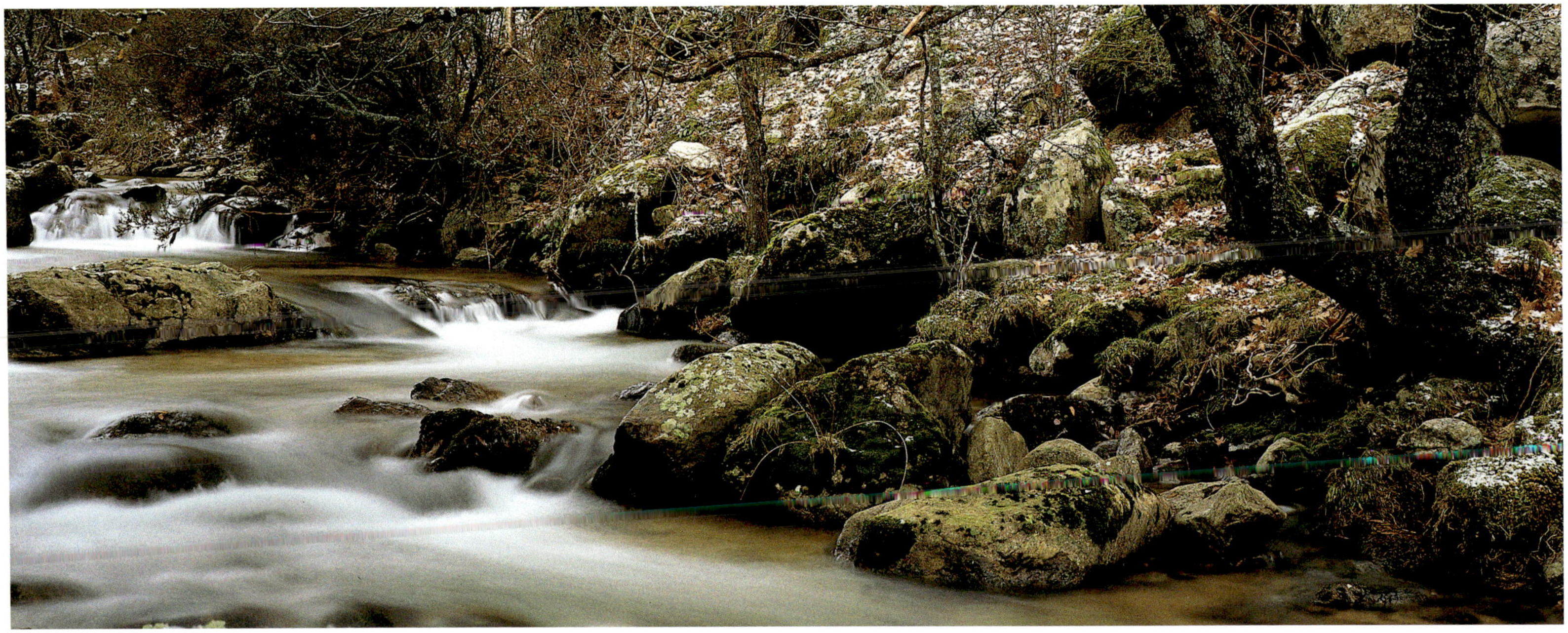

Tímida nevada otoñal en el arroyo del Aguilón. **54**

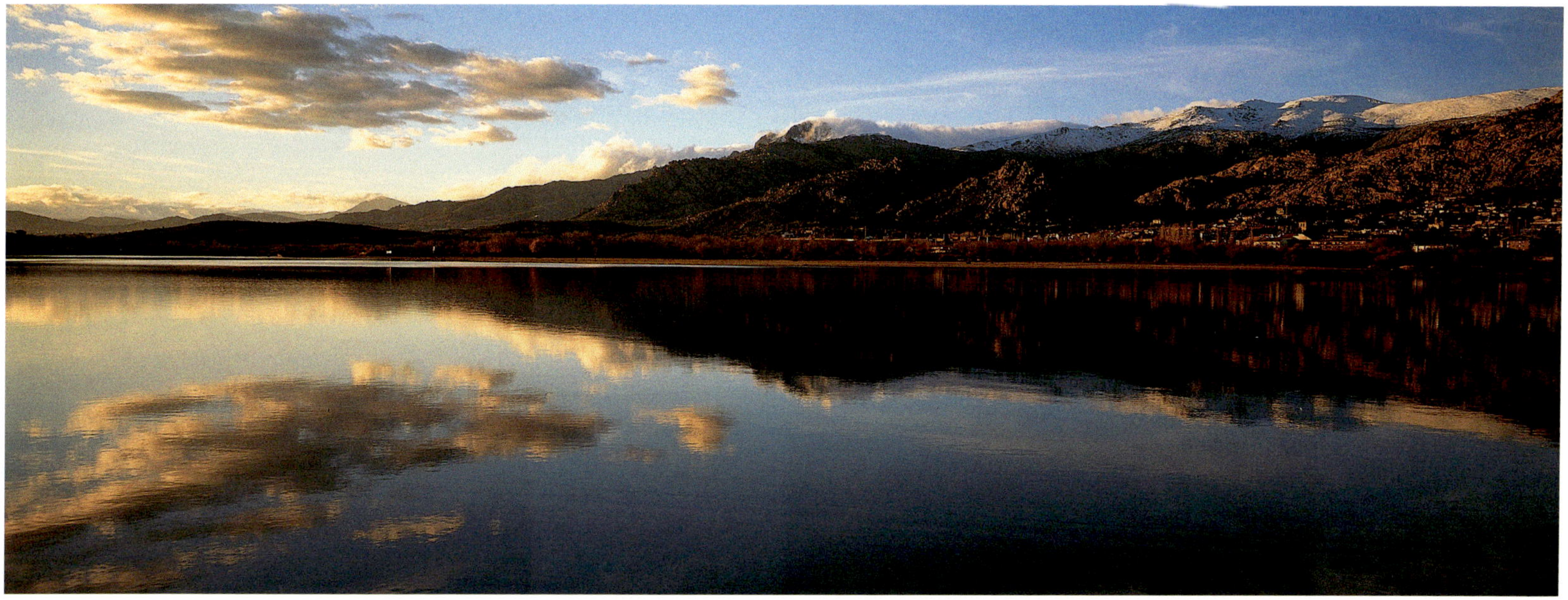

La Sierra de Guadarrama desde el Embalse de Santillana. Al fondo, La Maliciosa, Cabezas de Hierro y La Pedriza. **55**

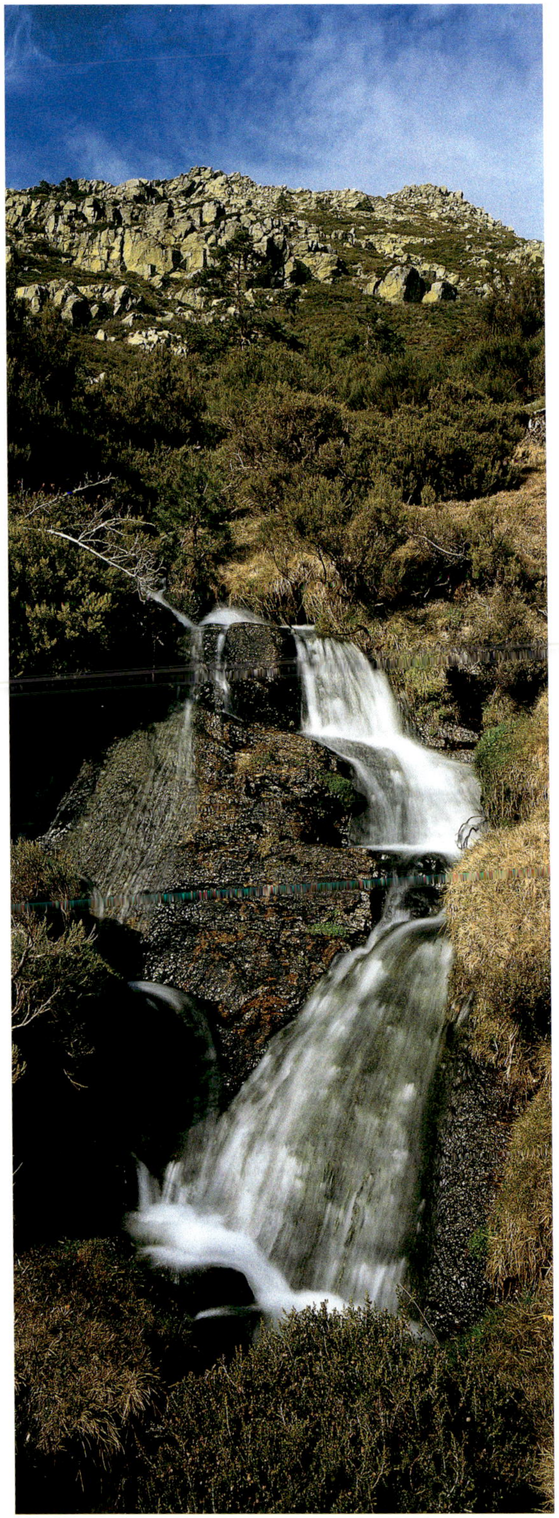

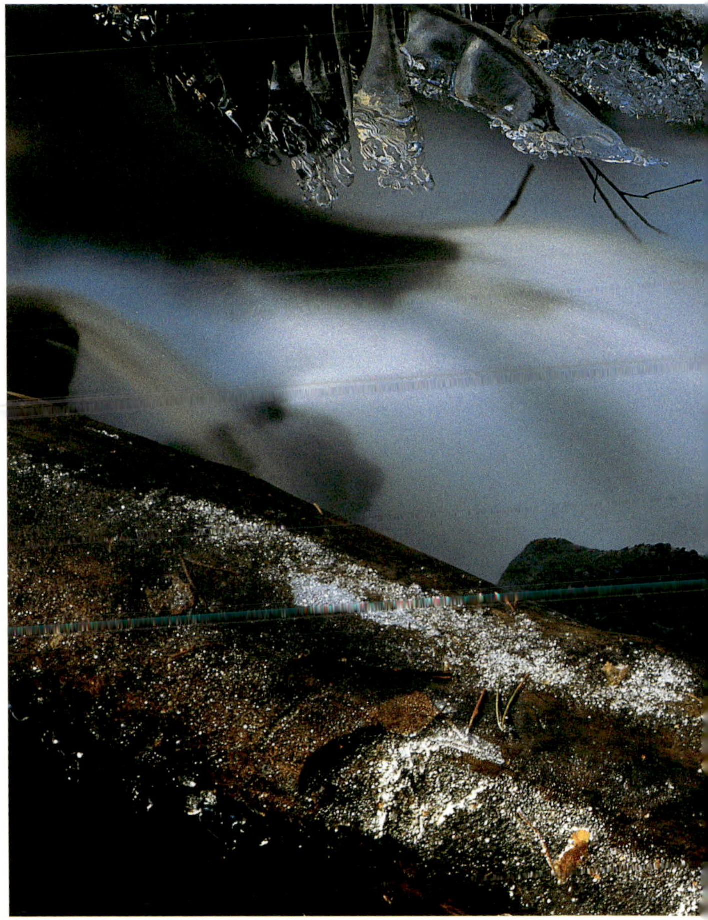

Hoyo del Mediano, circo glaciar en lo alto del Hueco de San Blas.
En la parte superior, Asómate de Hoyos (2239 m). **56**

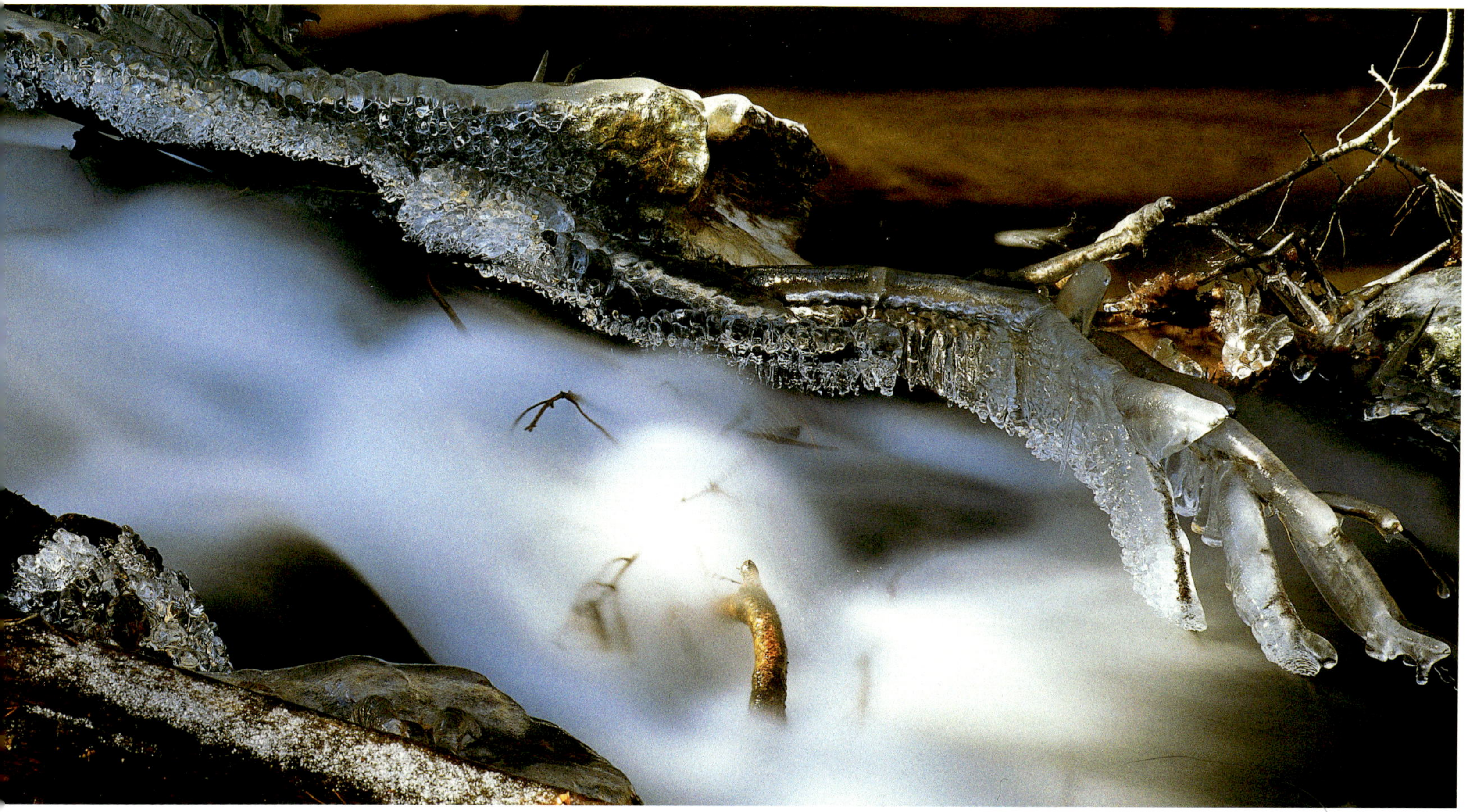

Bajo cero. **57**

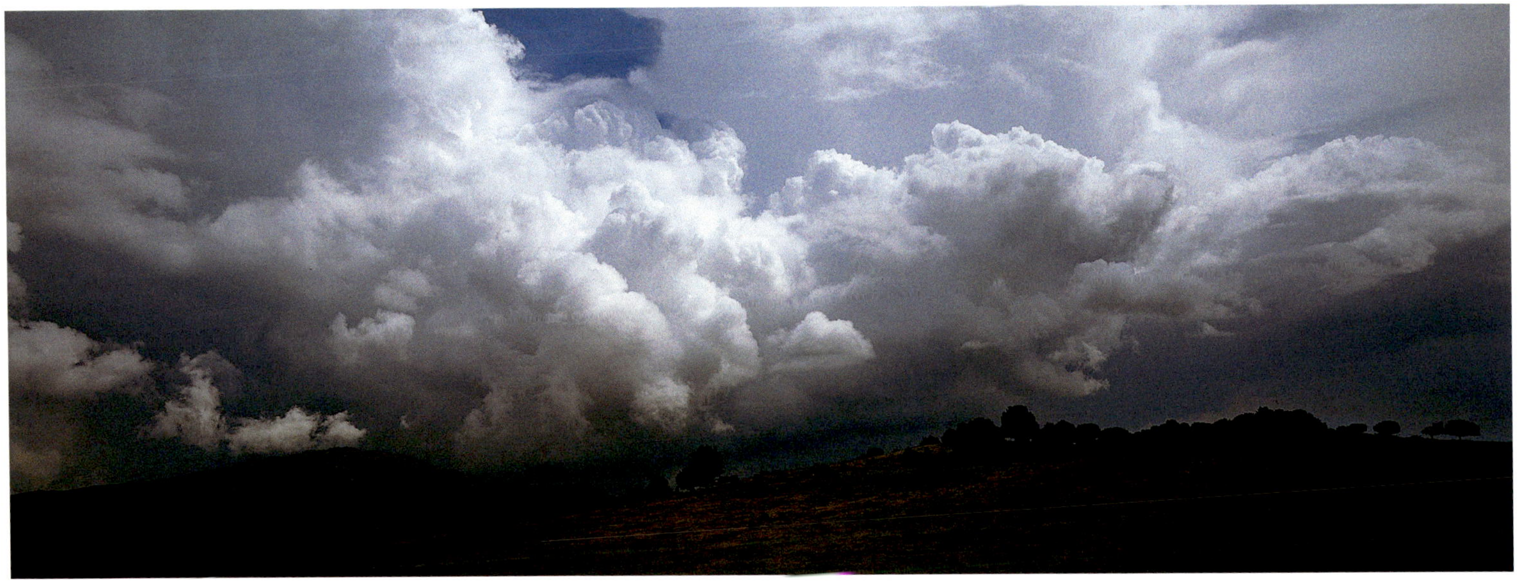

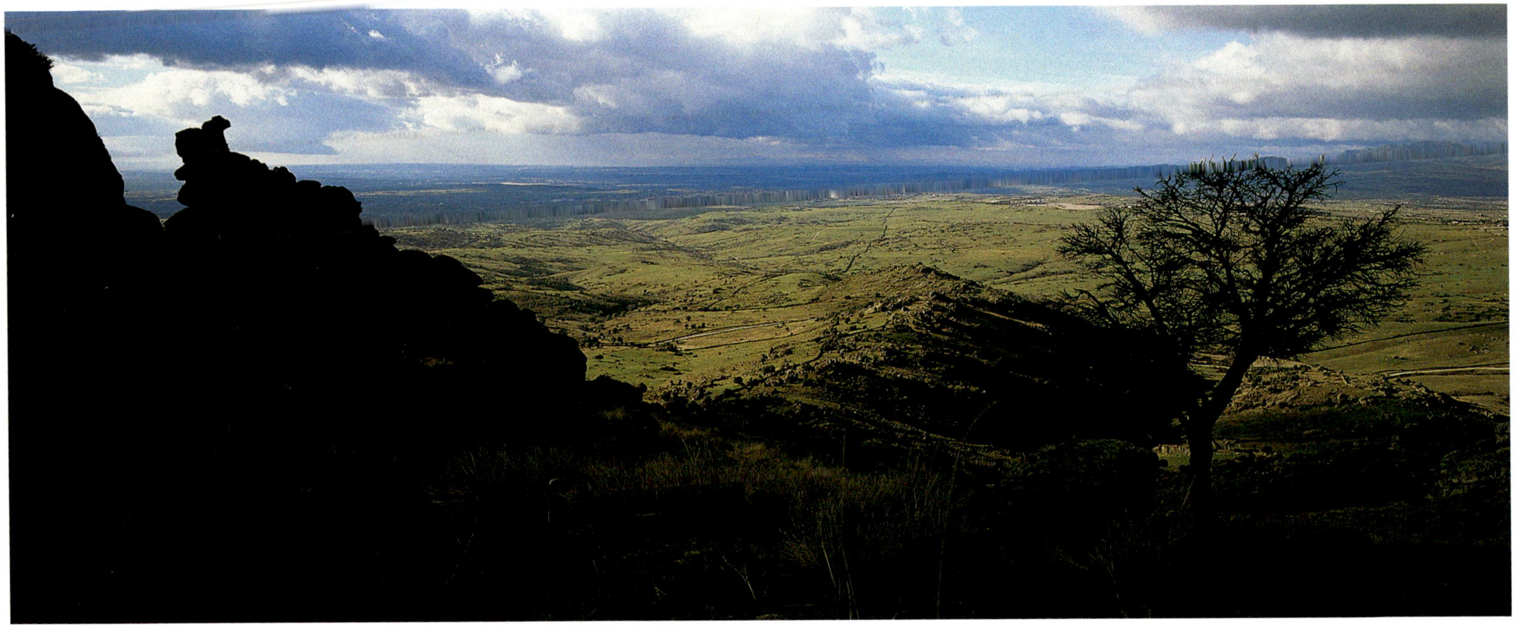

Tormenta de primavera sobre el Cerro de San Pedro (1423 m) **58**

Panorámica desde el Cerro de San Pedro. Al fondo Colmenar Viejo. **59**

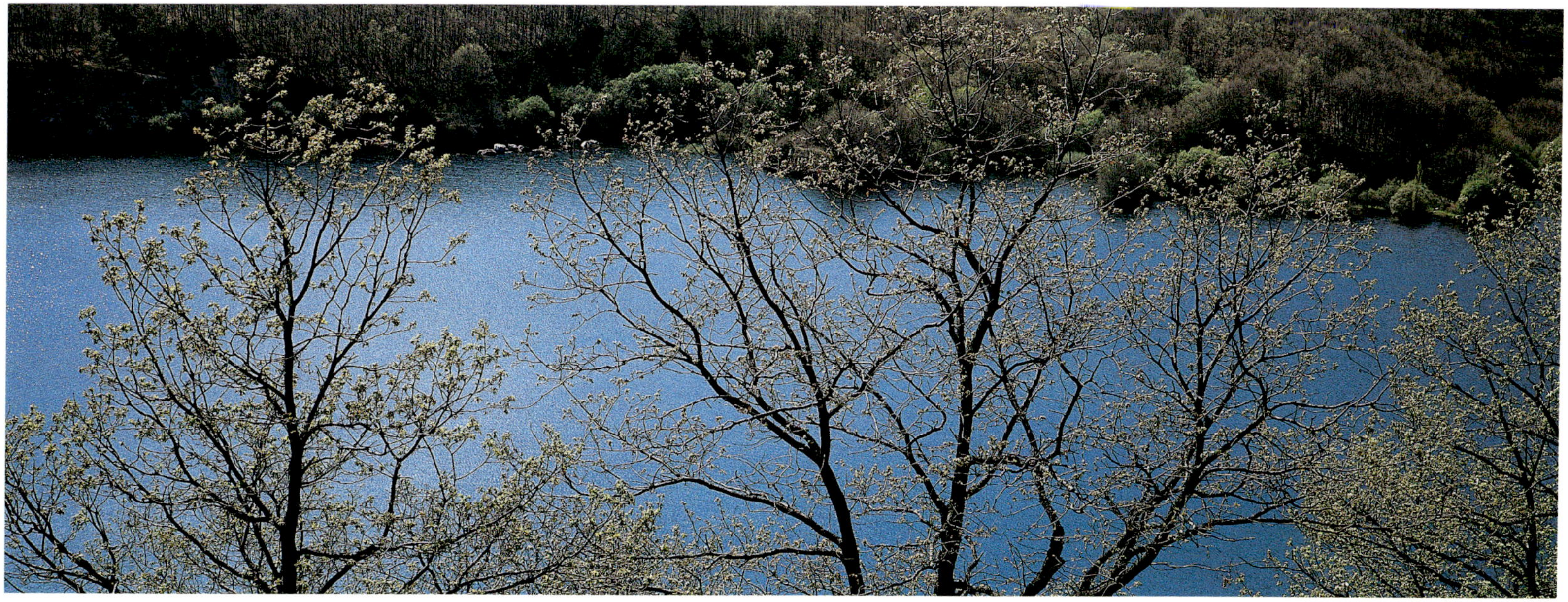

Embalse de Miraflores de la Sierra. **60**

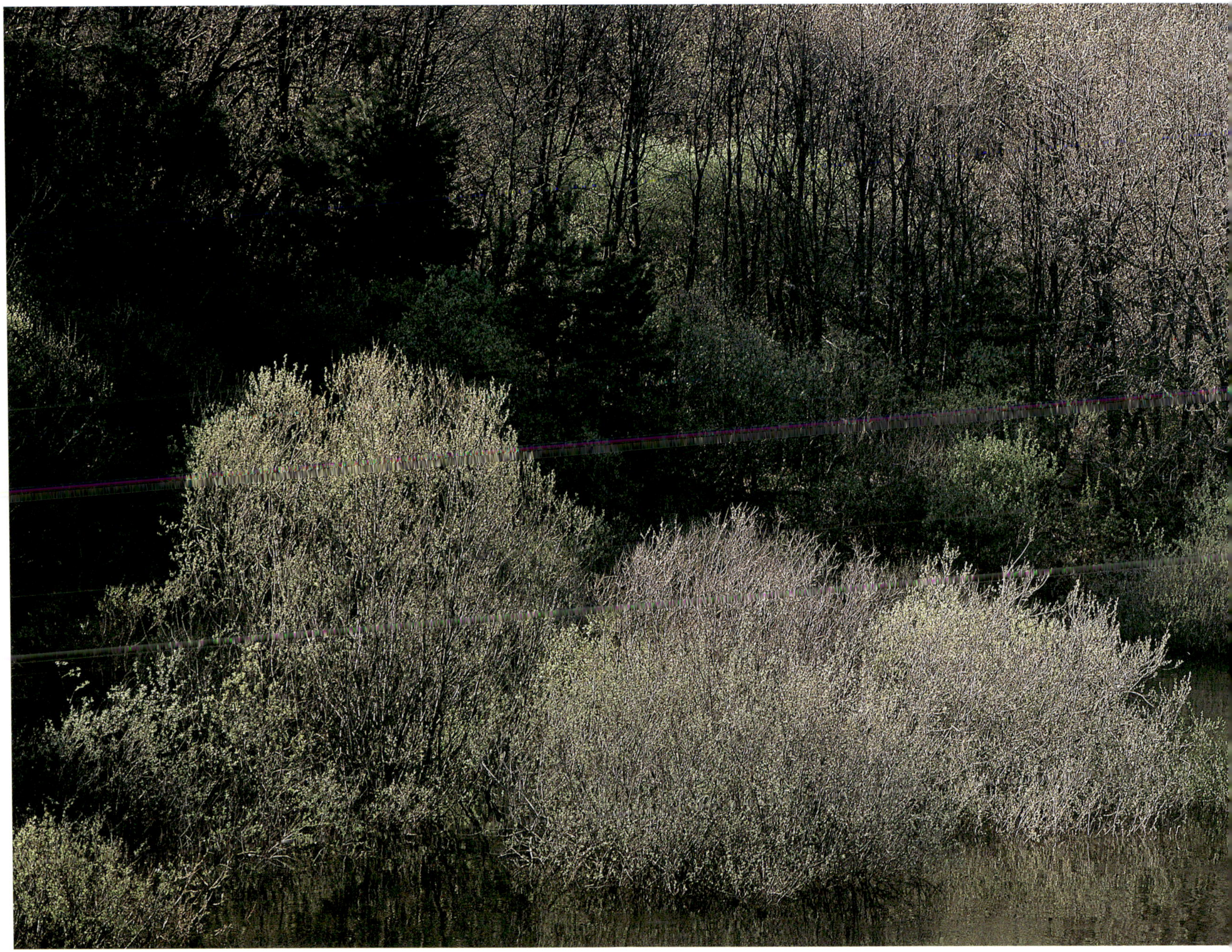

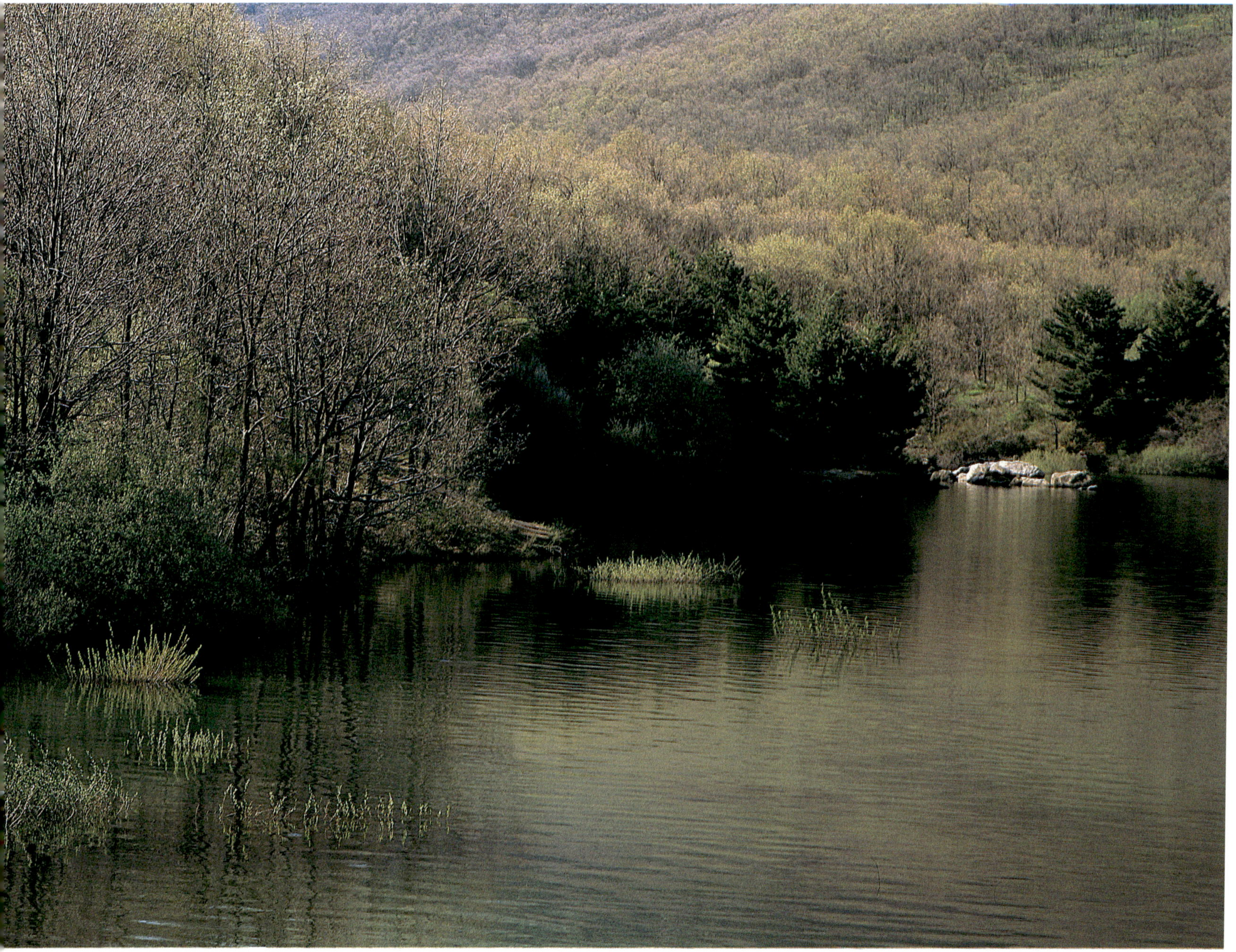

Abundante vegetación en las orillas del Embalse de Miraflores de la Sierra. **61**

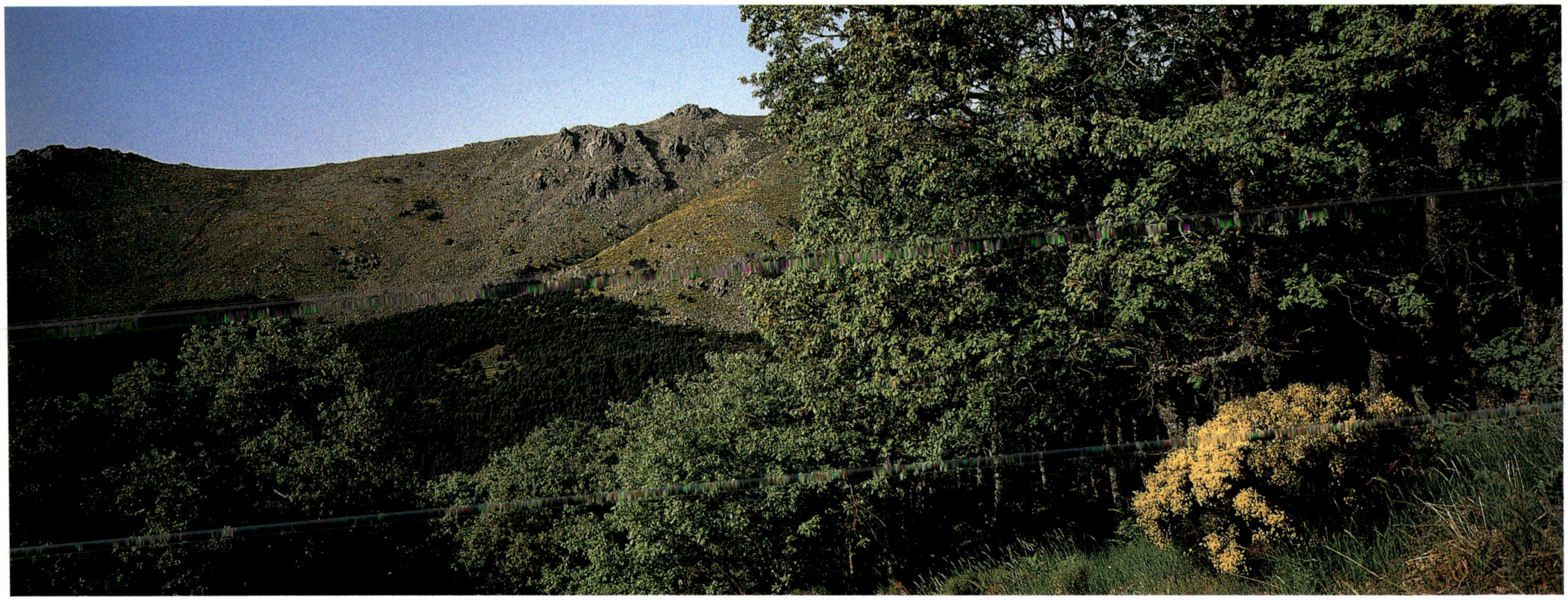

Vertiente oriental de La Najarra (2105 m). **62**

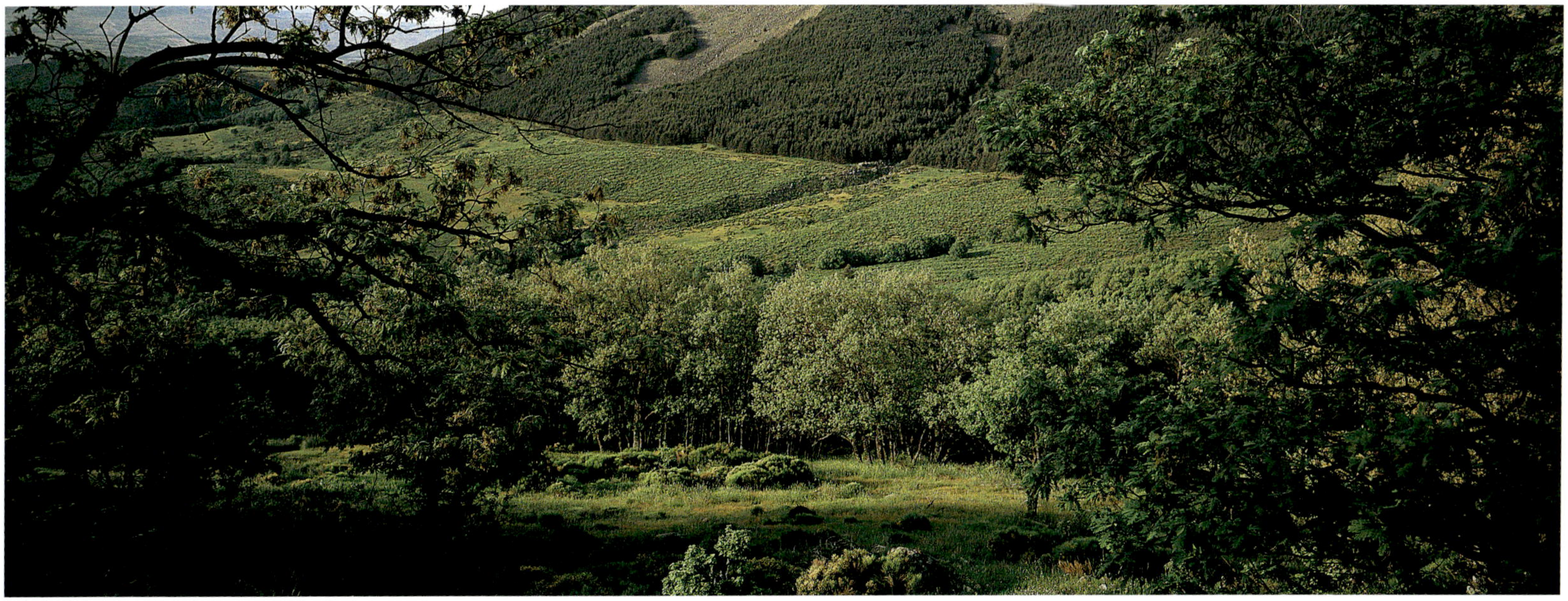

Robledal en el valle de Miraflores. Al fondo aparecen los pinares en cotas superiores, en la vertiente este de La Najarra. **63**

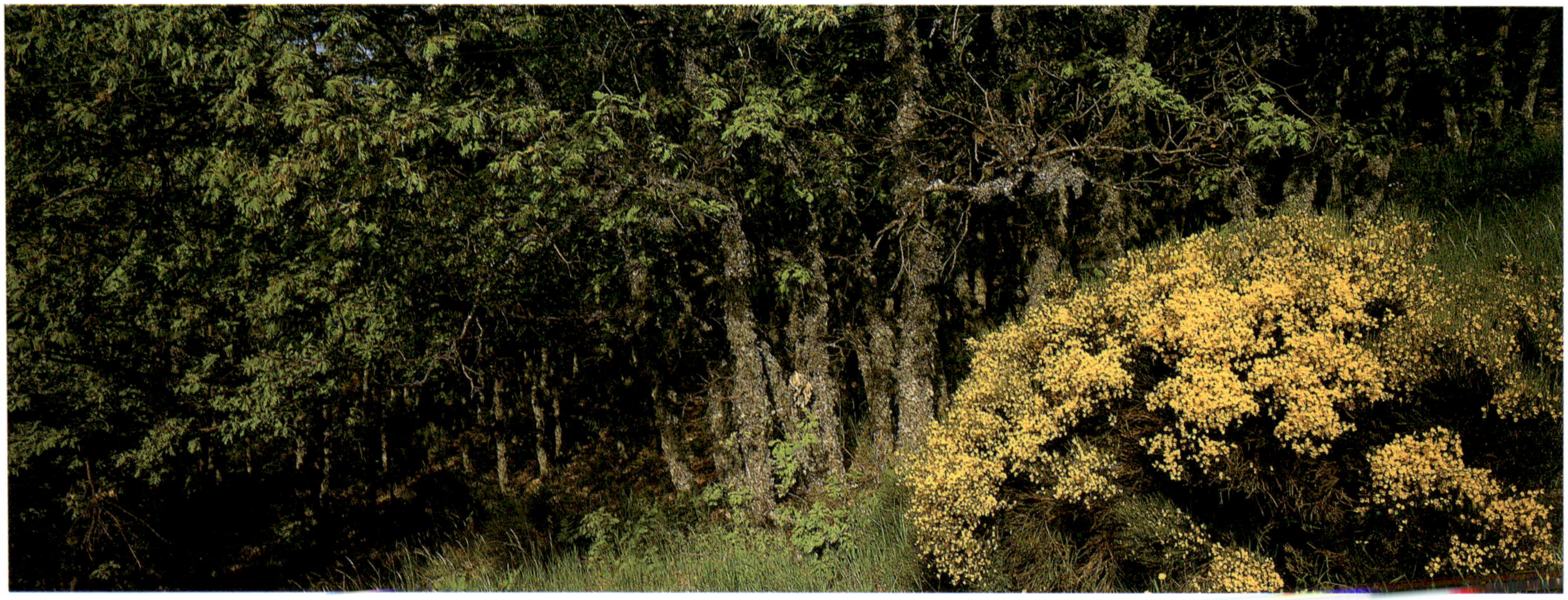

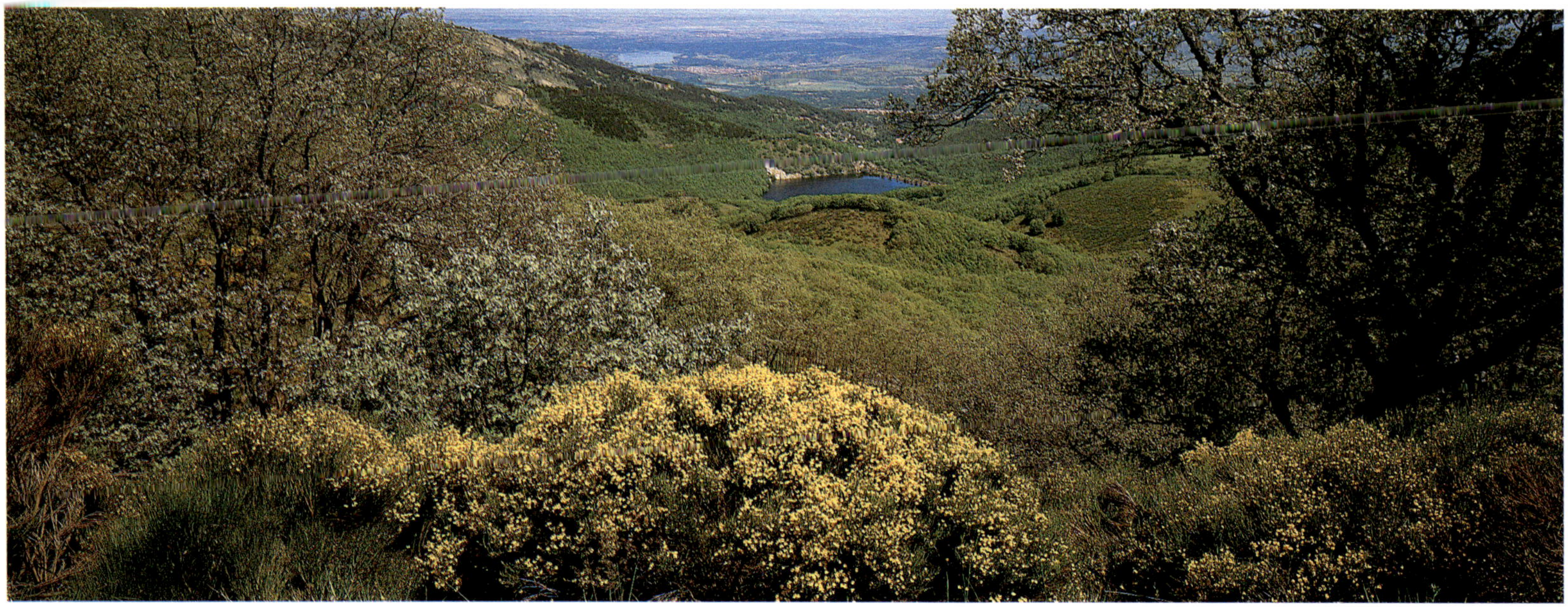

Piorno en floración junto al robledal, al final de la primavera. **64**

Valle de Miraflores y su embalse desde el robledal de La Morcuera. **65**

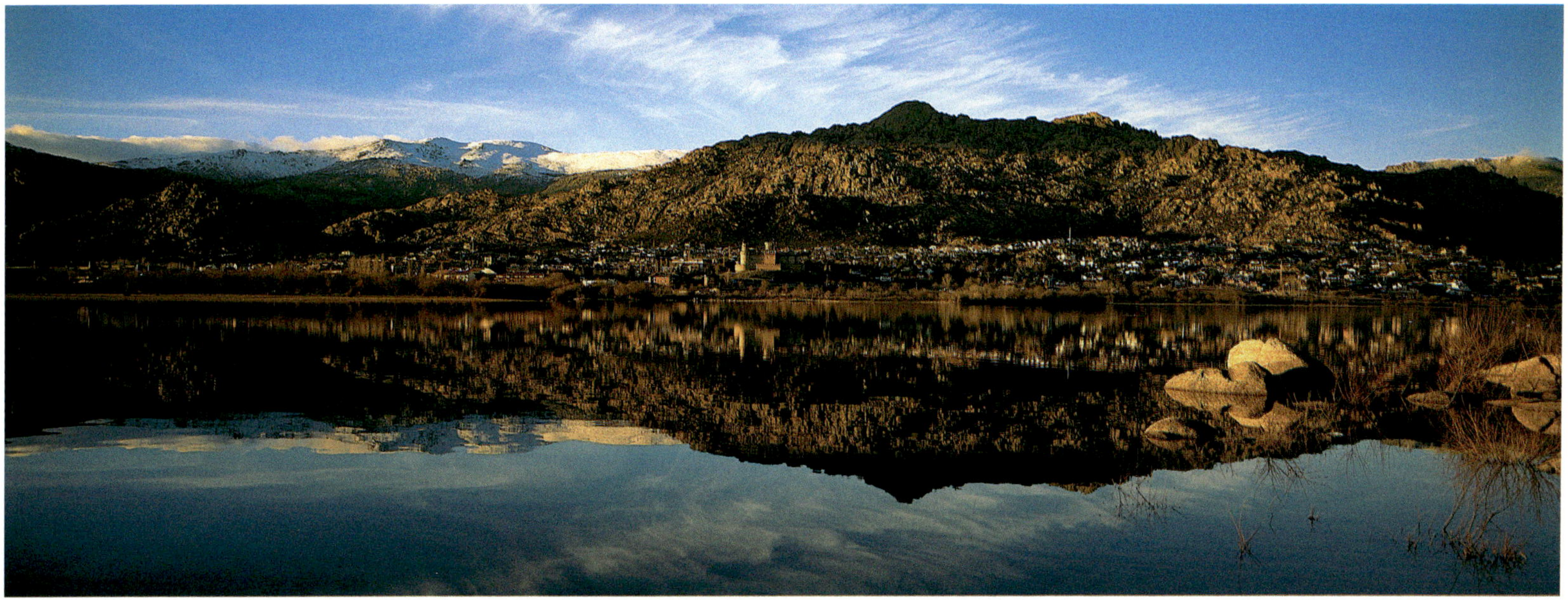

Cuerda Larga y La Pedriza desde el Embalse de Manzanares. **66**

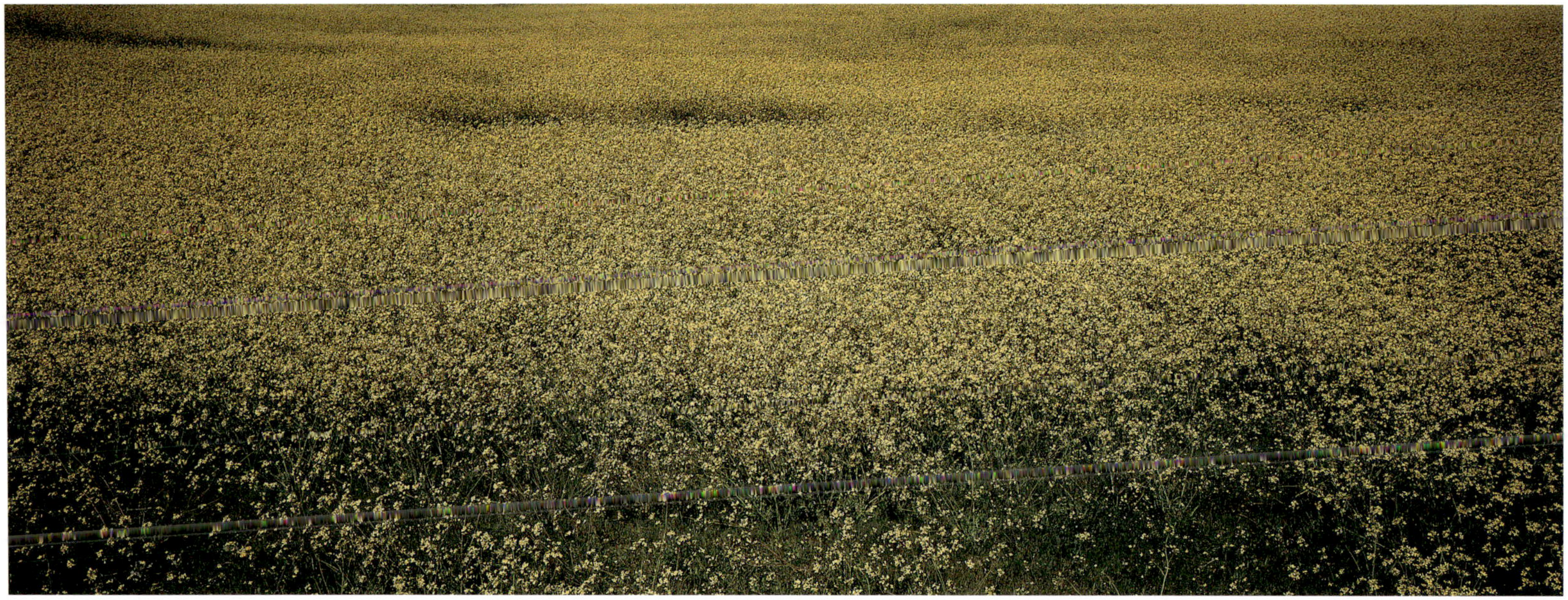

Floración en los campos próximos al Embalse de Manzanares al inicio de la primavera. **67**

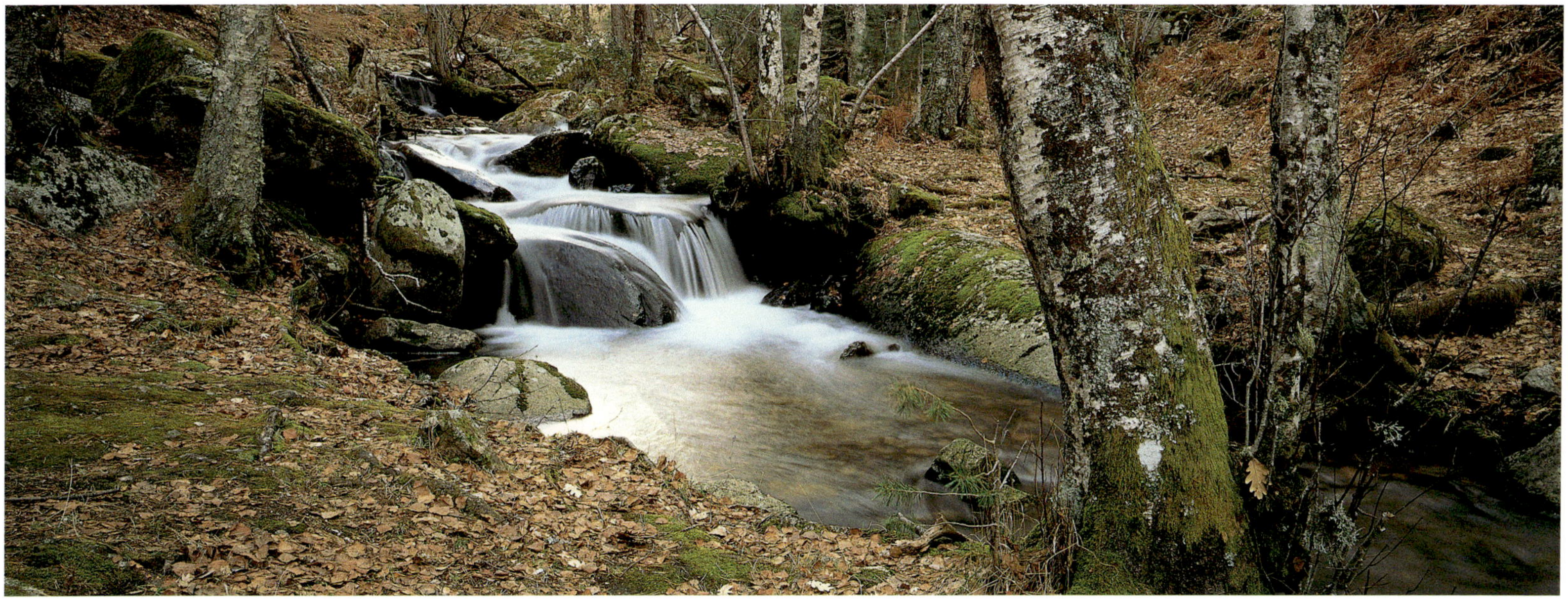

Otoño en el abedular de Canencia y arroyo del Sestil en las cercanías del Puerto de Canencia. **68**

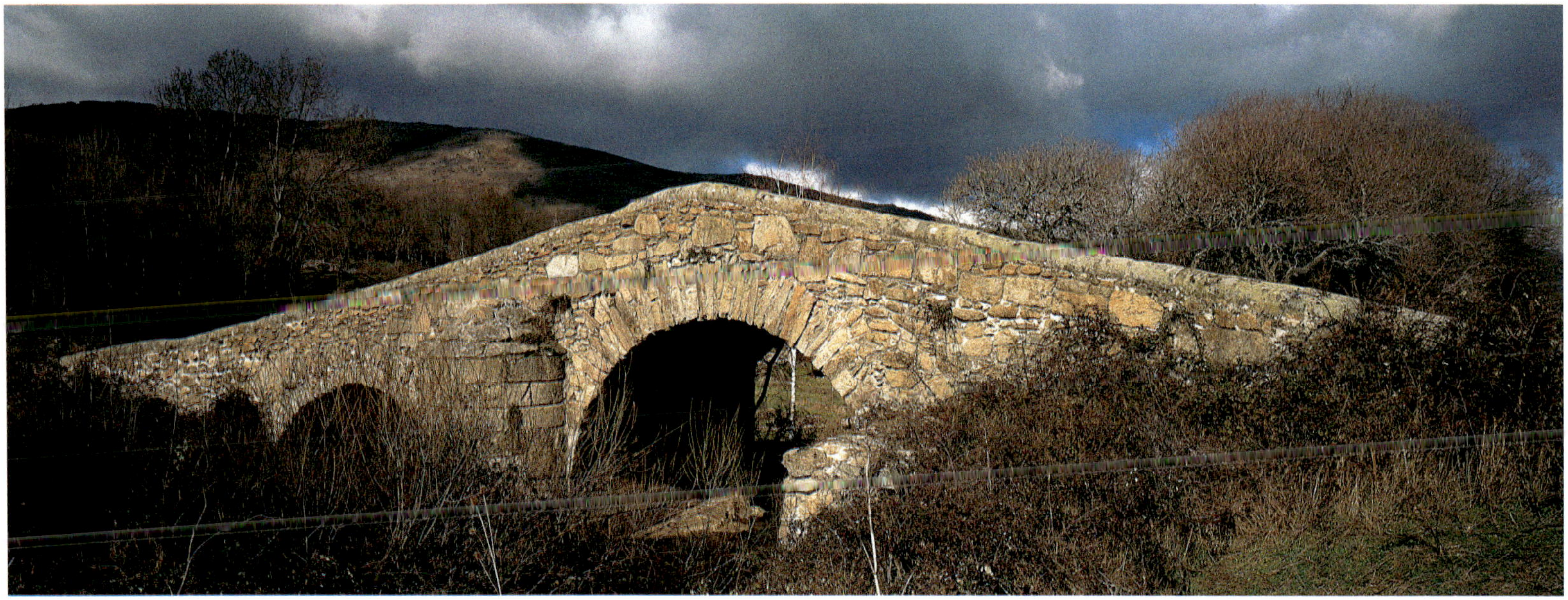

Puente del Canto en el pueblo de Canencia. 69

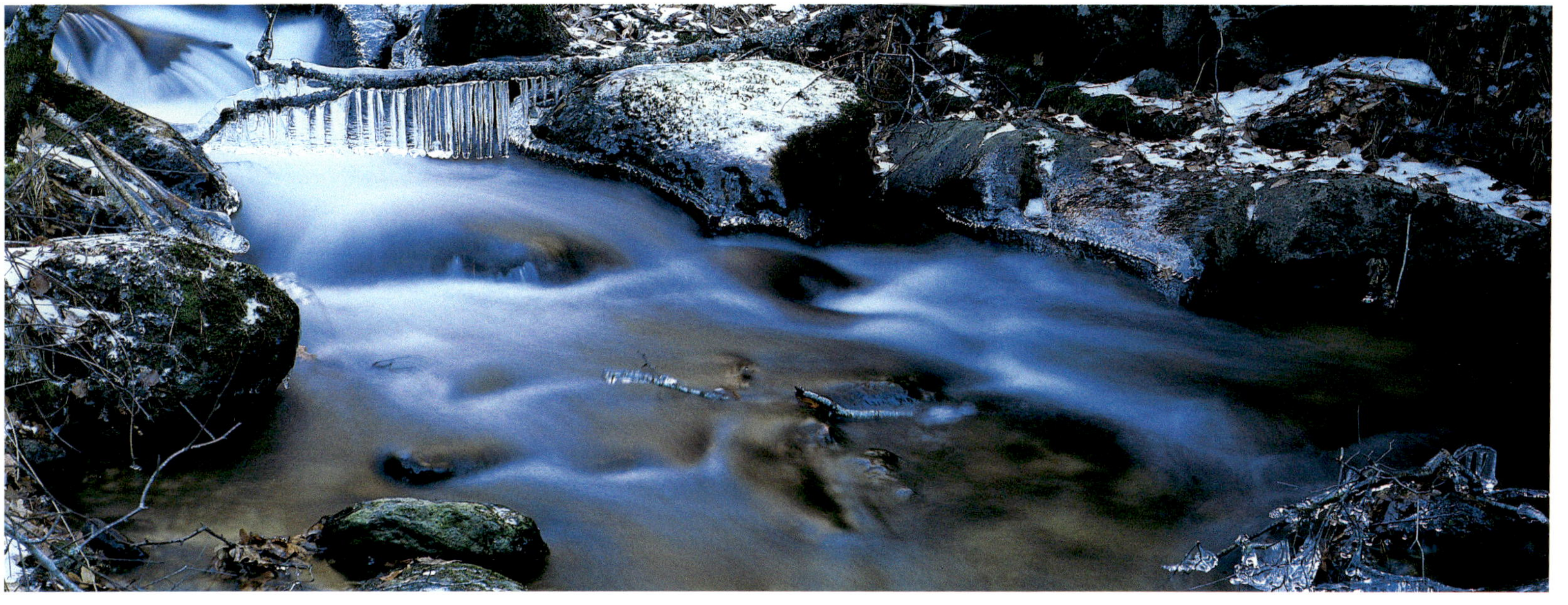

Los días más fríos del invierno en el arroyo del Sestil (Puerto de Canencia). **70**

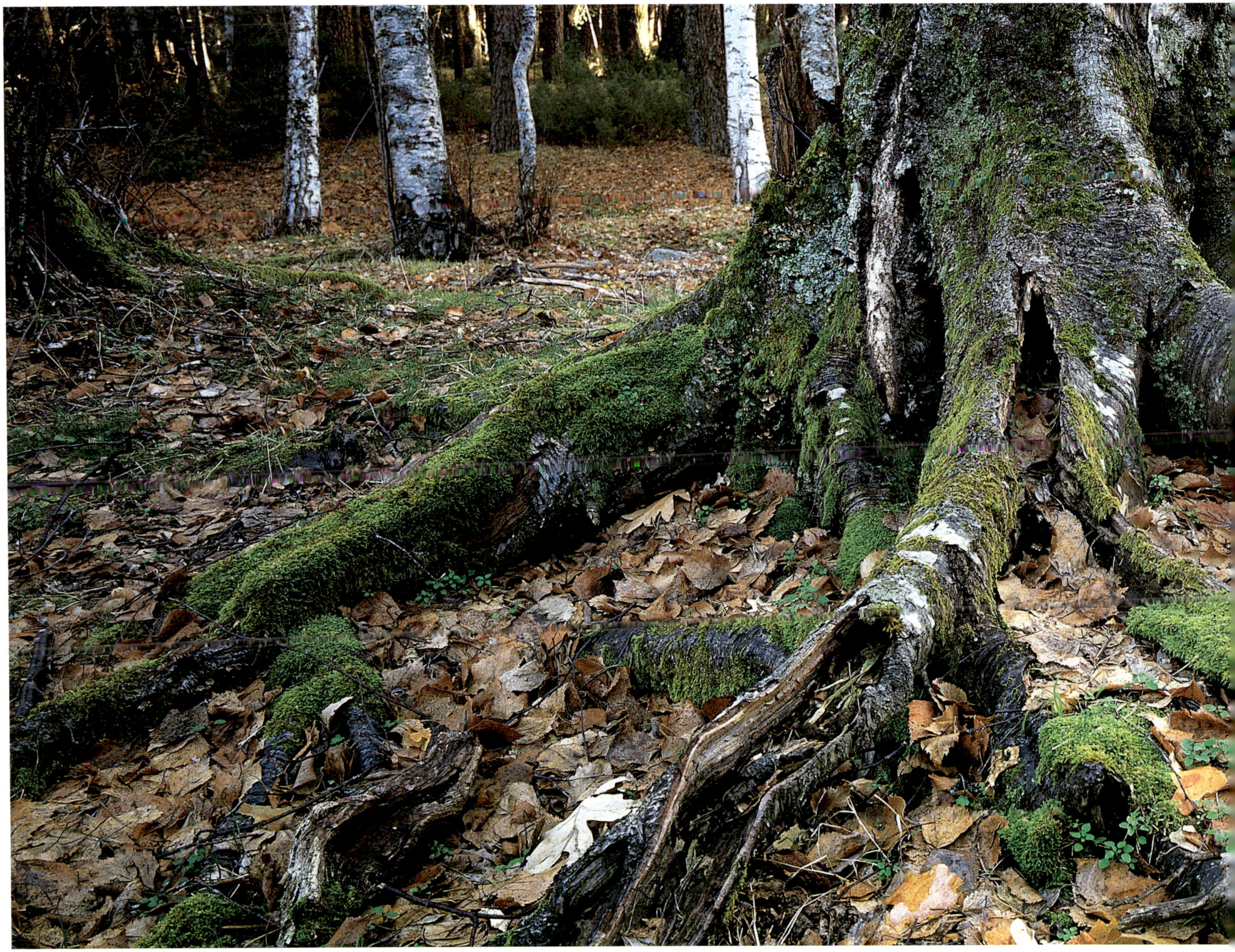

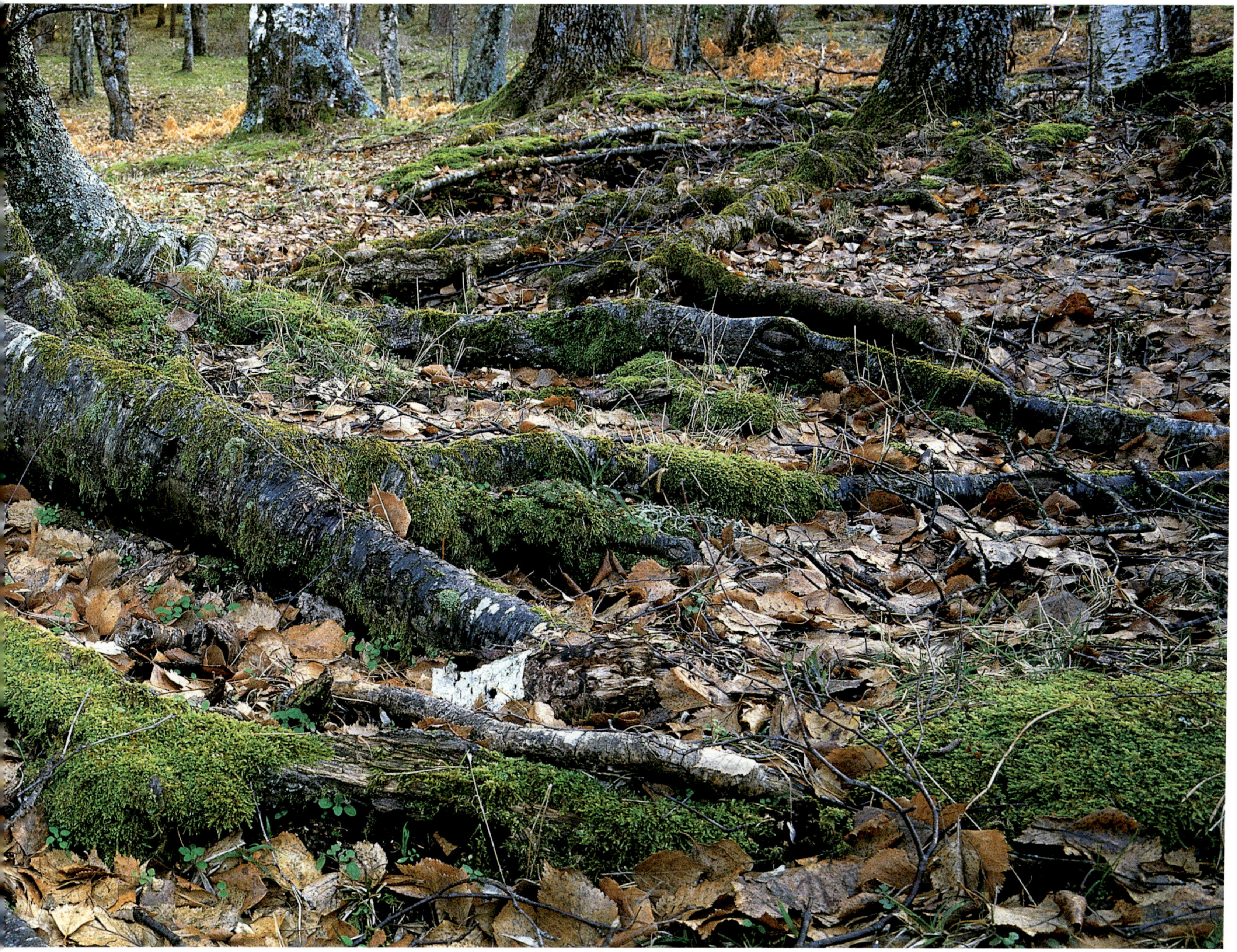

Abedular de Canencia. Detalle. 71

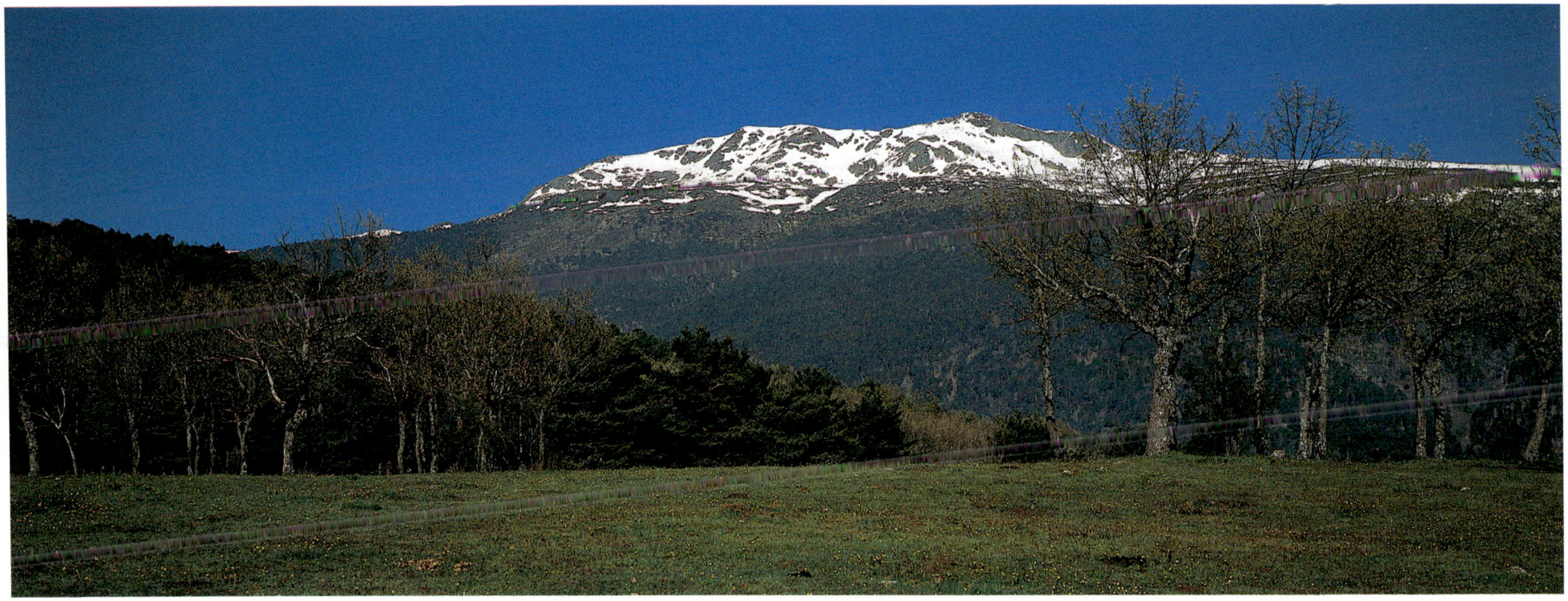

Macizo de Peñalara desde el Mirador de los Robledos. valle del Lozoya. 72

III

Peñalara
Montes Carpetanos

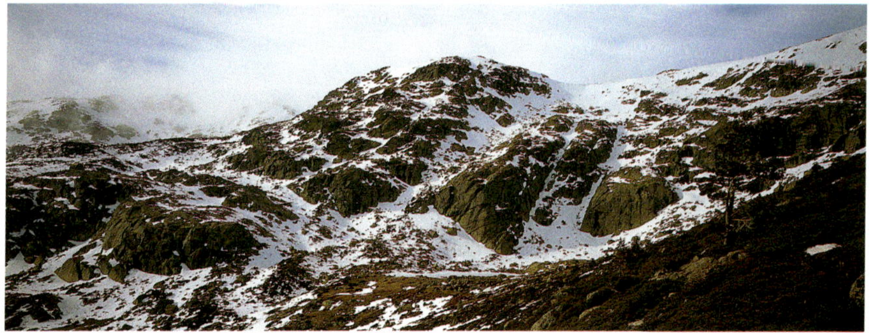

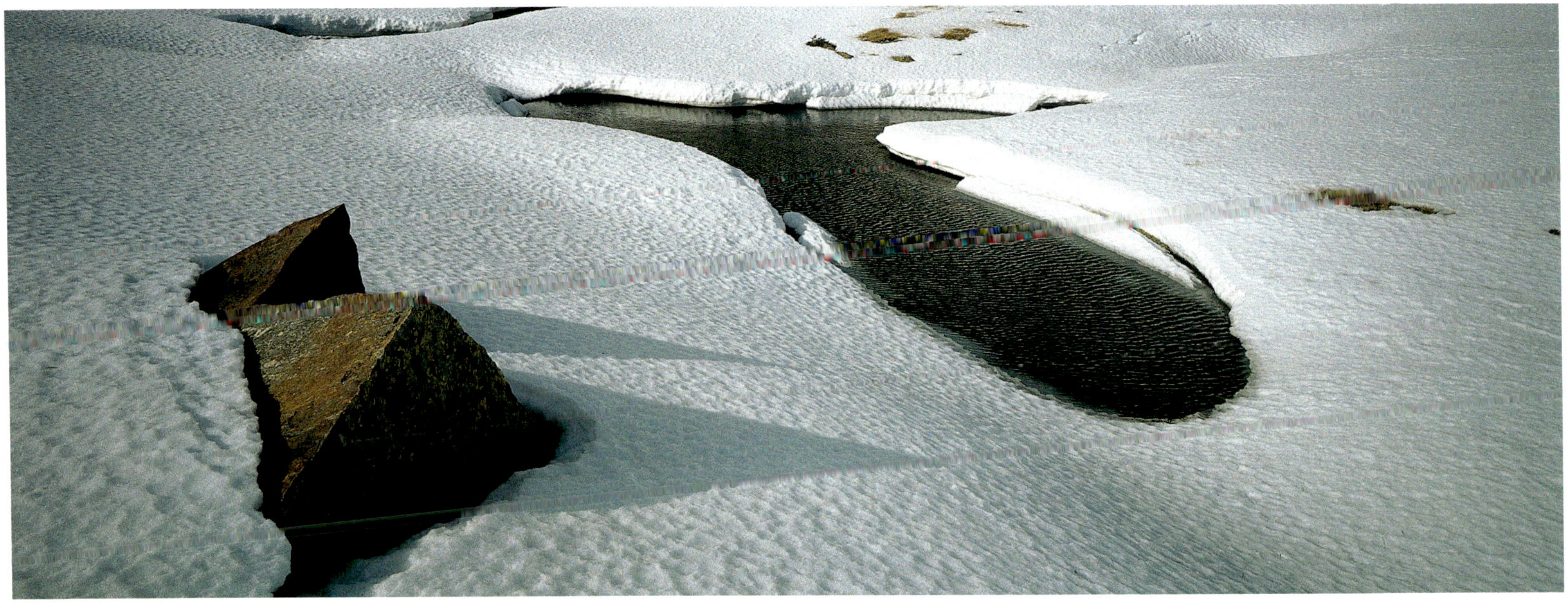

(Página anterior) Circo y Laguna Grande de Peñalara. Al fondo, Dos Hermanas. **73**

Camino de la Laguna de los Pájaros. Macizo de Peñalara. **74**

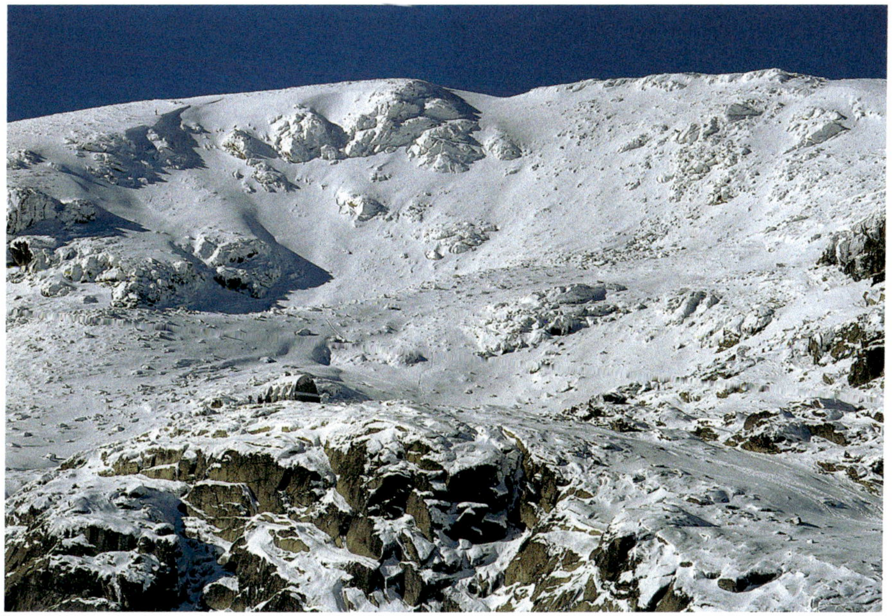

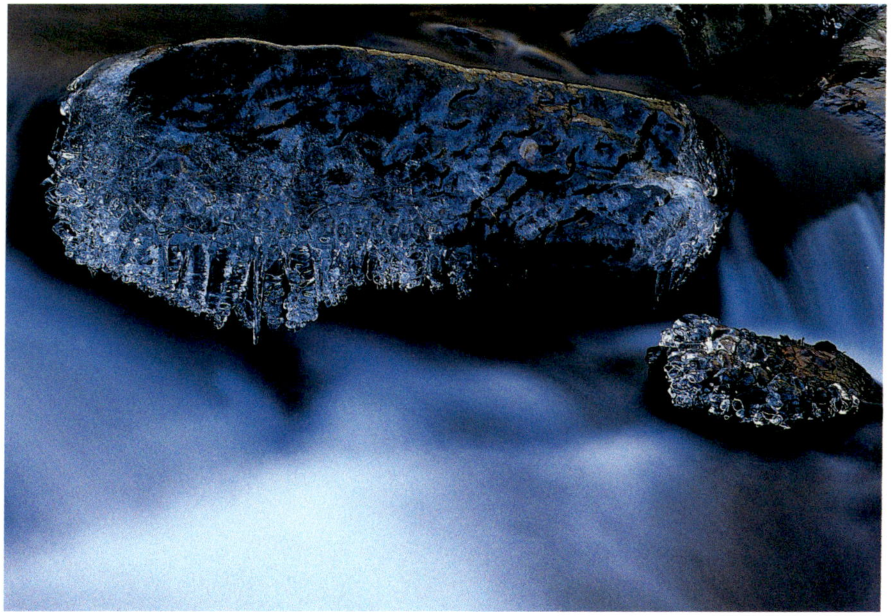

Refugio de Zabala en el circo glaciar de Peñalara. **75**

Verglás en la roca. **76**

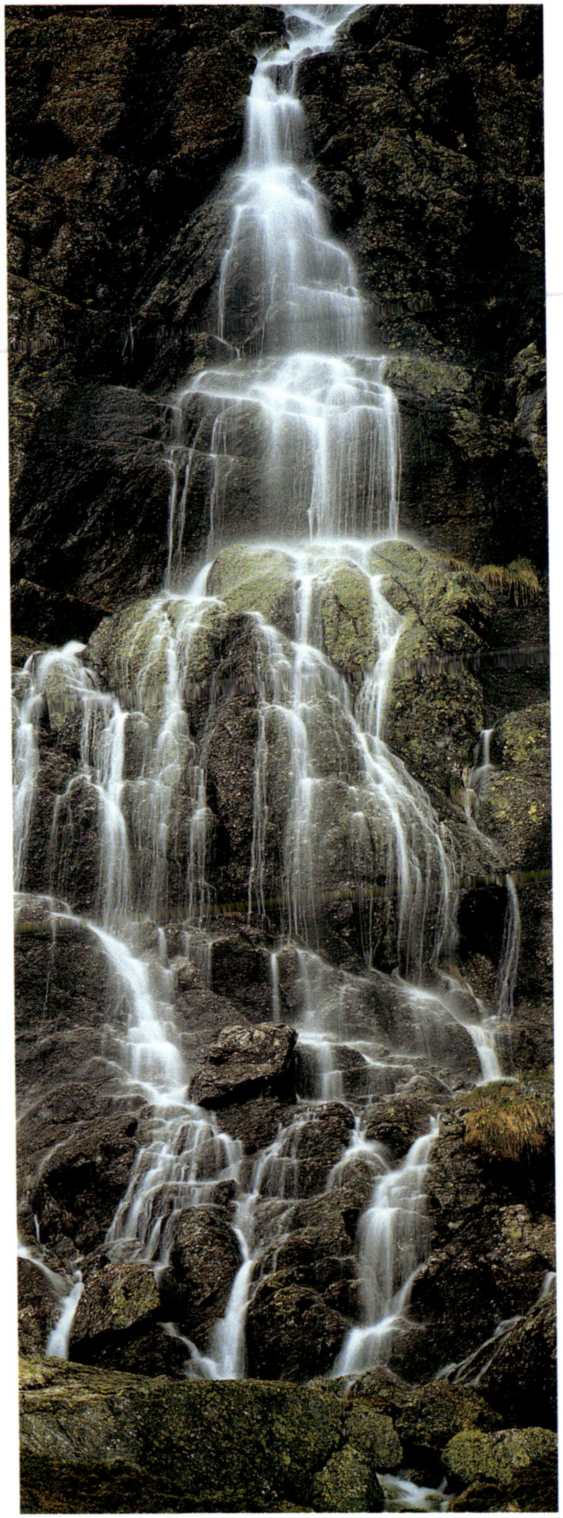

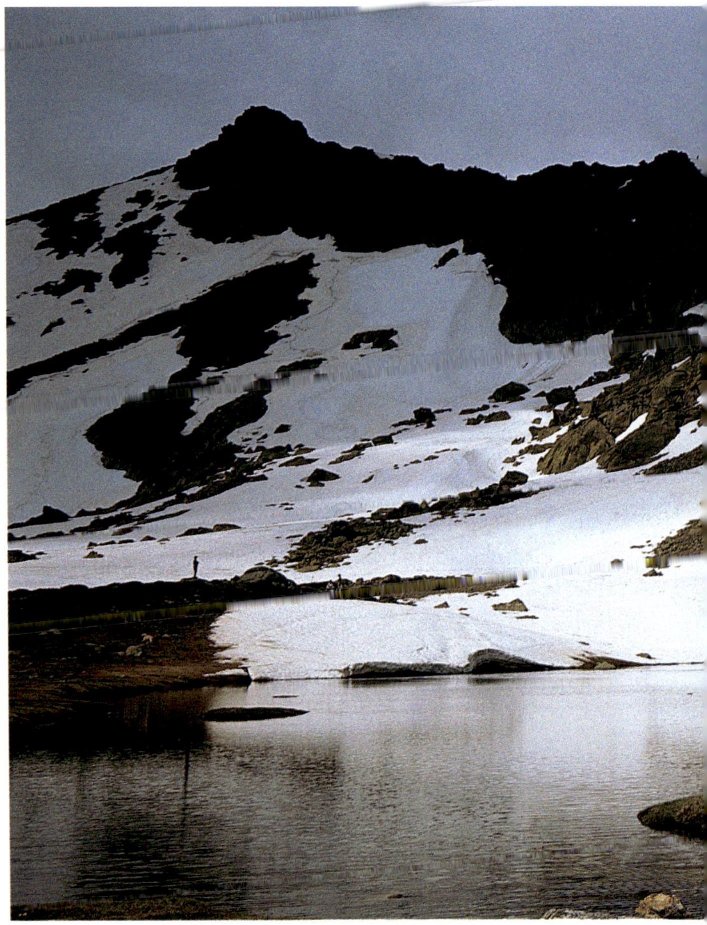

Cascadas de Peñalara desde el camino de la Laguna de los Pájaros. 77

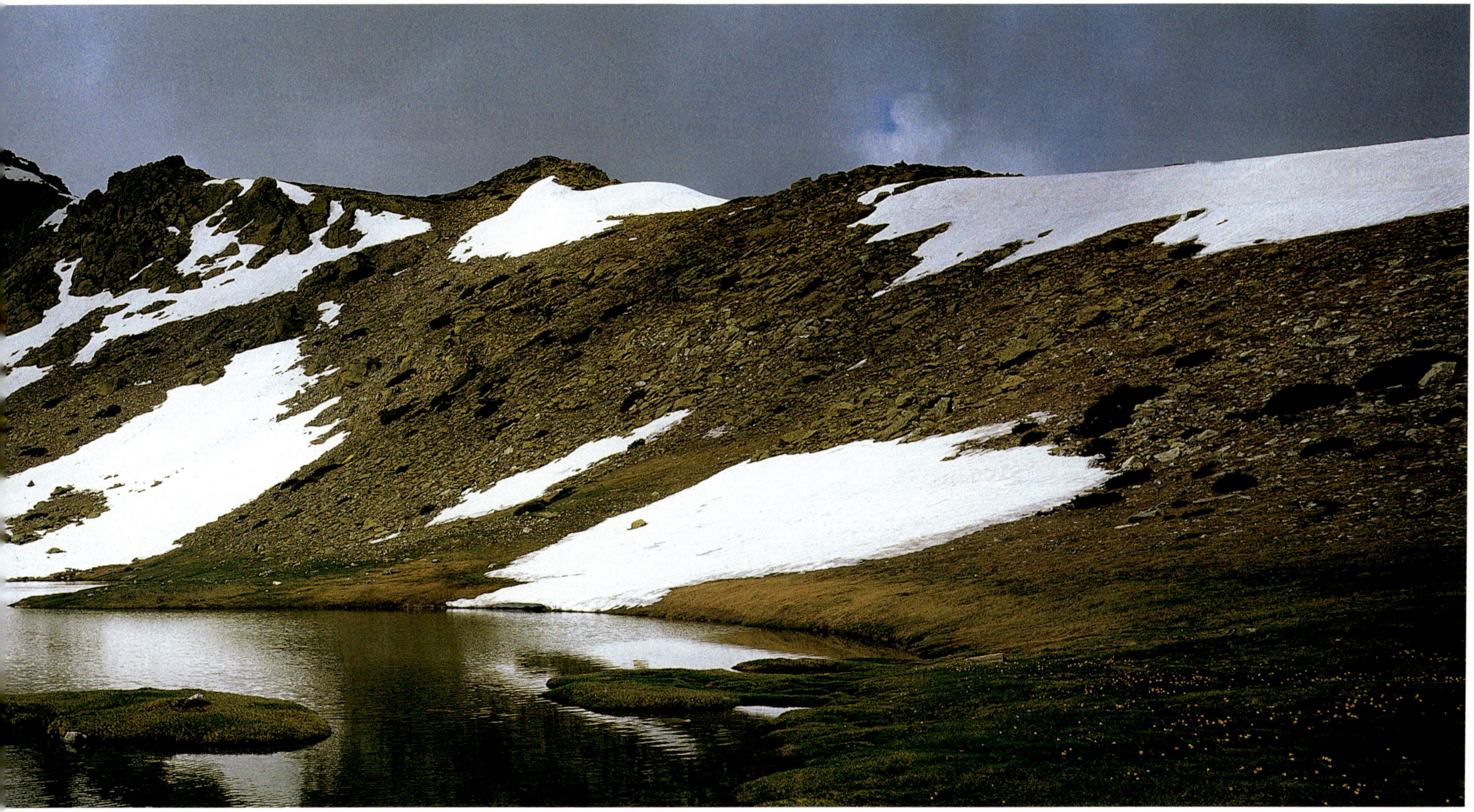

Risco de los Claveles desde la Laguna de los Pájaros. **78**

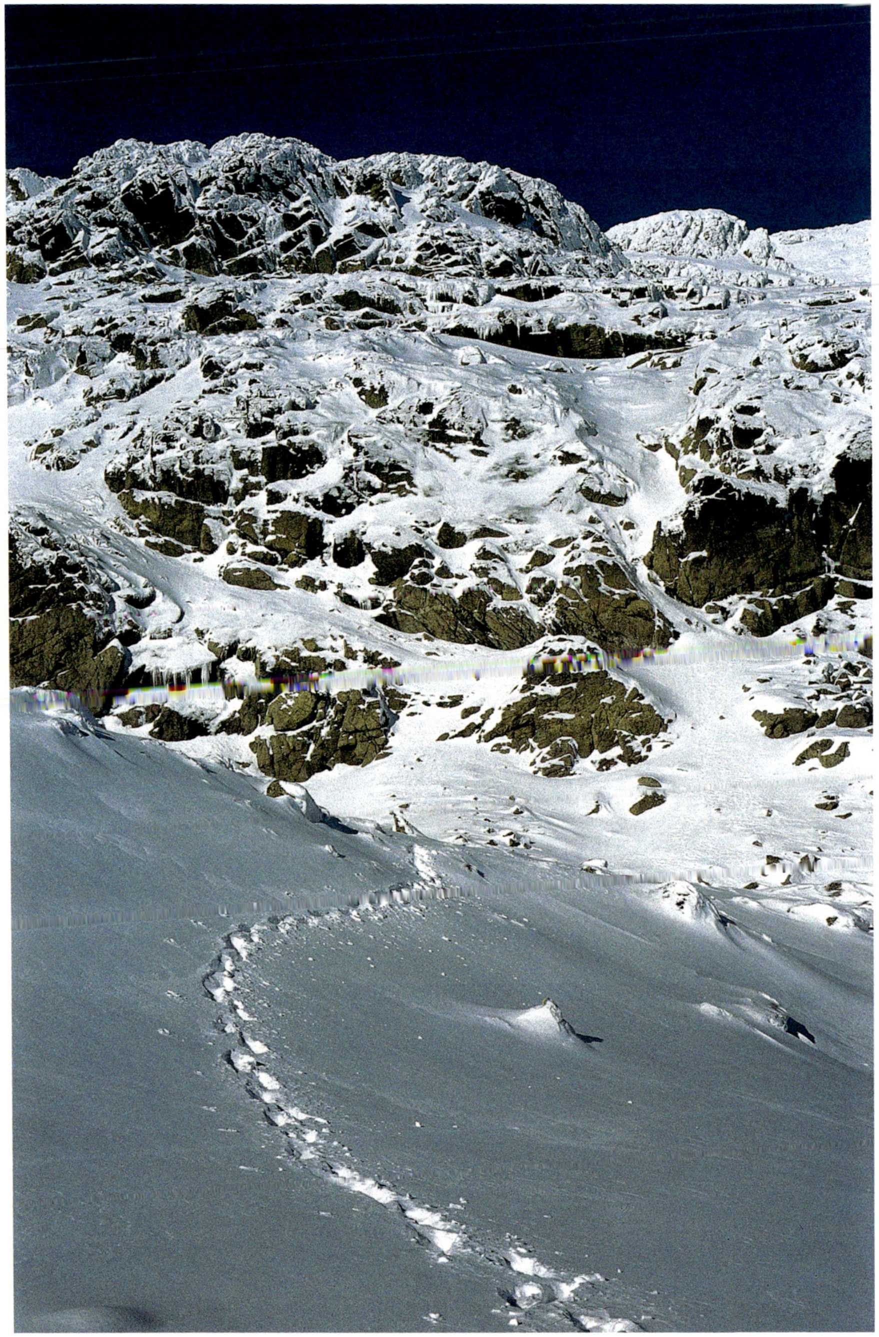

Impresionante vertiente este de Peñalara (2428 m). **79**

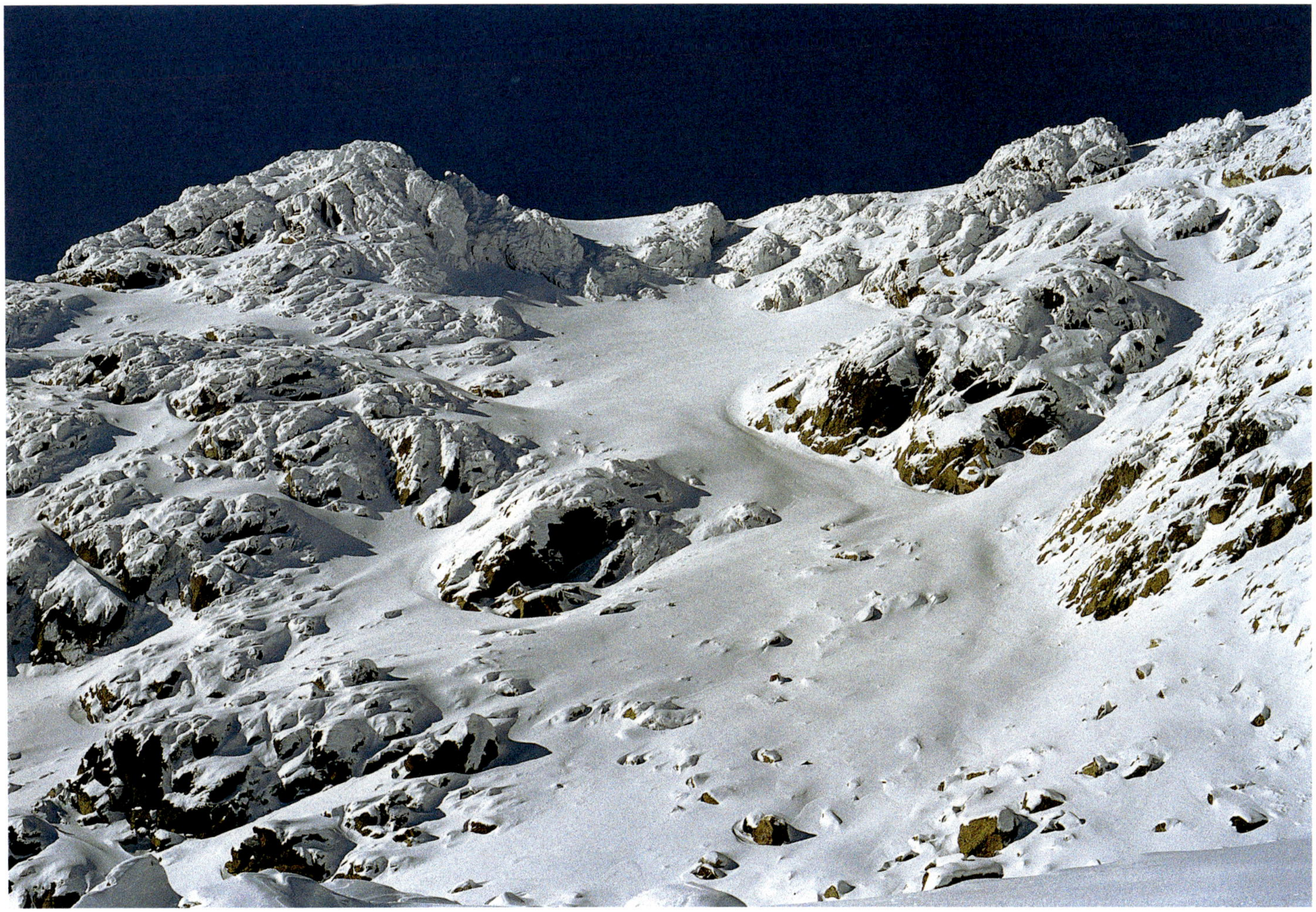

Peñalara desde Cinco Lagunas. **80**

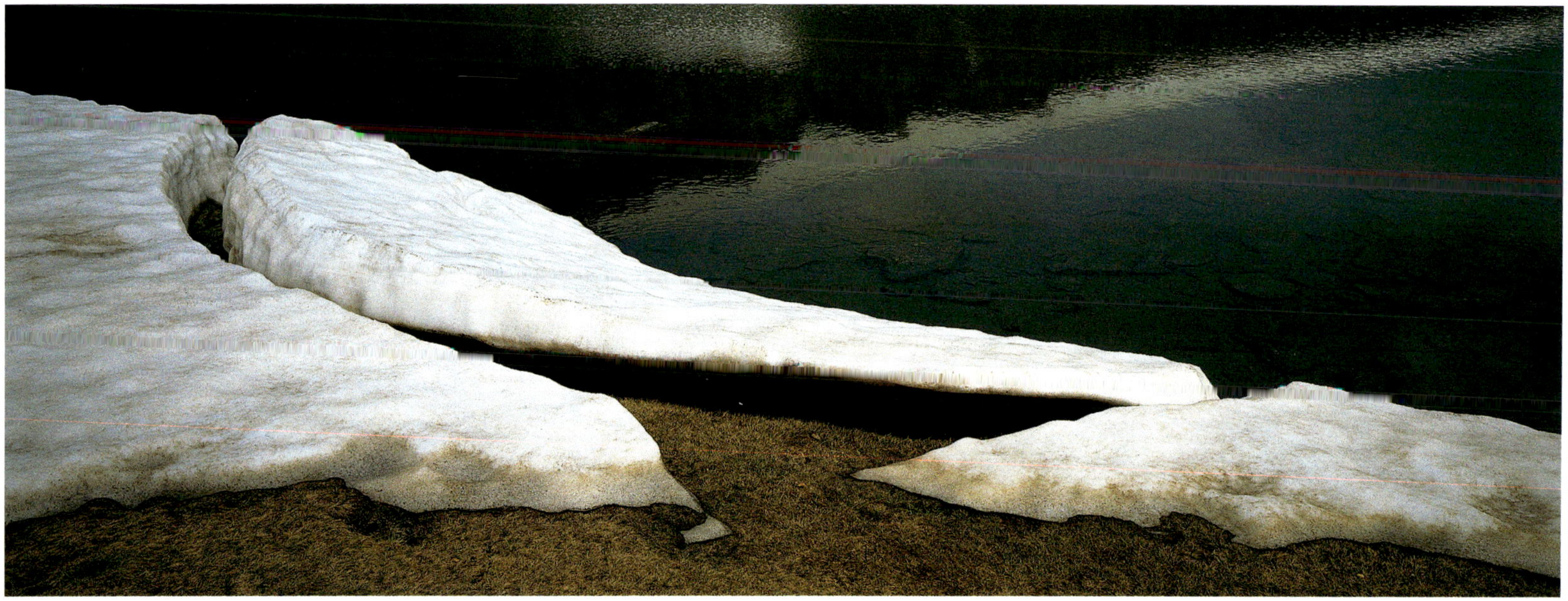

Formaciones producidas por el deshielo. Macizo de Peñalara. **81**

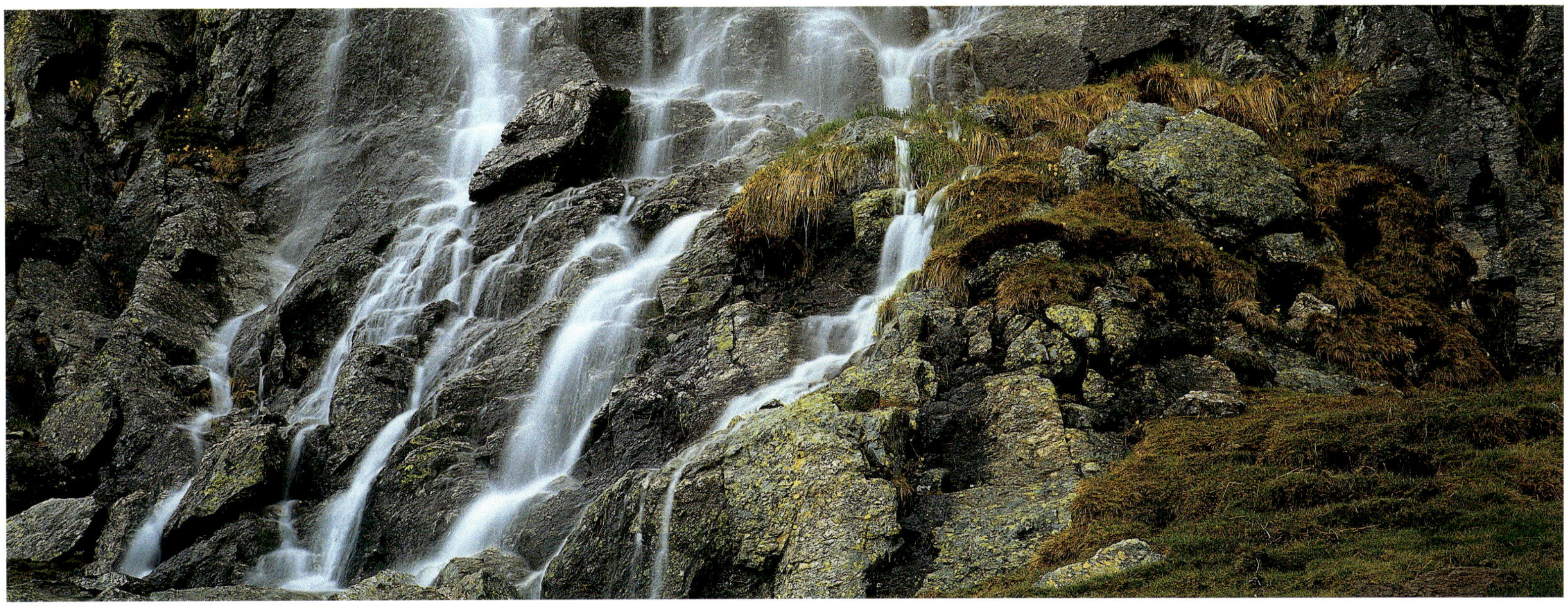

Cascadas de Peñalara en los primeros días de primavera. **82**

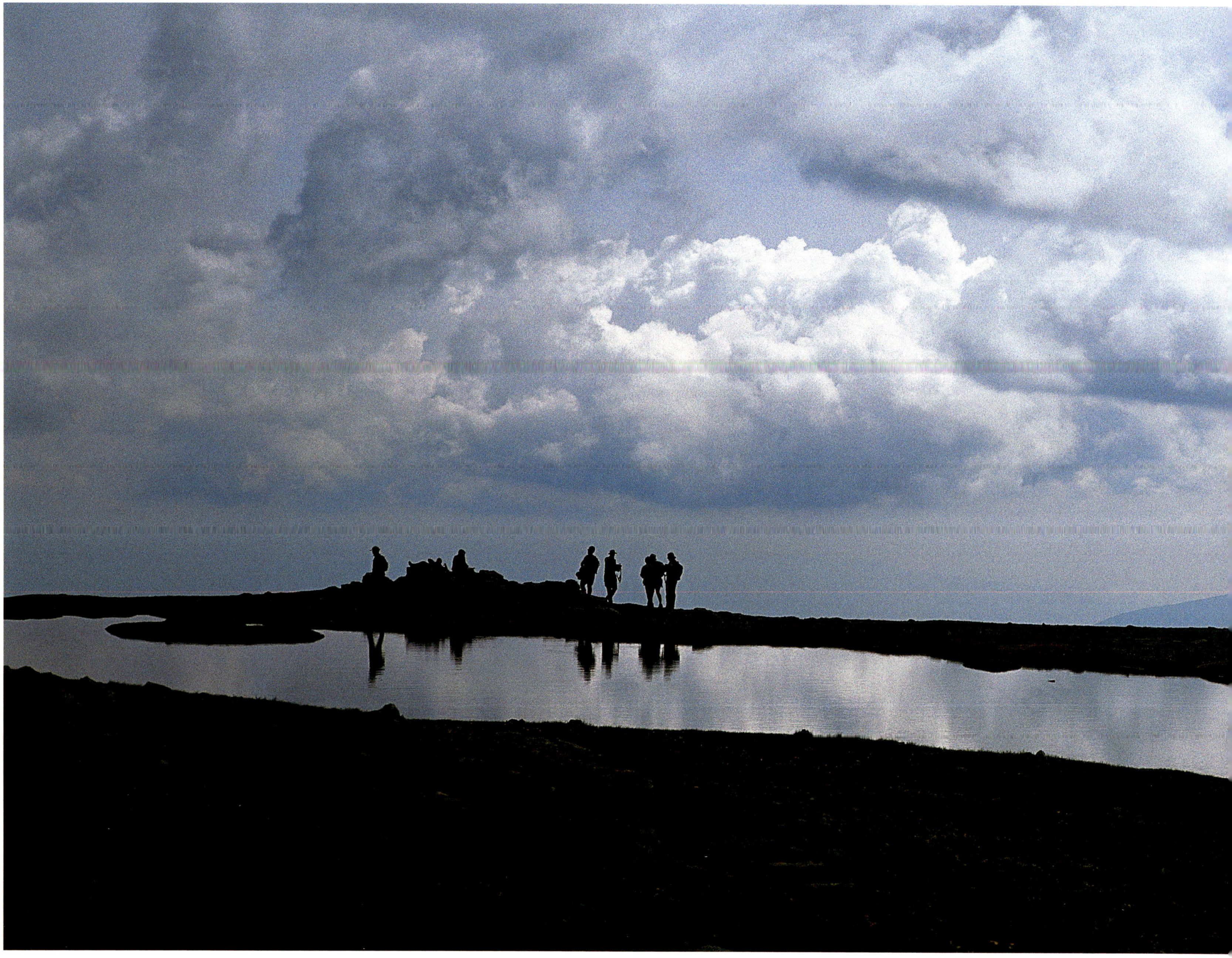

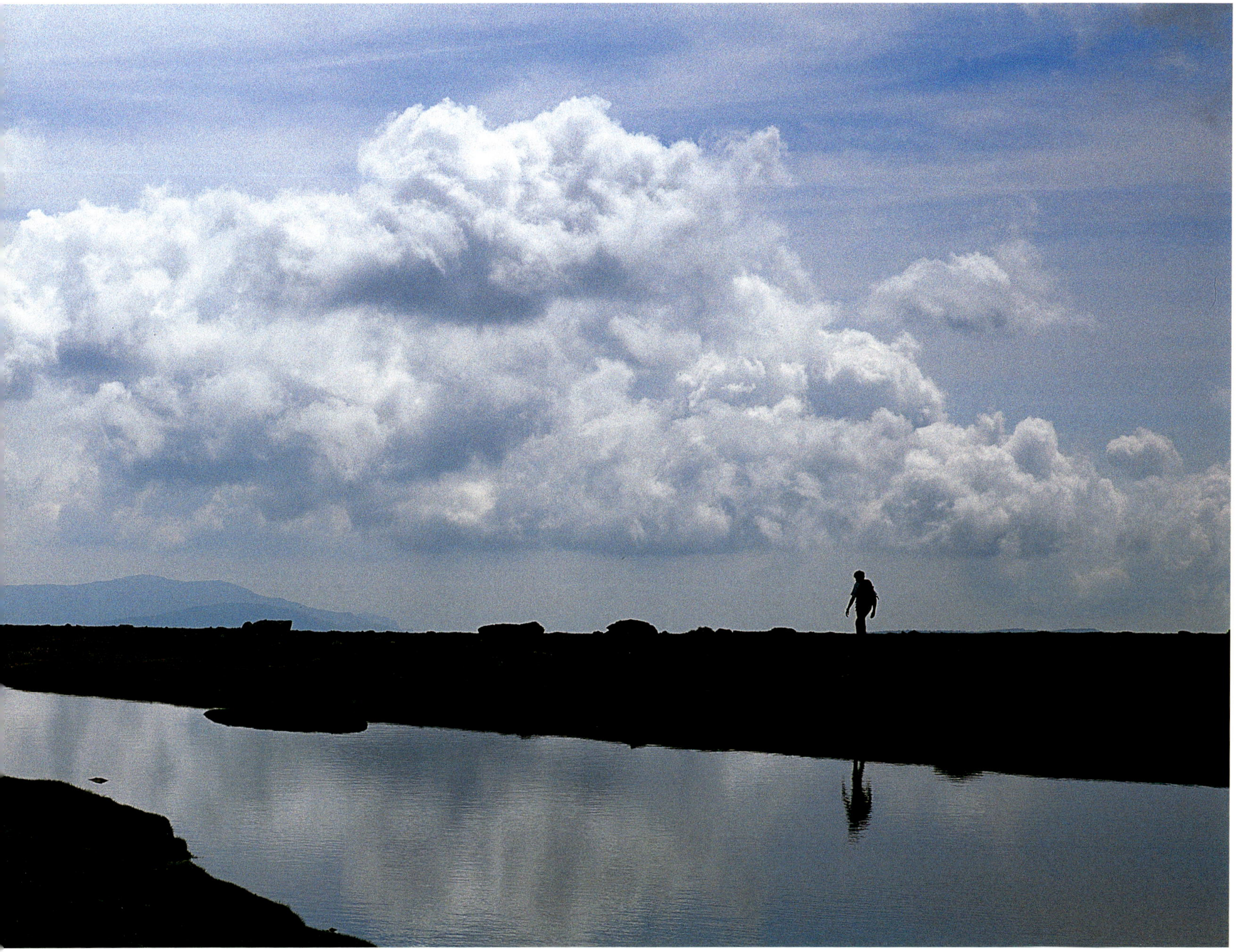

Reflejos en la Laguna de los Pájaros. **83**

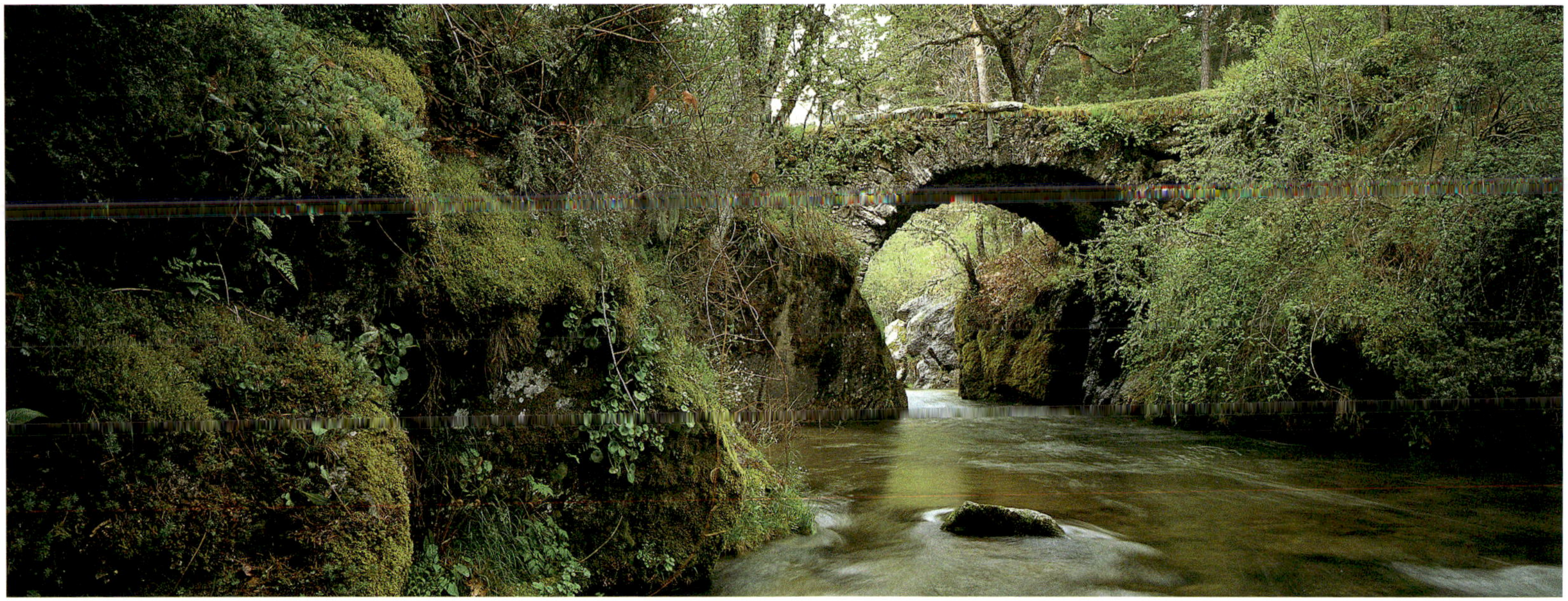

Puente de la Angostura, en el valle alto del Lozoya. **84**

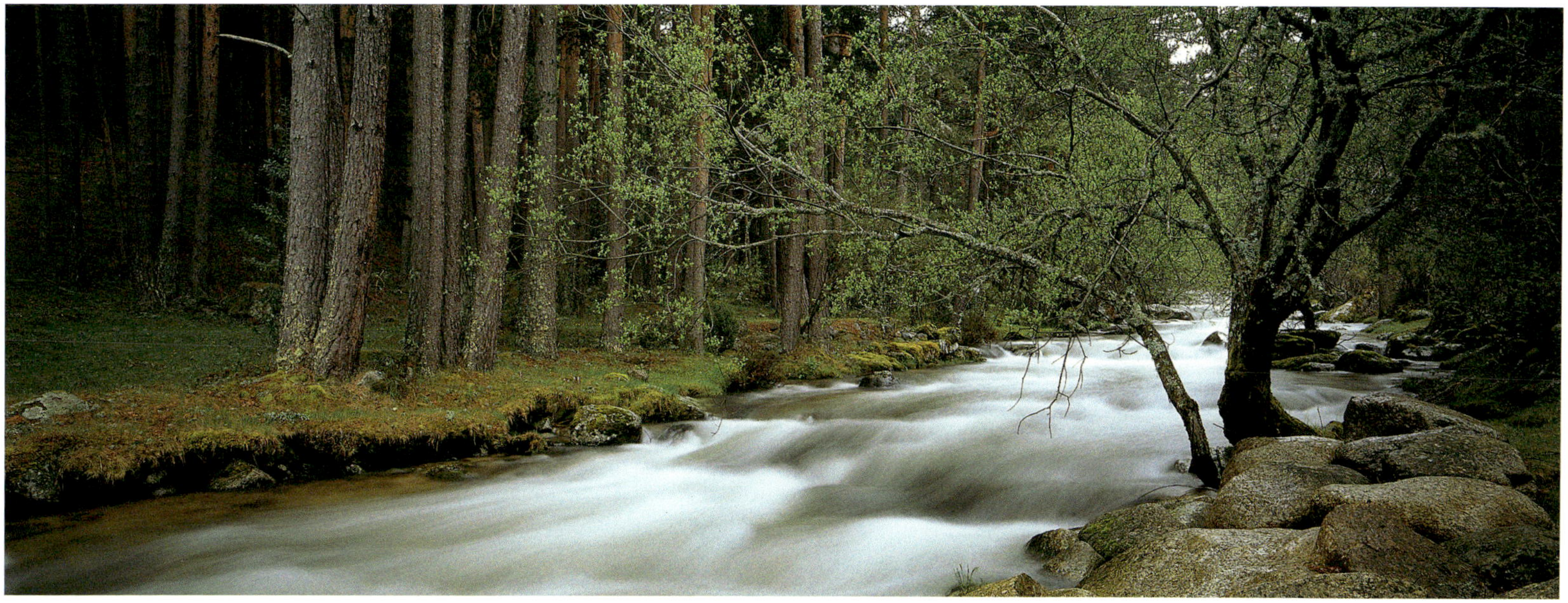

Río de la Angostura. **85**

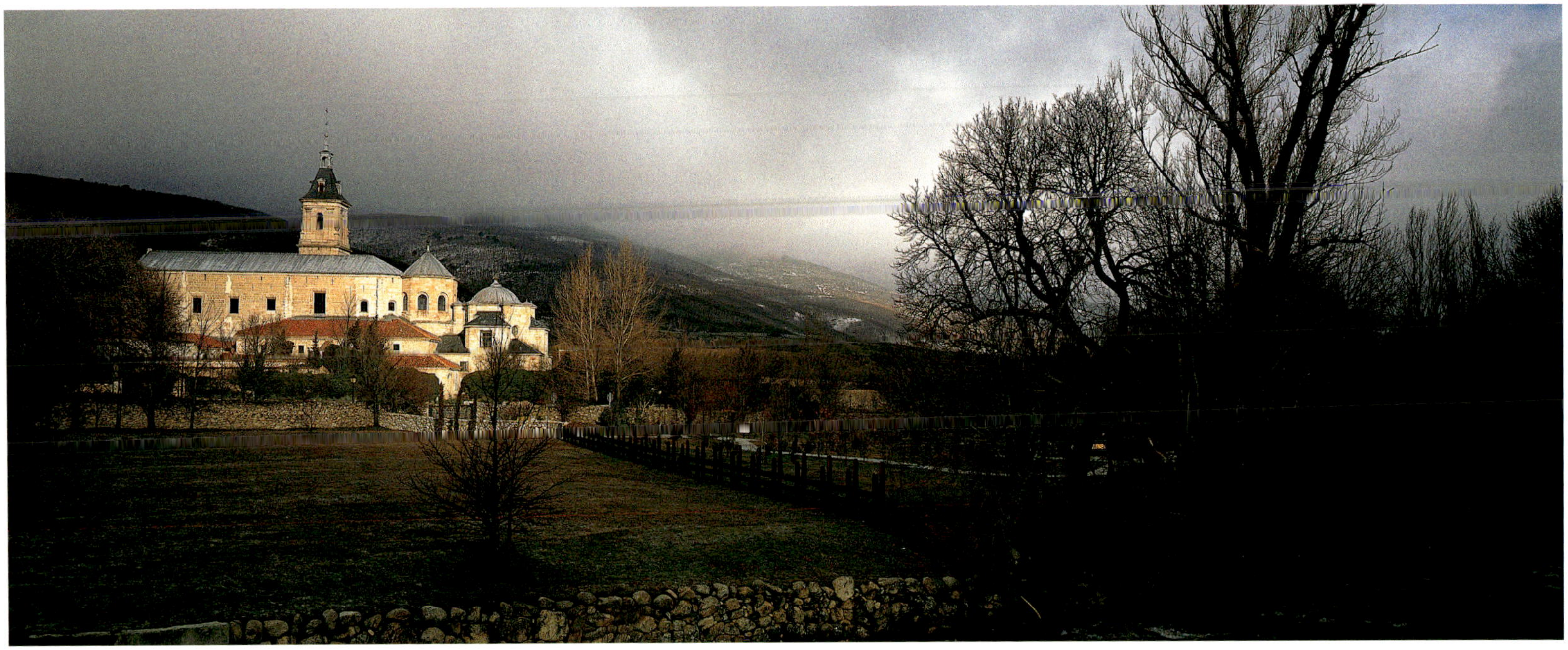

Monasterio de Santa María del Paular, en Rascafría. **86**

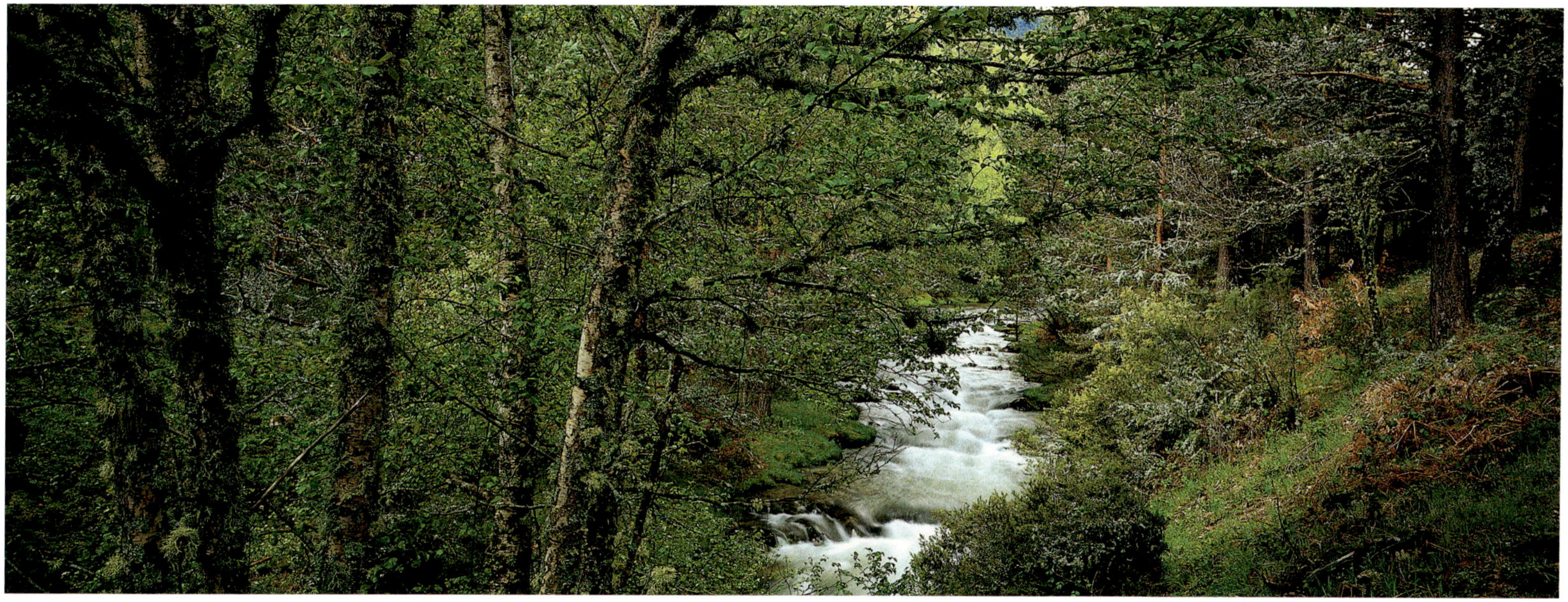

Los abedules se entremezclan entre los pinares en el curso alto del Lozoya, ofreciéndonos una estampa más típica del norte de la Península. **87**

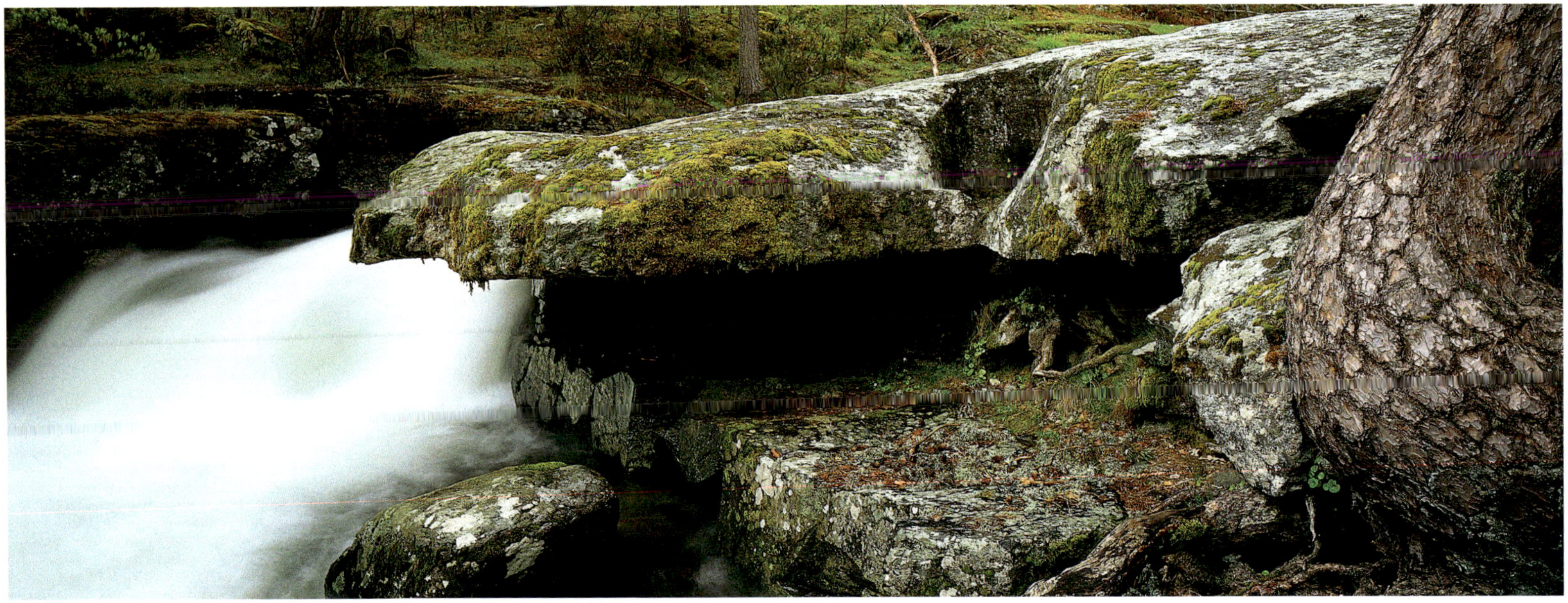

Río de la Angostura en época de crecida. **88**

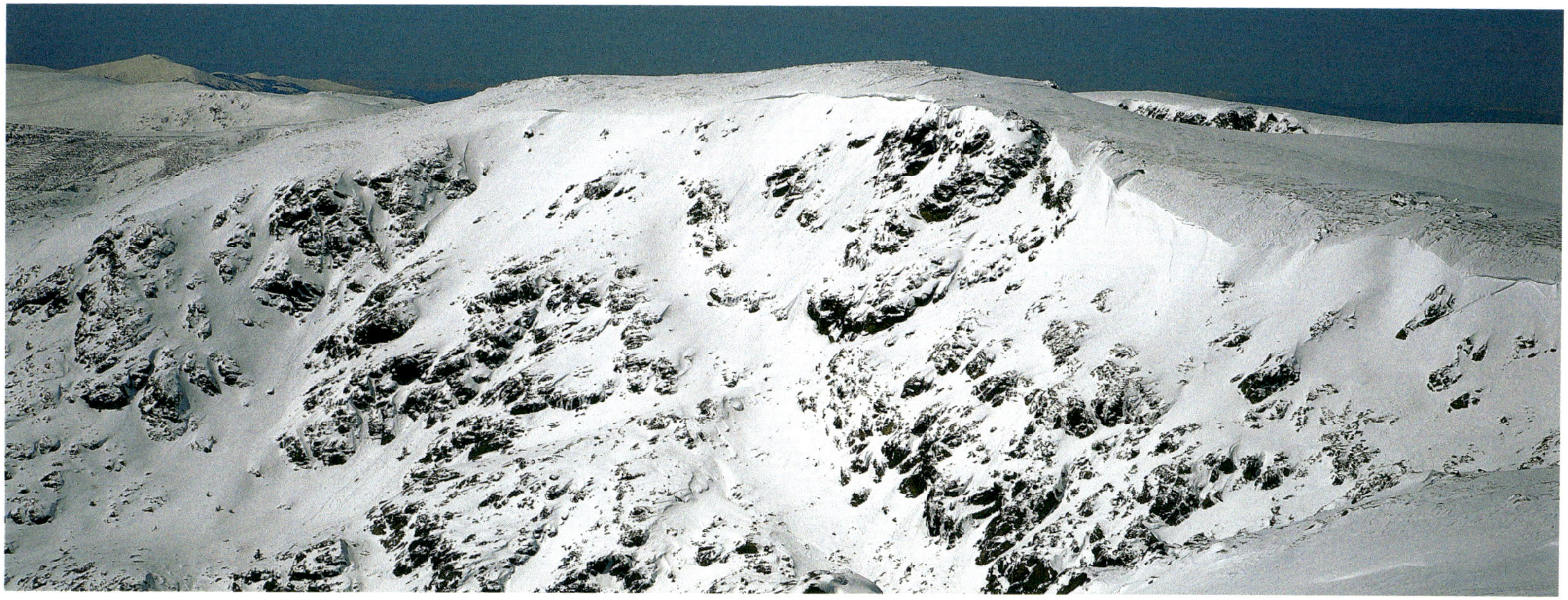

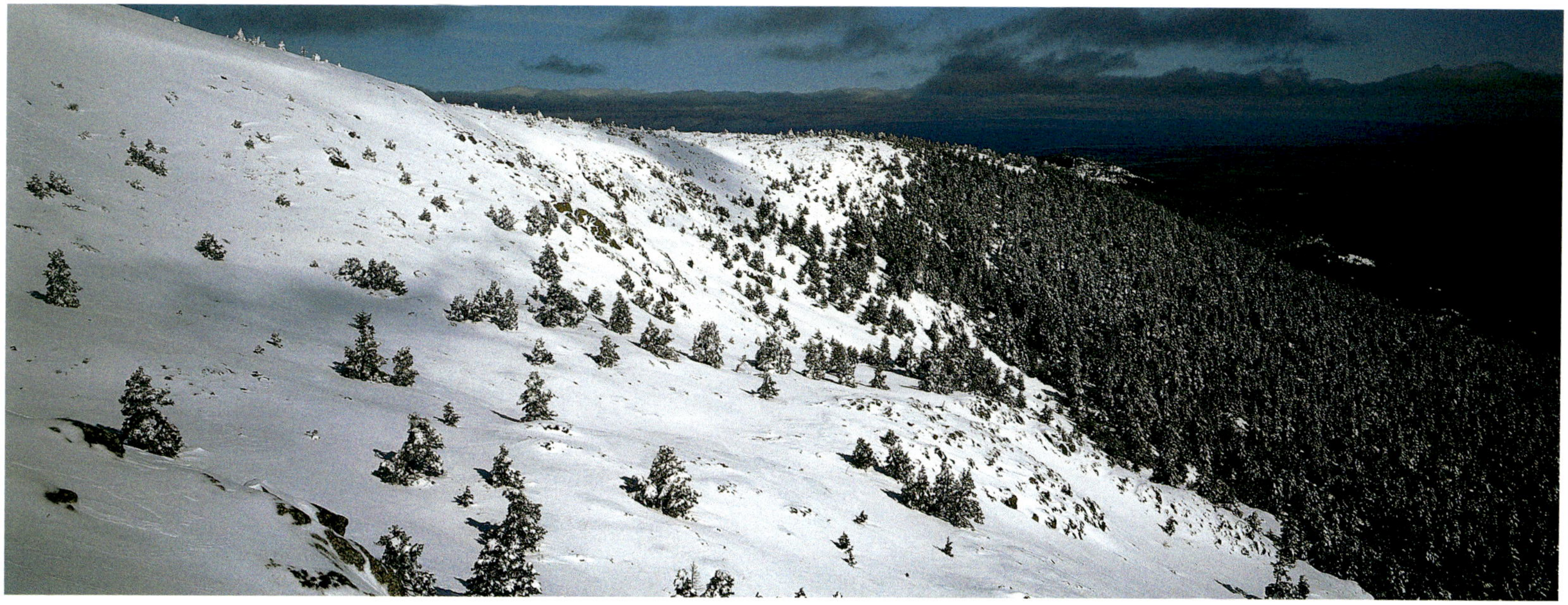

Peñacabra y Alto del Porrinoso en los Hoyos de Pinilla. Detrás Hoyo Cerrado, donde permanecen restos de antiguas huellas glaciares. **89**

Pinares de Navafría desde el Alto del Puerto. **90**

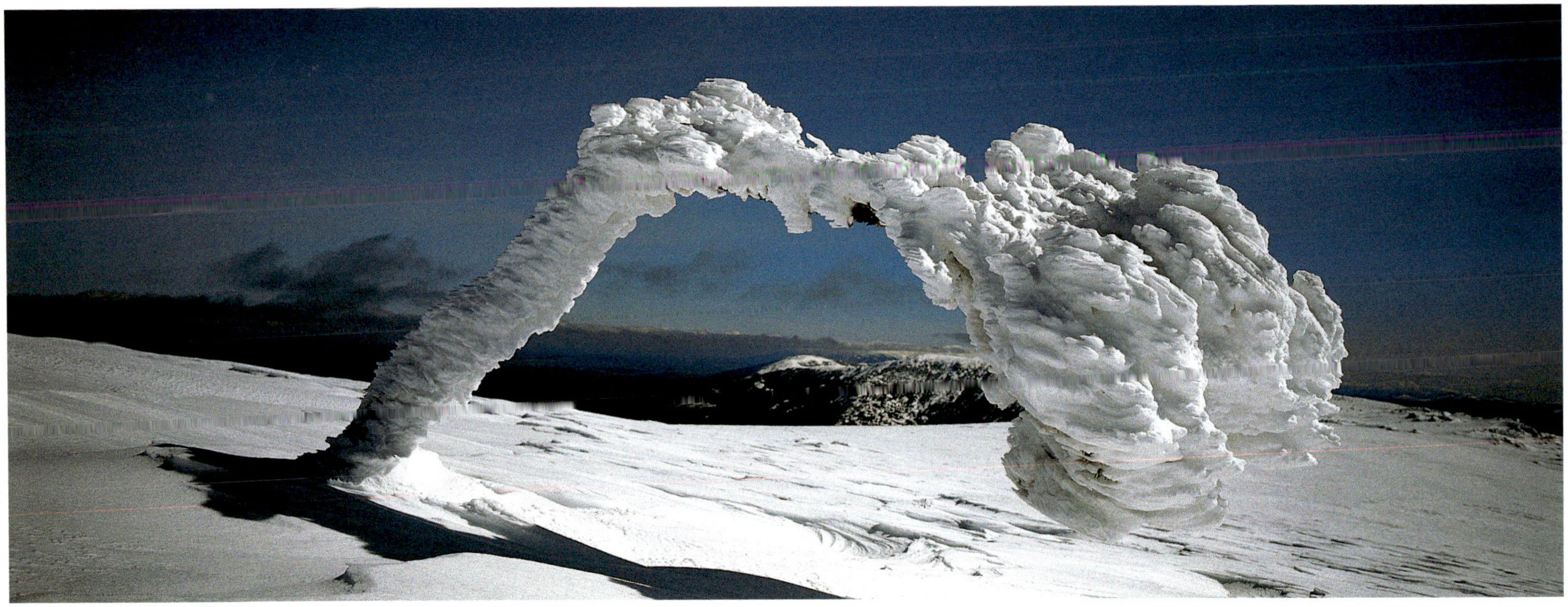

Último superviviente en las cercanías del pico del Nevero a más de 2100 m de altura. **91**

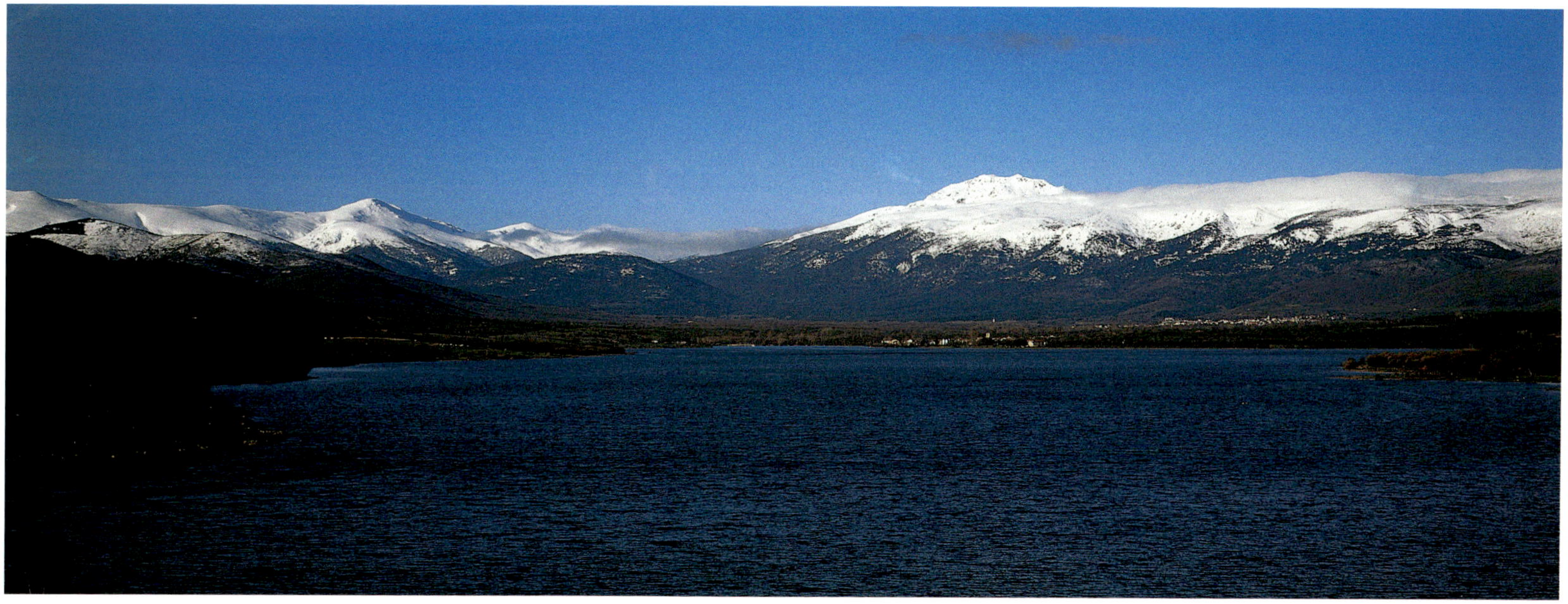

Cuerda Larga y Macizo de Peñalara desde el Embalse de Pinilla. Al fondo Rascafría y El Paular (Valle del Lozoya). 92

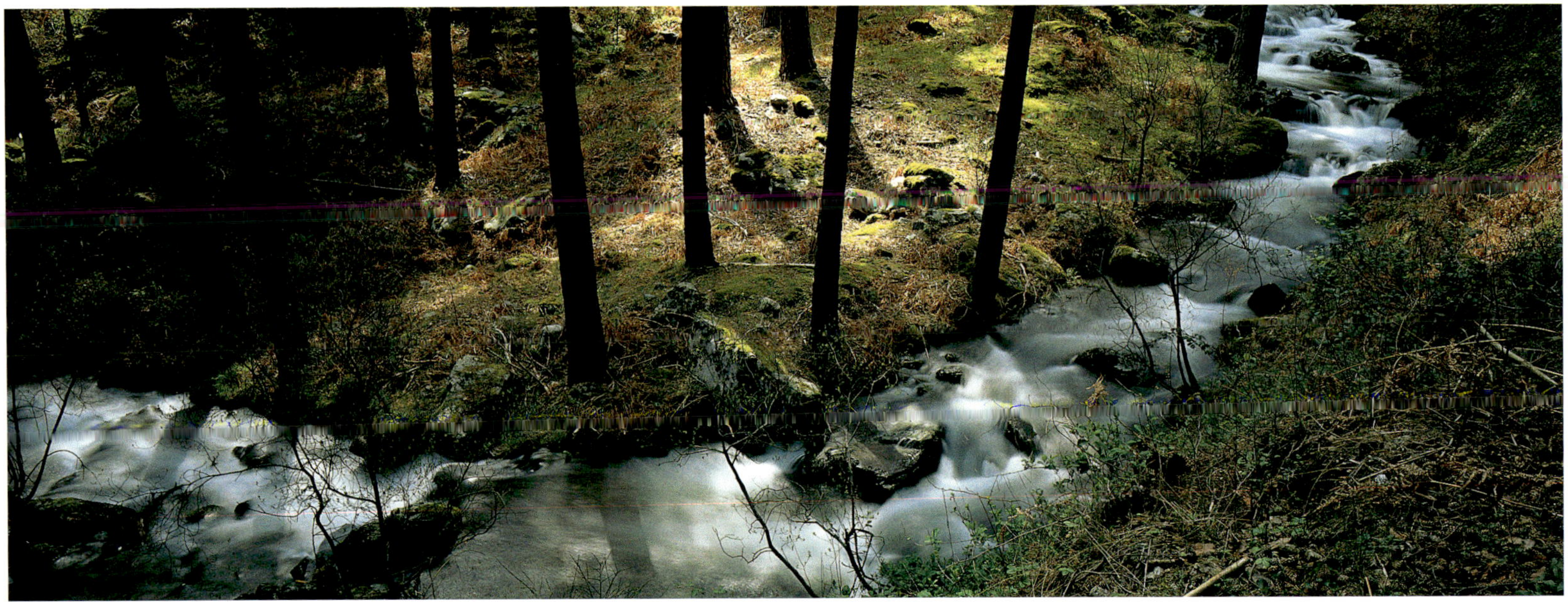

Arroyo del Chorro en los Pinares de Navafría. **93**

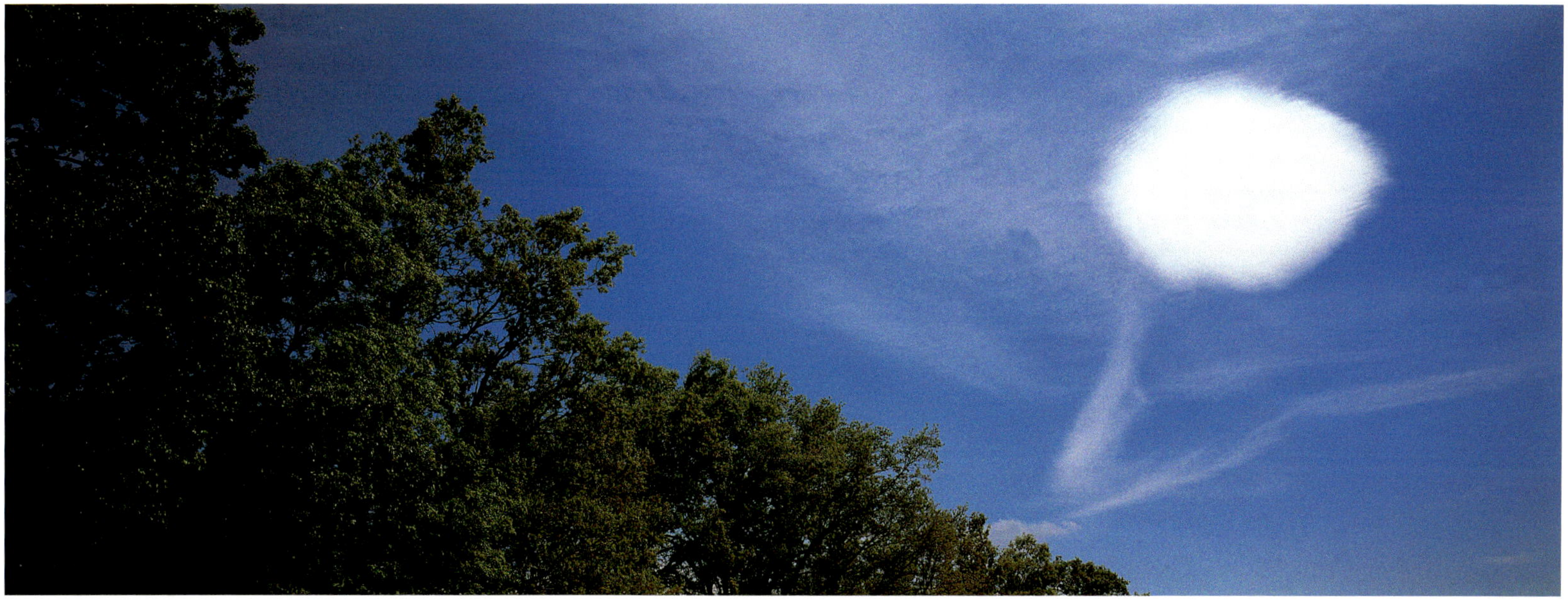

Nubes caprichosas adoptan algunas formas curiosas. **94**

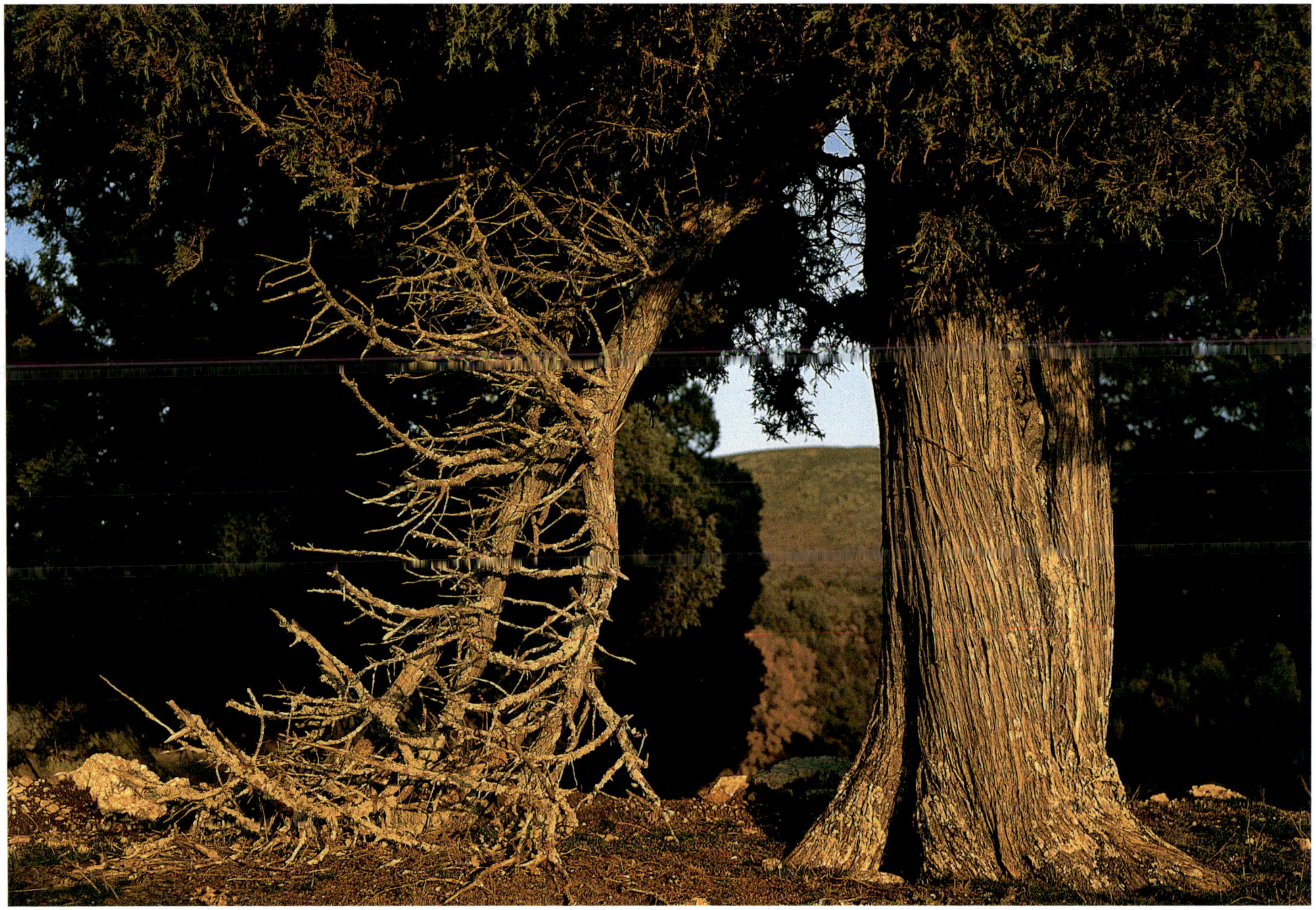

Entre Prádena y Arcones se extiende el sabinar más importante de la Sierra de Guadarrama. **95**

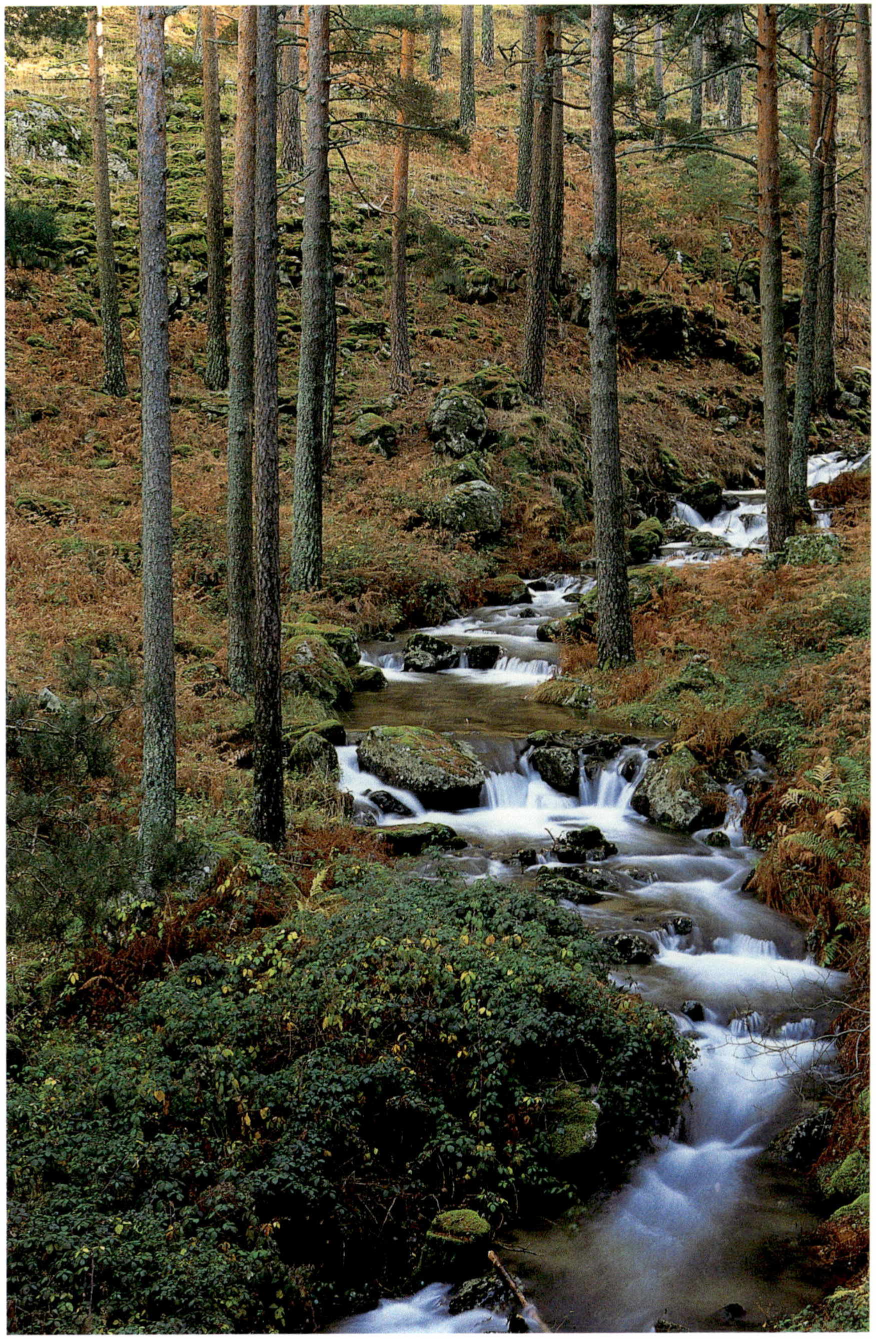

Arroyo del Chorro y Pinares de Navafría. **96**

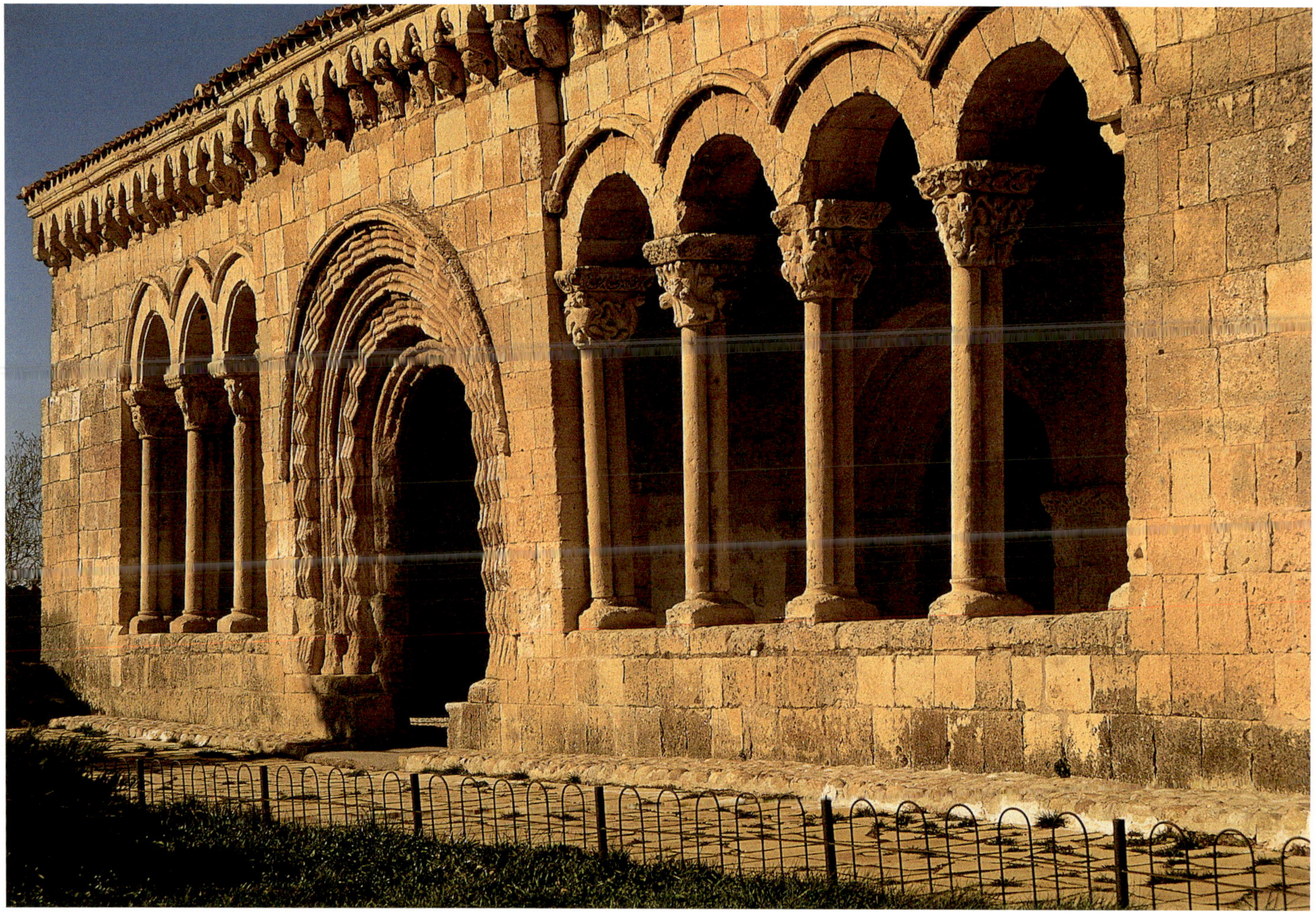

Iglesia románica de Sotos Albos. **97**

IV

La Pedriza

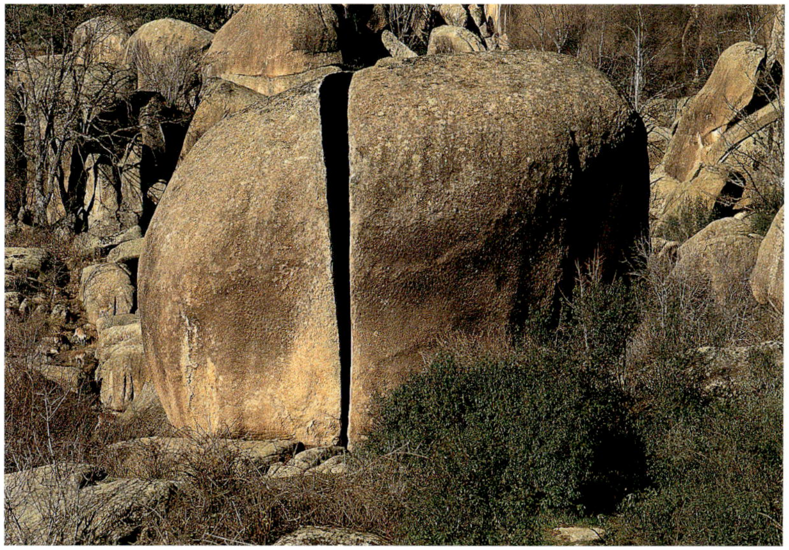

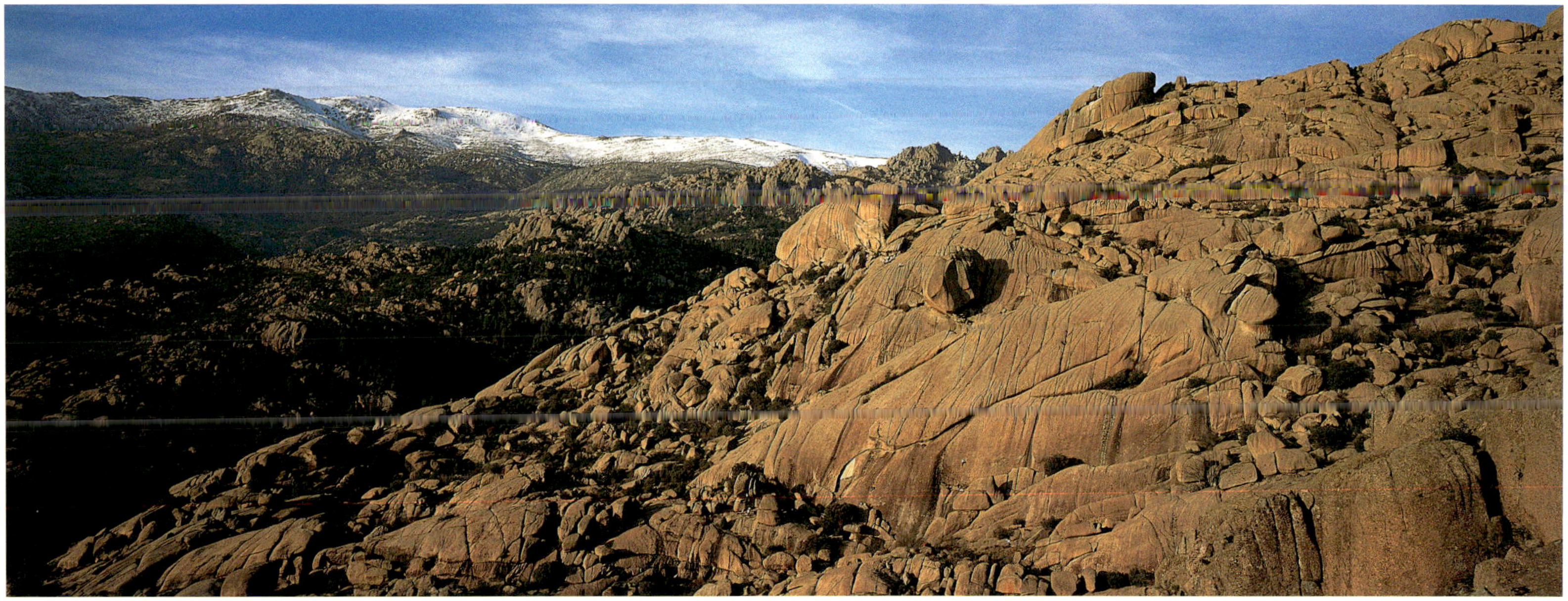

(Página anterior) Grieta producida por la gelifracción de un gran bloque de La Pedriza. **98**

Cancho de los Brezos y Barranco de los Huertos. Al fondo Cabezas de Hierro en la Cuerda Larga. **99**

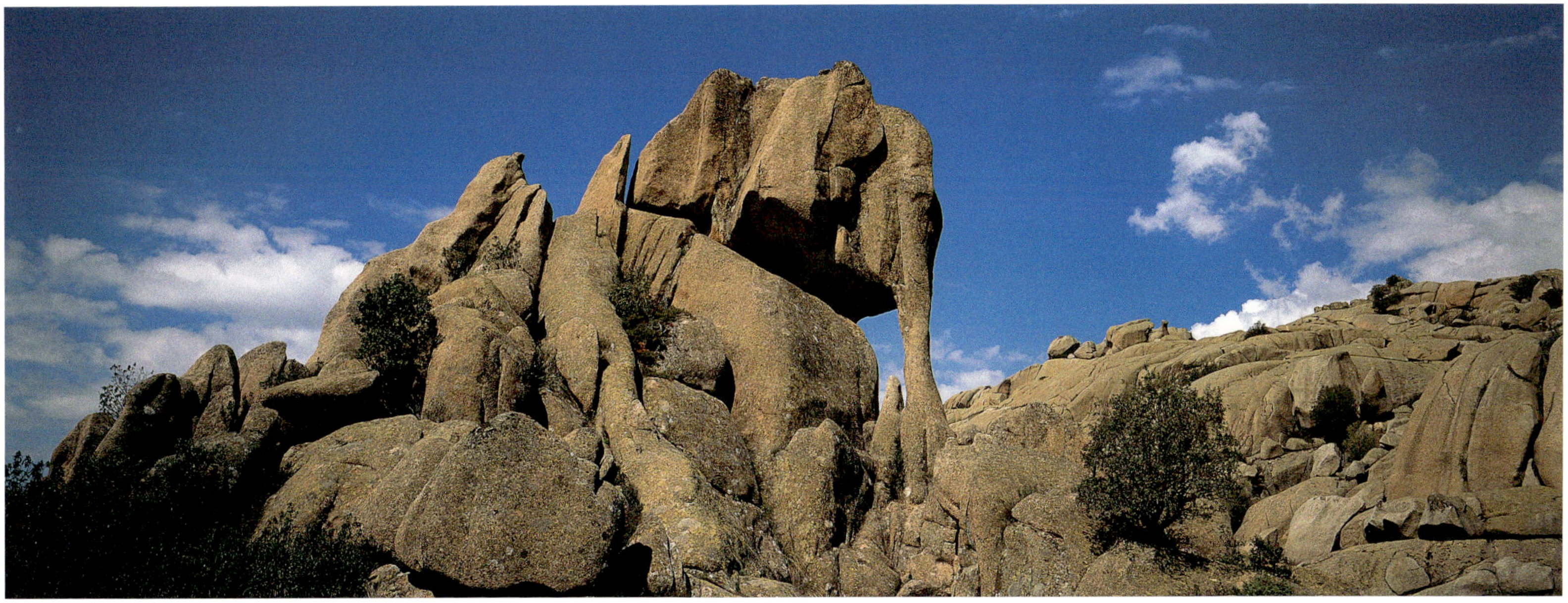

Figura zoomórfica en un bloque característico de La Pedriza, El Elefantito. **100**

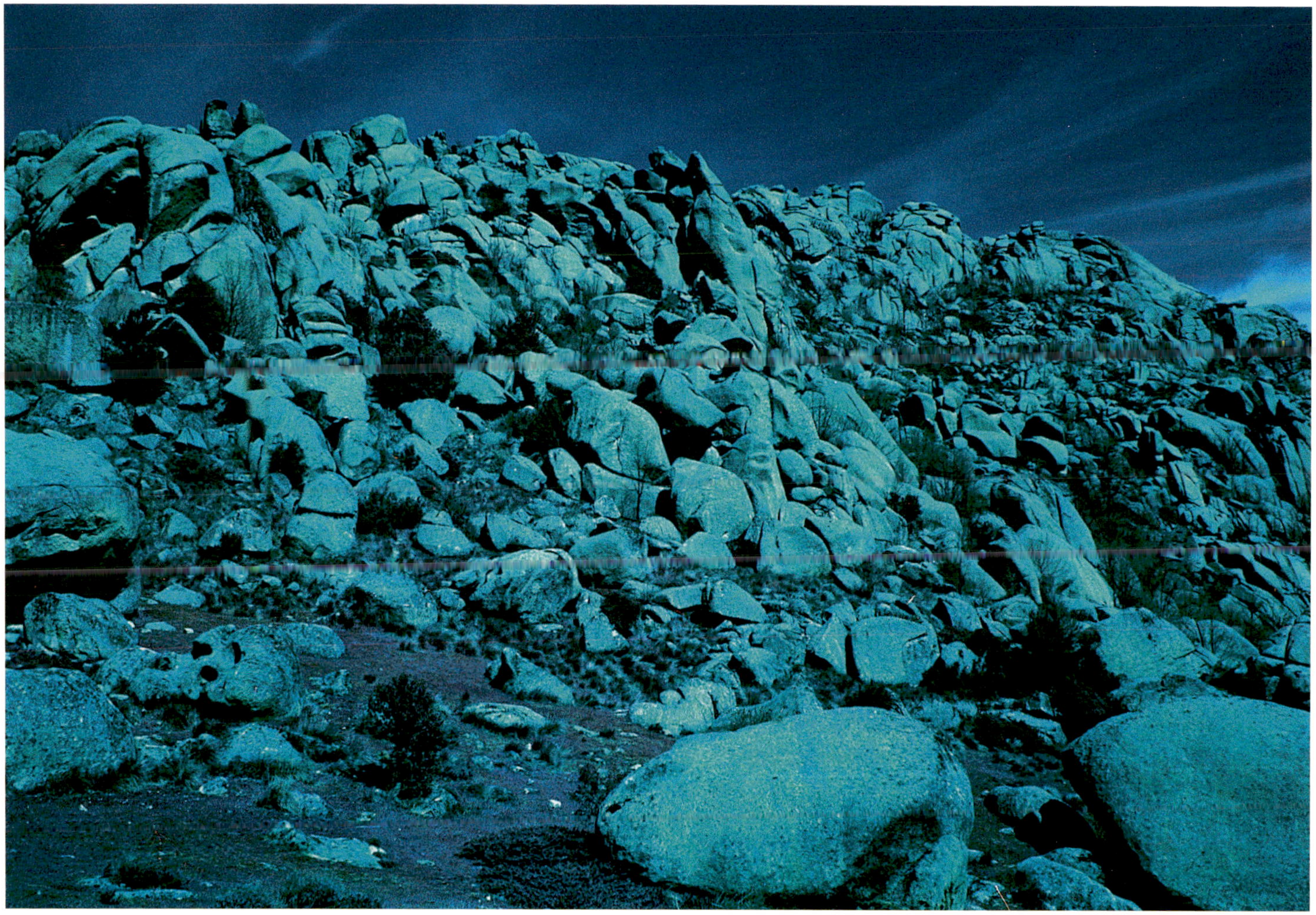

Aspecto nocturno del Collado de la Dehesilla y risco de Mataelvicial (fotografía infrarroja). **101**

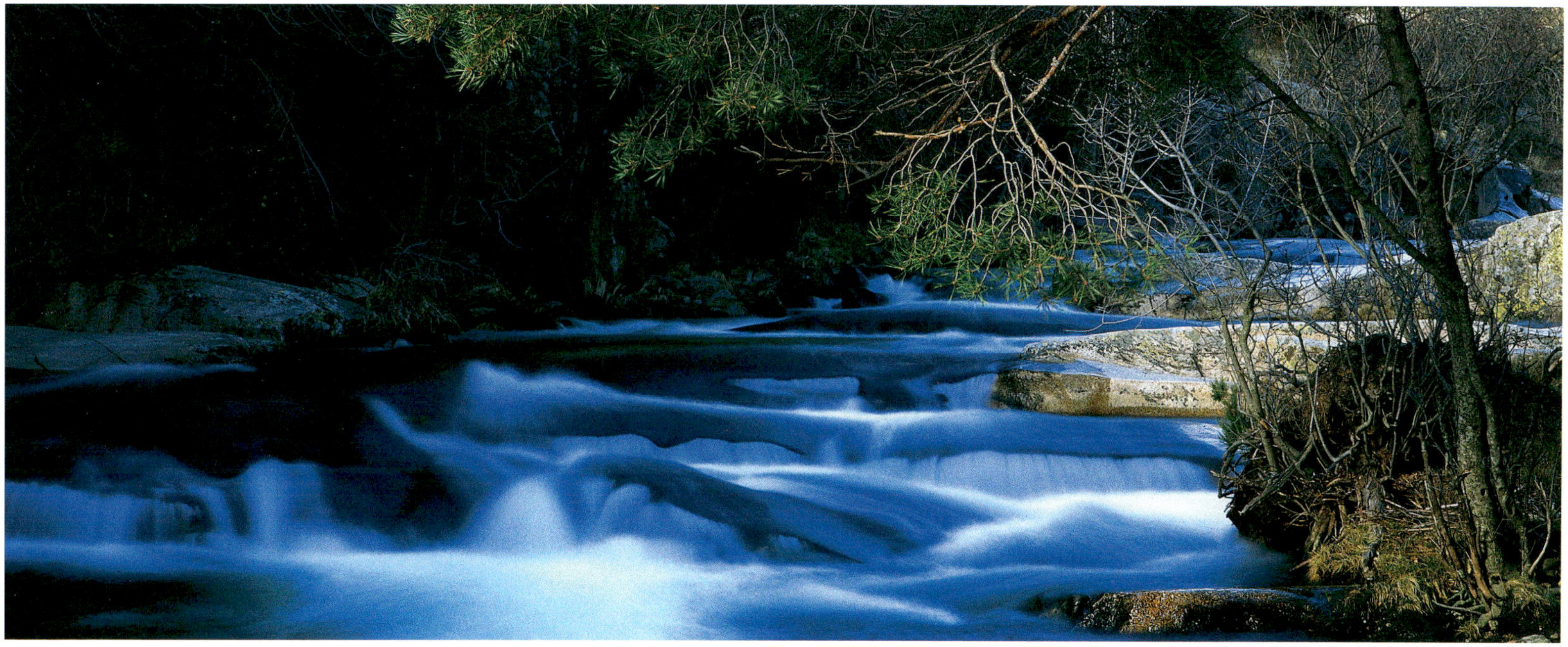

Atardecer en el río Manzanares en las proximidades de la Charca Verde. **102**

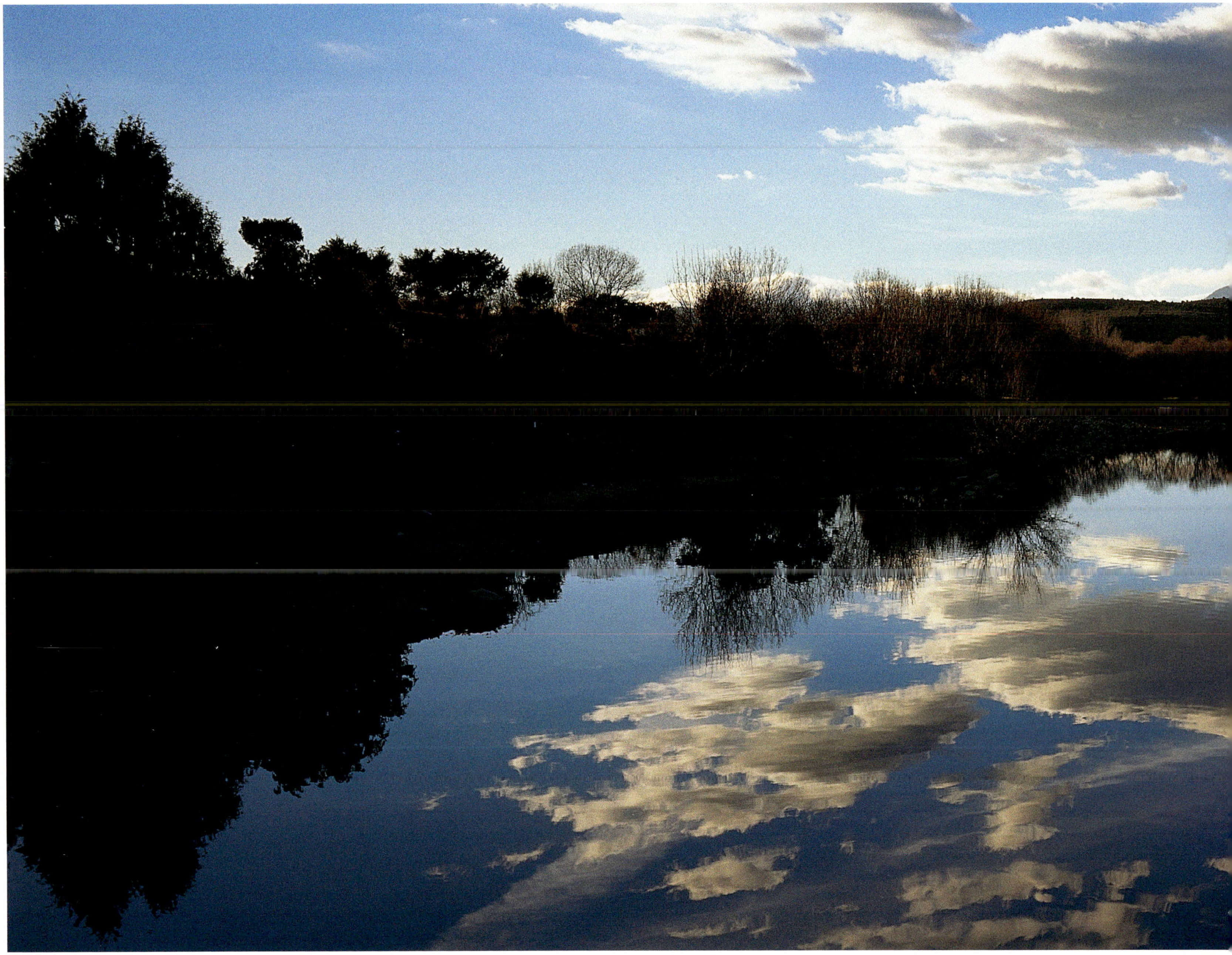

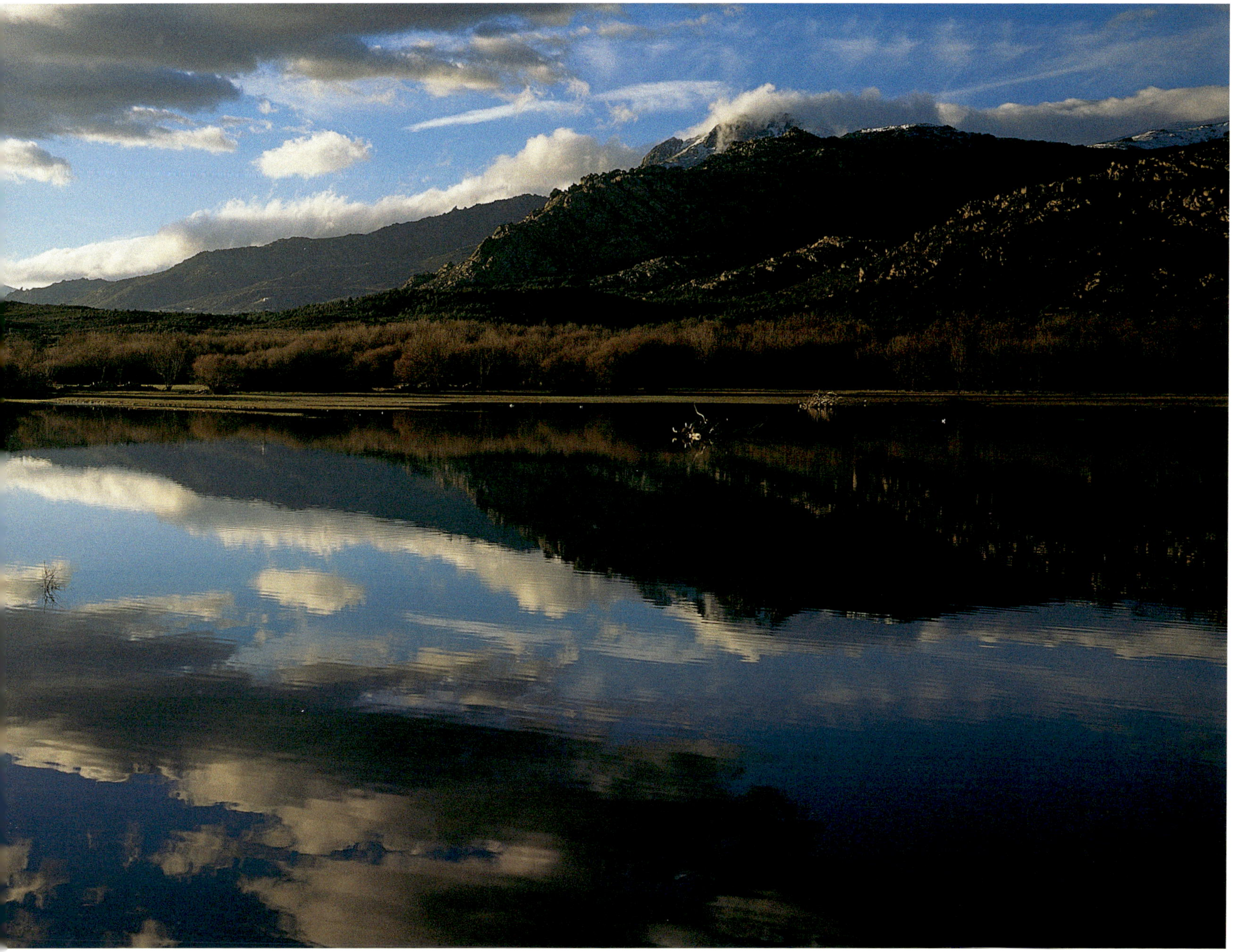

Reflejos en el Embalse de Santillana. **103**

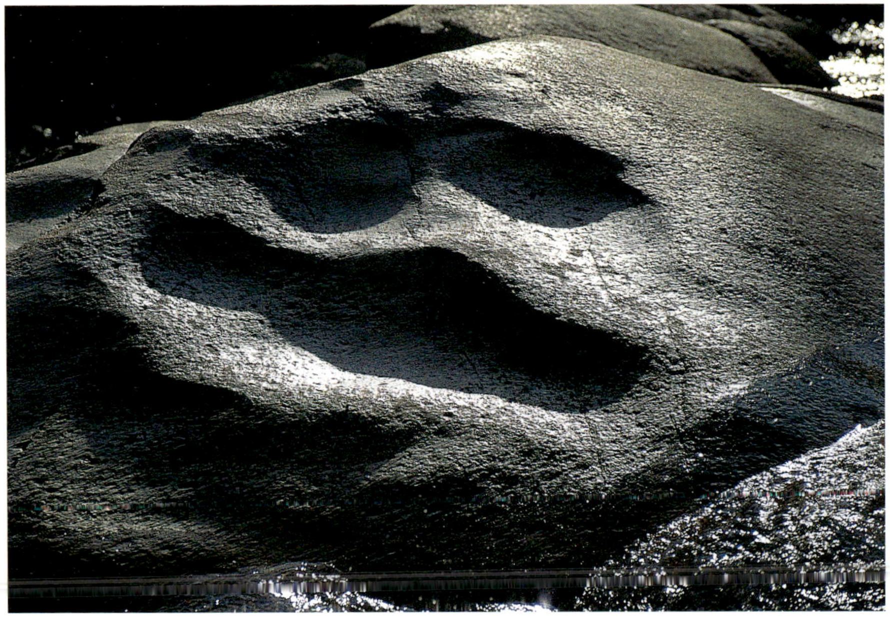

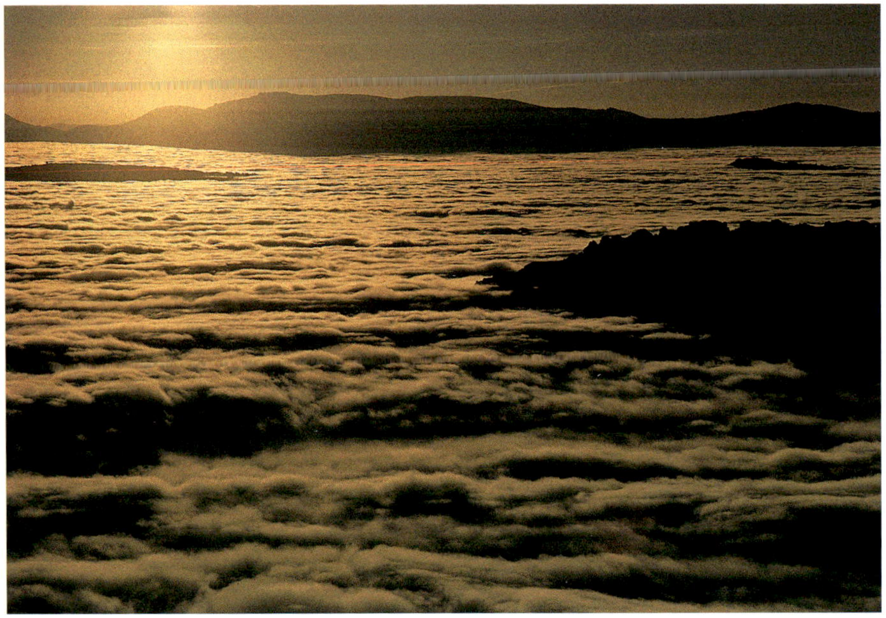

Las luces y las sombras producen formas curiosas, como en este bloque de granito erosionado por el río. **104**

Mar de nubes en La Pedriza Anterior, una rareza que pudimos contemplar hace ya quince años. **105**

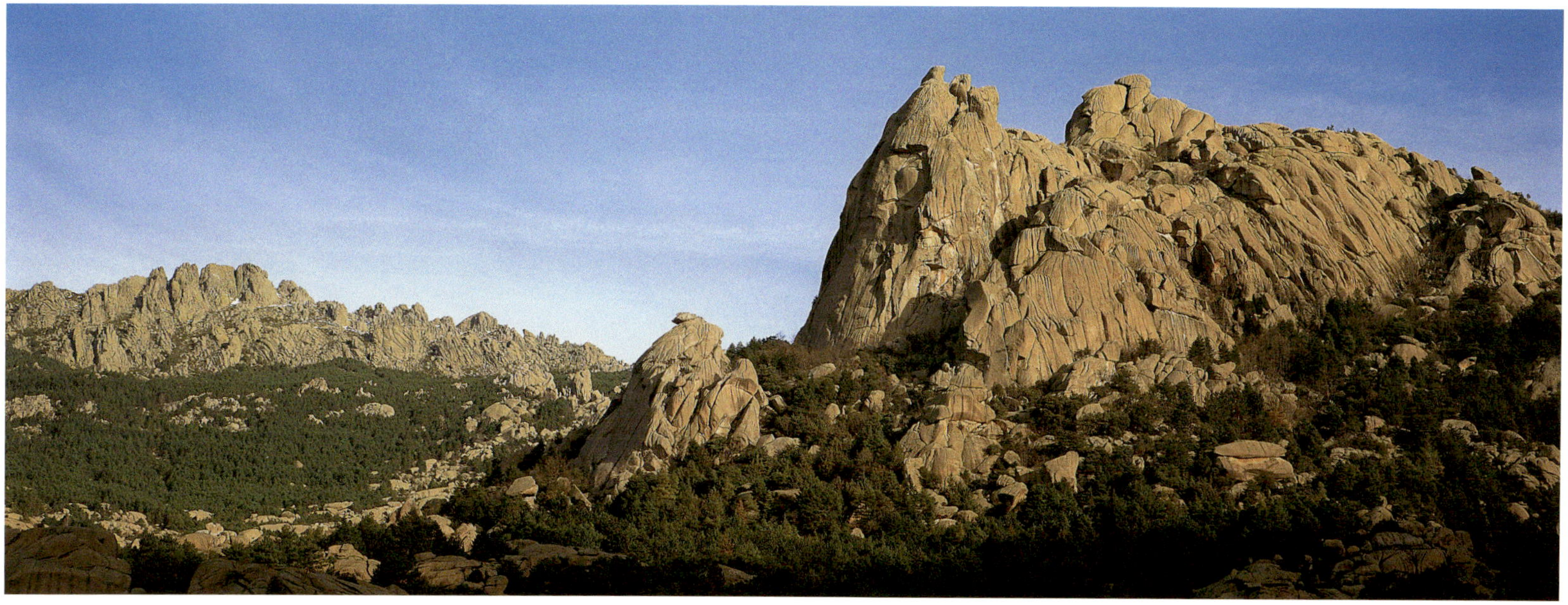

Las Torres, El Pájaro, Los Guerreros y Las Oseras en La Pedriza del Manzanares. **106**

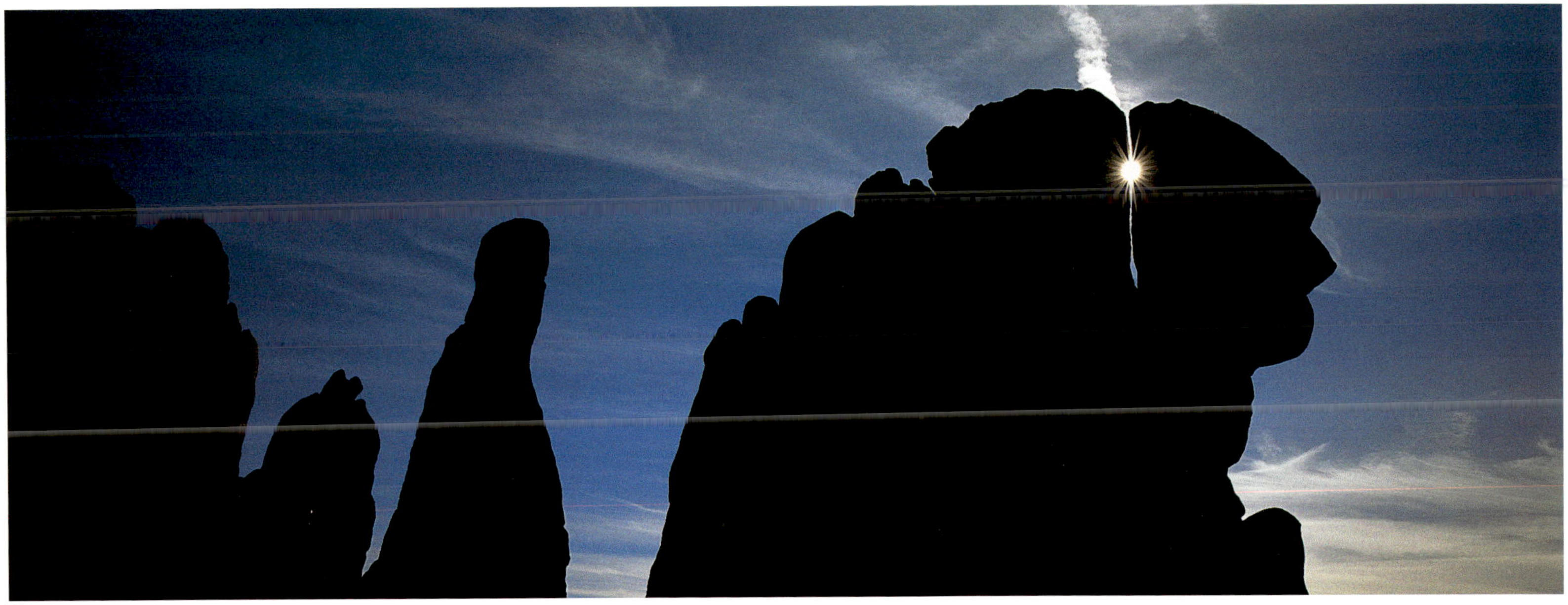

Risco de La Cara en el camino que nos conduce hasta El Yelmo. 107

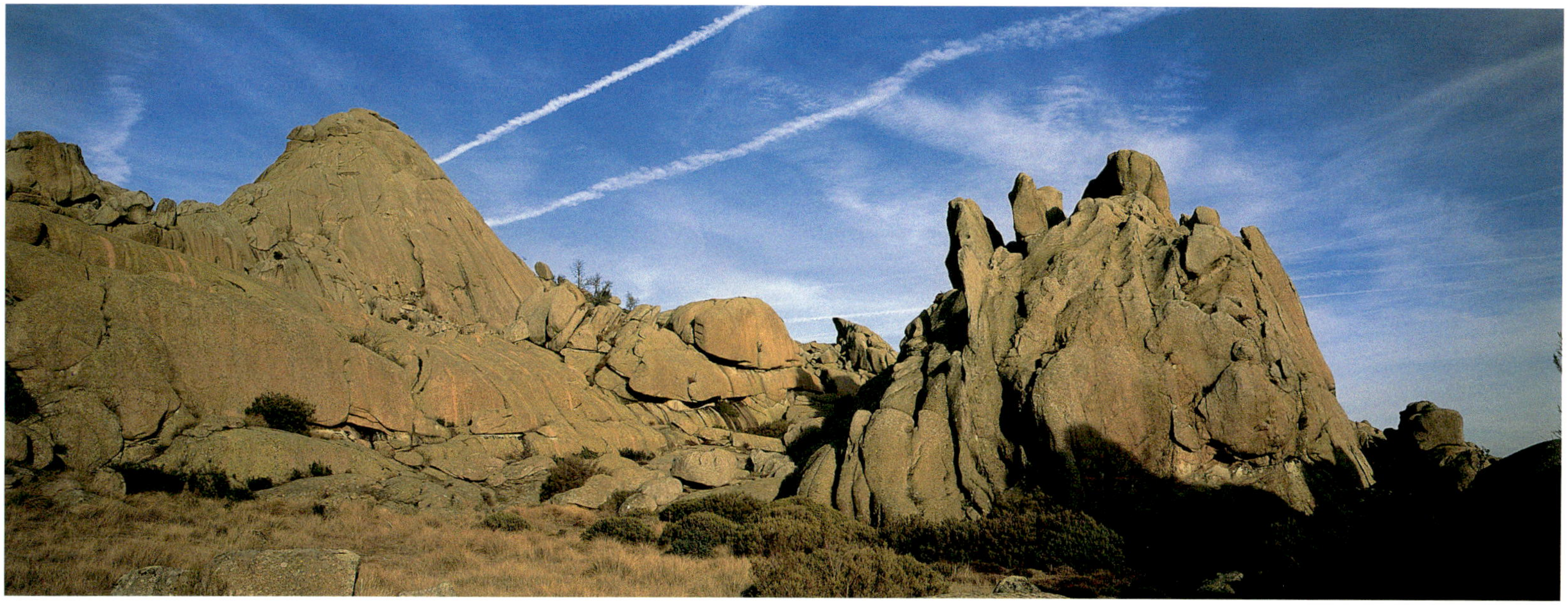

Peña de El Yelmo (1717 m) desde la escondida Lagunilla del Yelmo (Pedriza Anterior). **108**

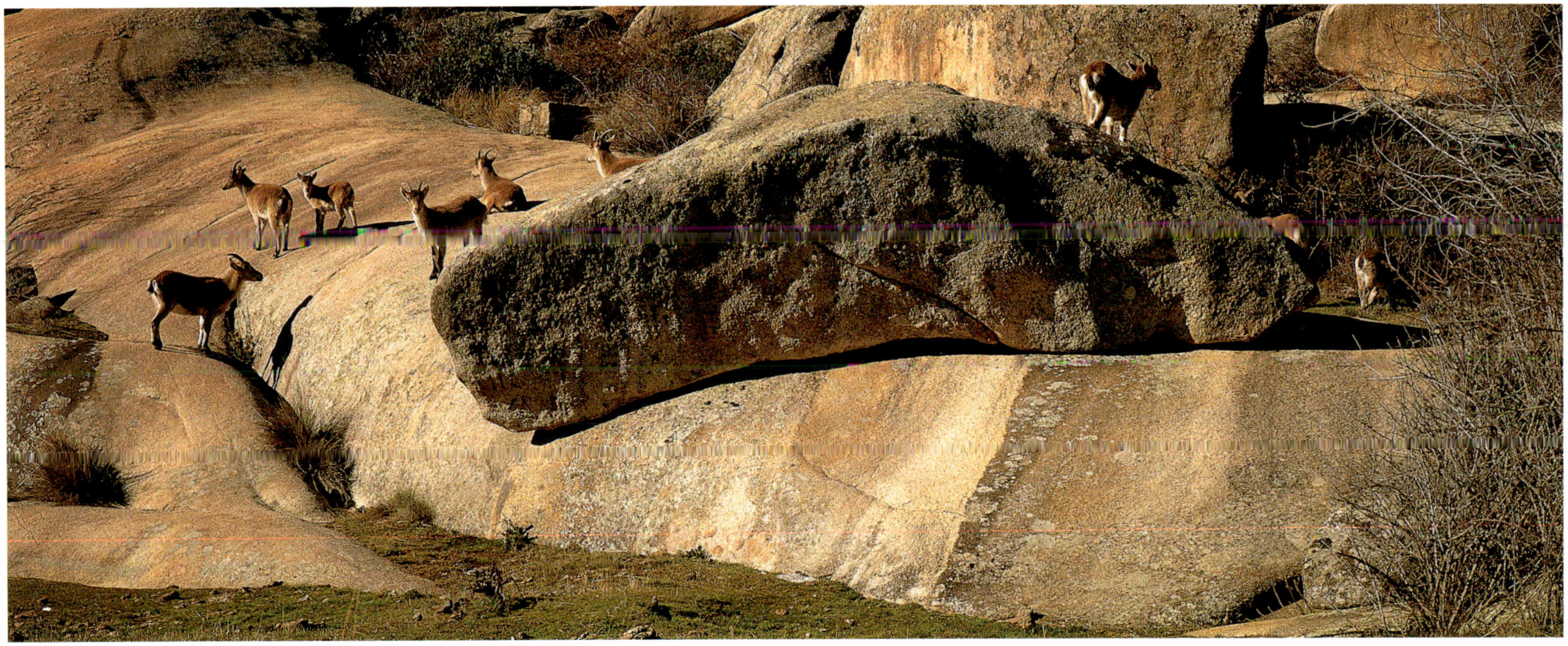

La cabra hispánica acampa a sus anchas entre las inclinadas llambrías pedriceras. **109**

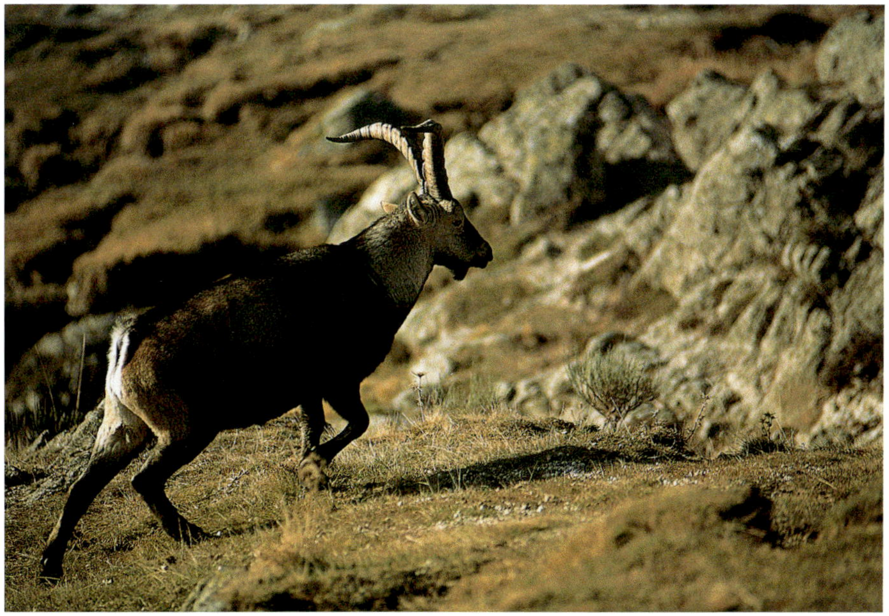

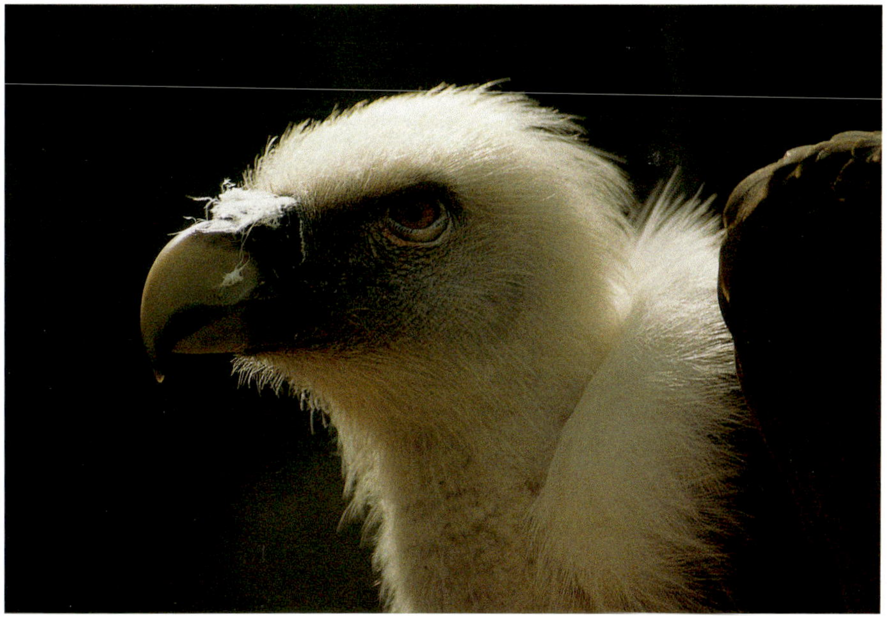

Macho de cabra hispánica. **110**

Retrato de buitre leonado, el dueño de los cielos del Guadarrama. Su pariente, el buitre negro, nidifica en los centenarios pinos silvestres de Valsaín y valle del Lozoya. **111**

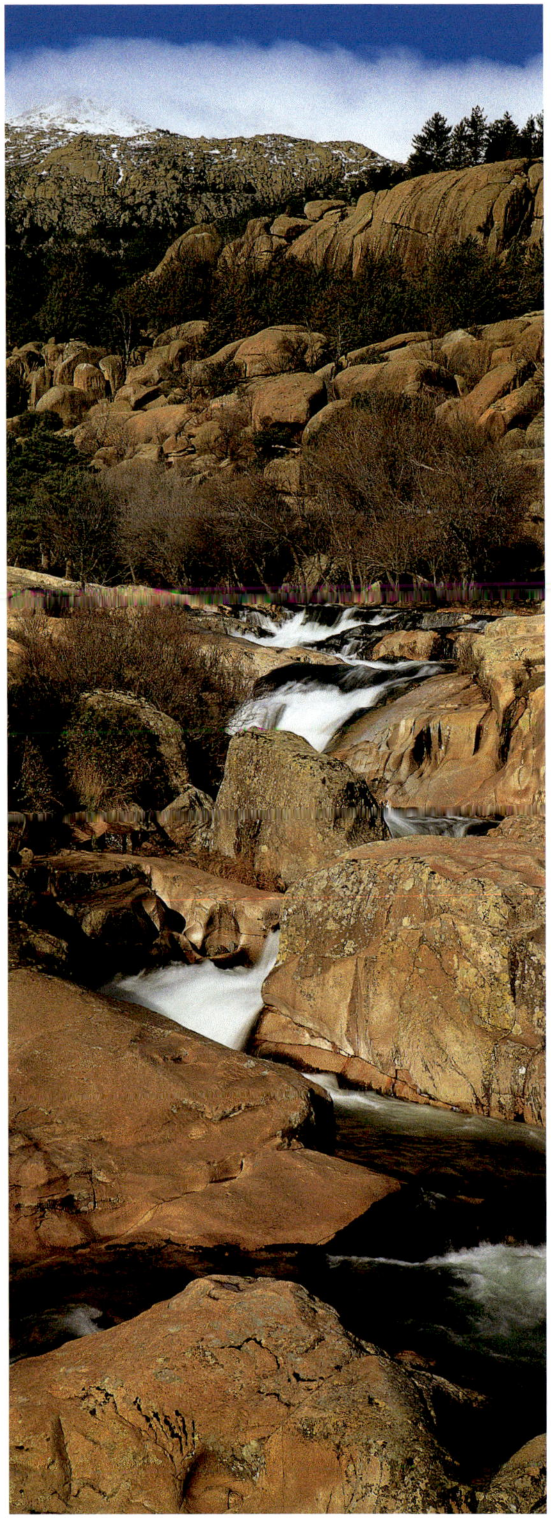

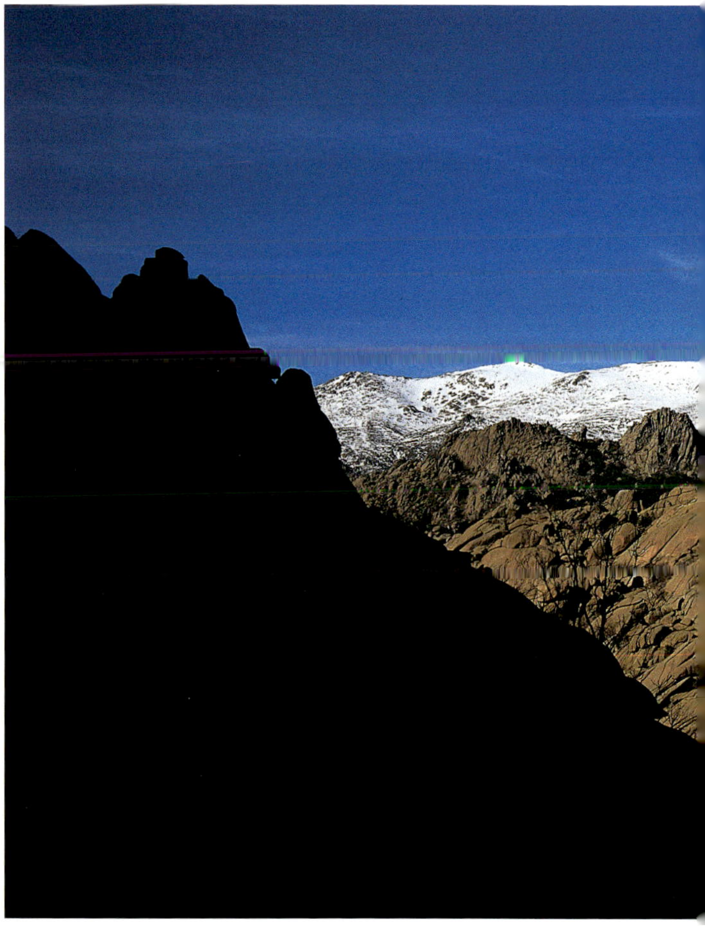

Cuenca Alta del río Manzanares en La Pedriza. 112

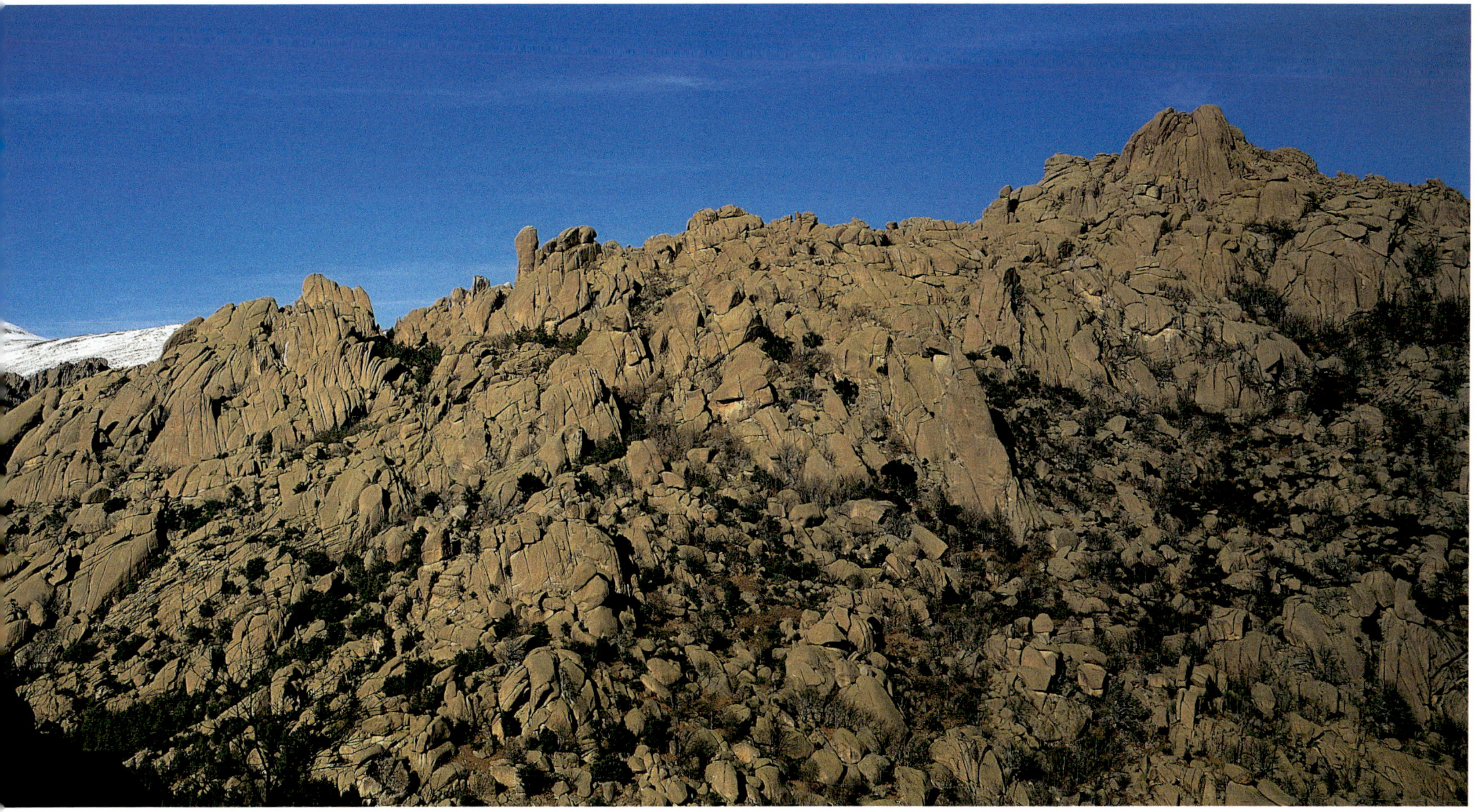

Riscos del Laberinto y Pared de Santillana o Cancho de la Herrada (Pedriza Posterior). **113**

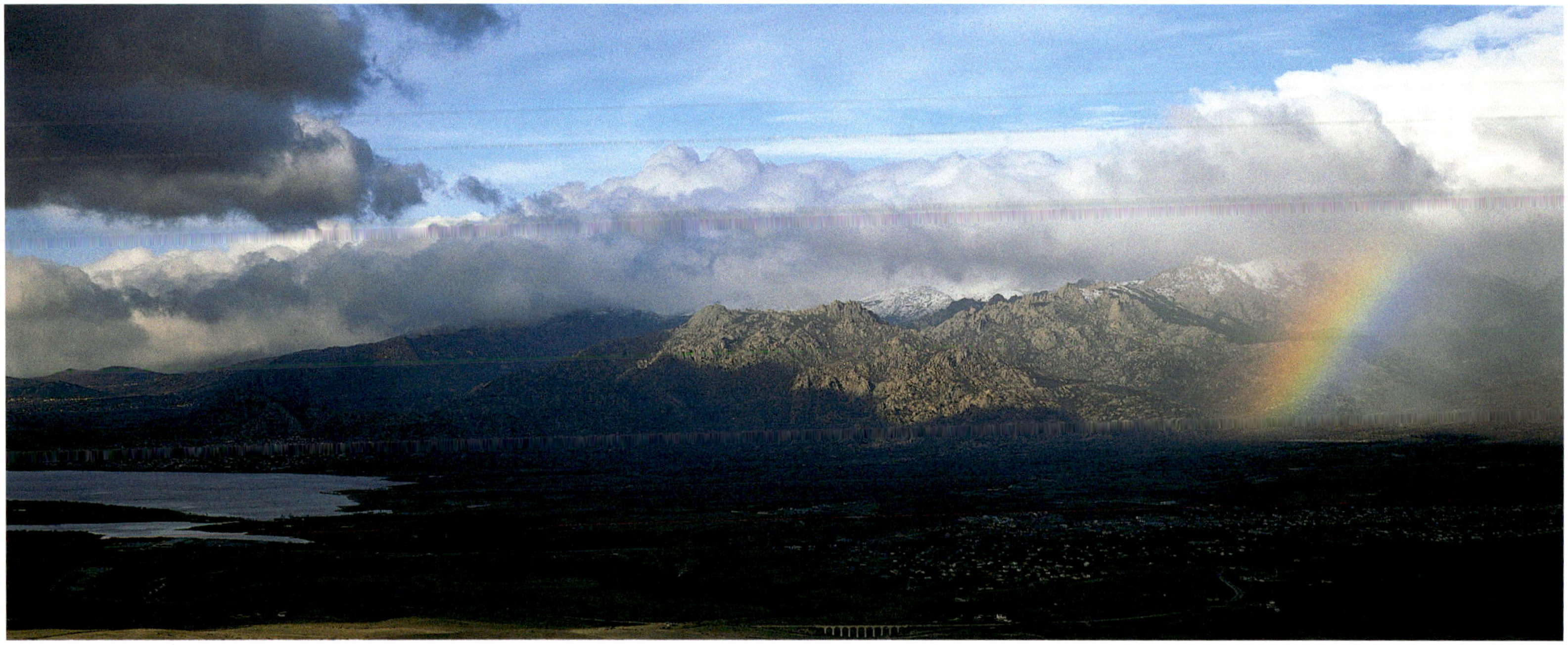

El Cerro de San Pedro en un perfecto mirador para contemplar una extensa panorámica de La Pedriza y el Embalse de Santillana. **114**

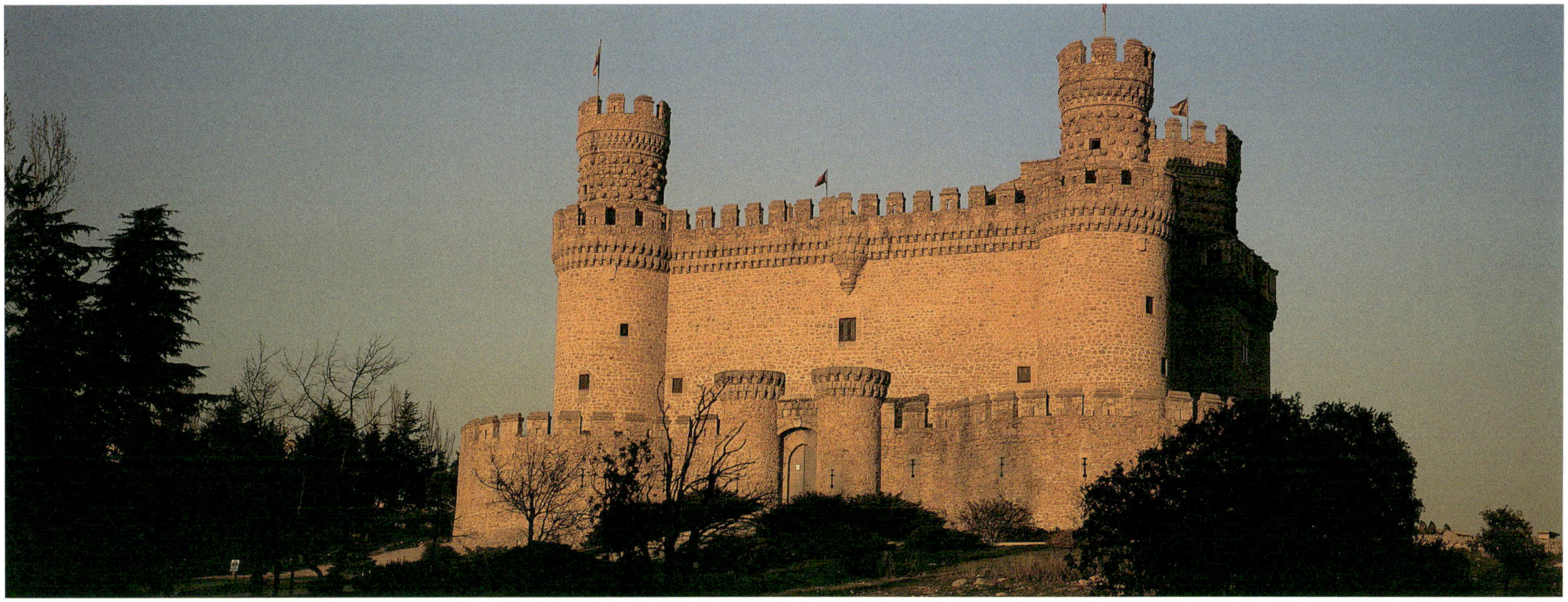

Atardecer en el Castillo de Manzanares el Real. **115**

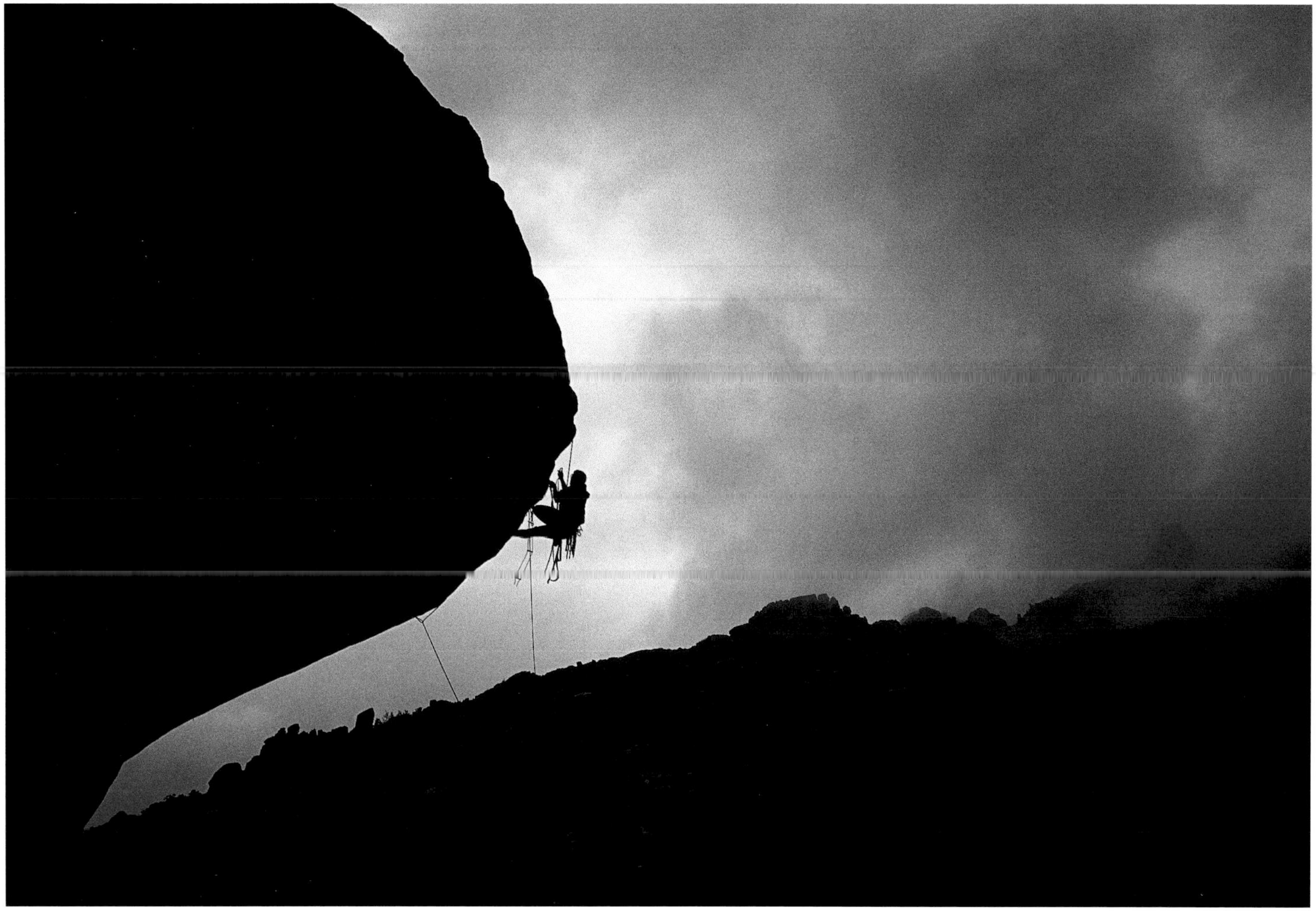

Escalada artificial en el Canto del Tolmo ante una amenazante tormenta primaveral. **116**

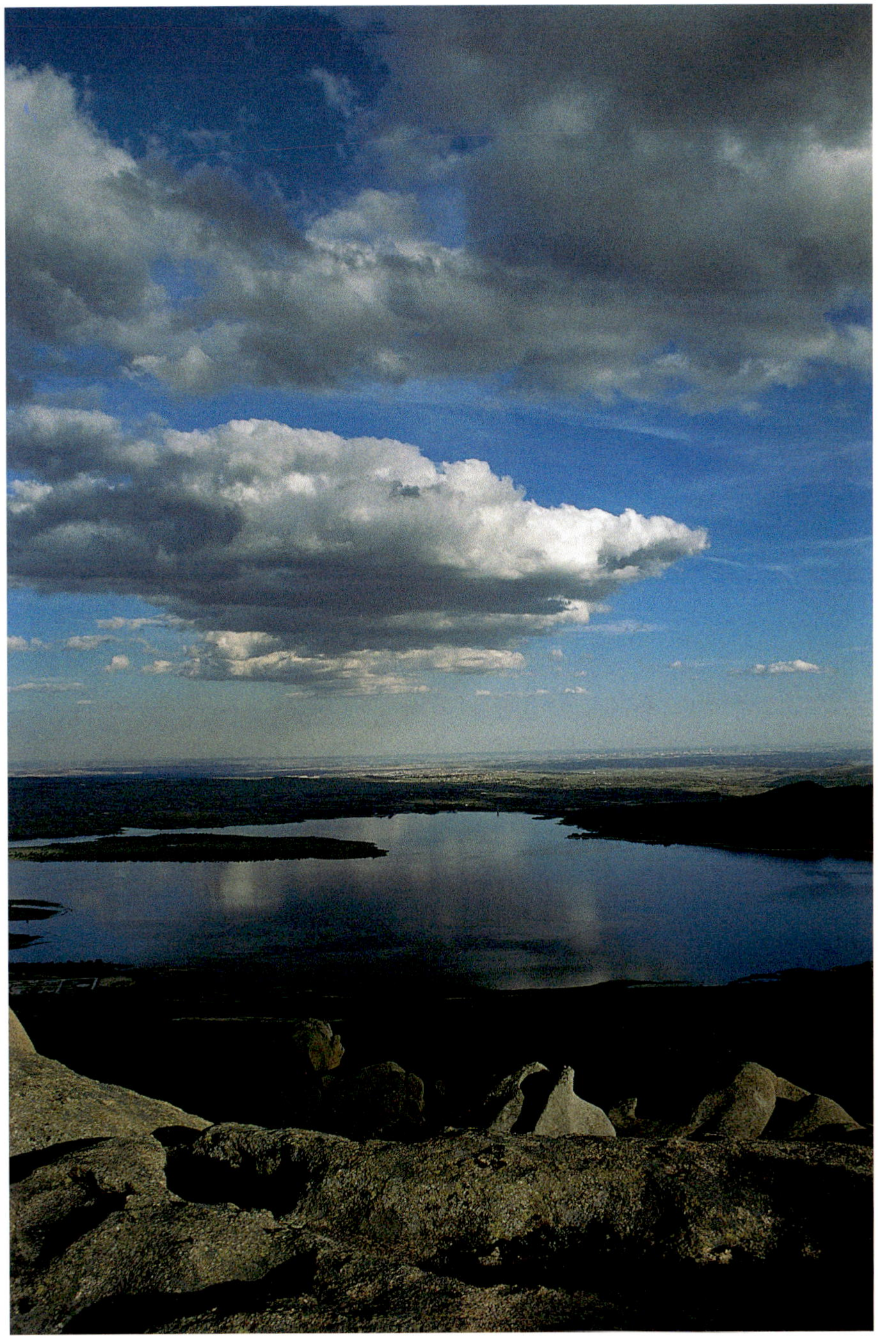

Embalse de Manzanares desde la Pedriza Anterior; al fondo la ciudad de Madrid. 117

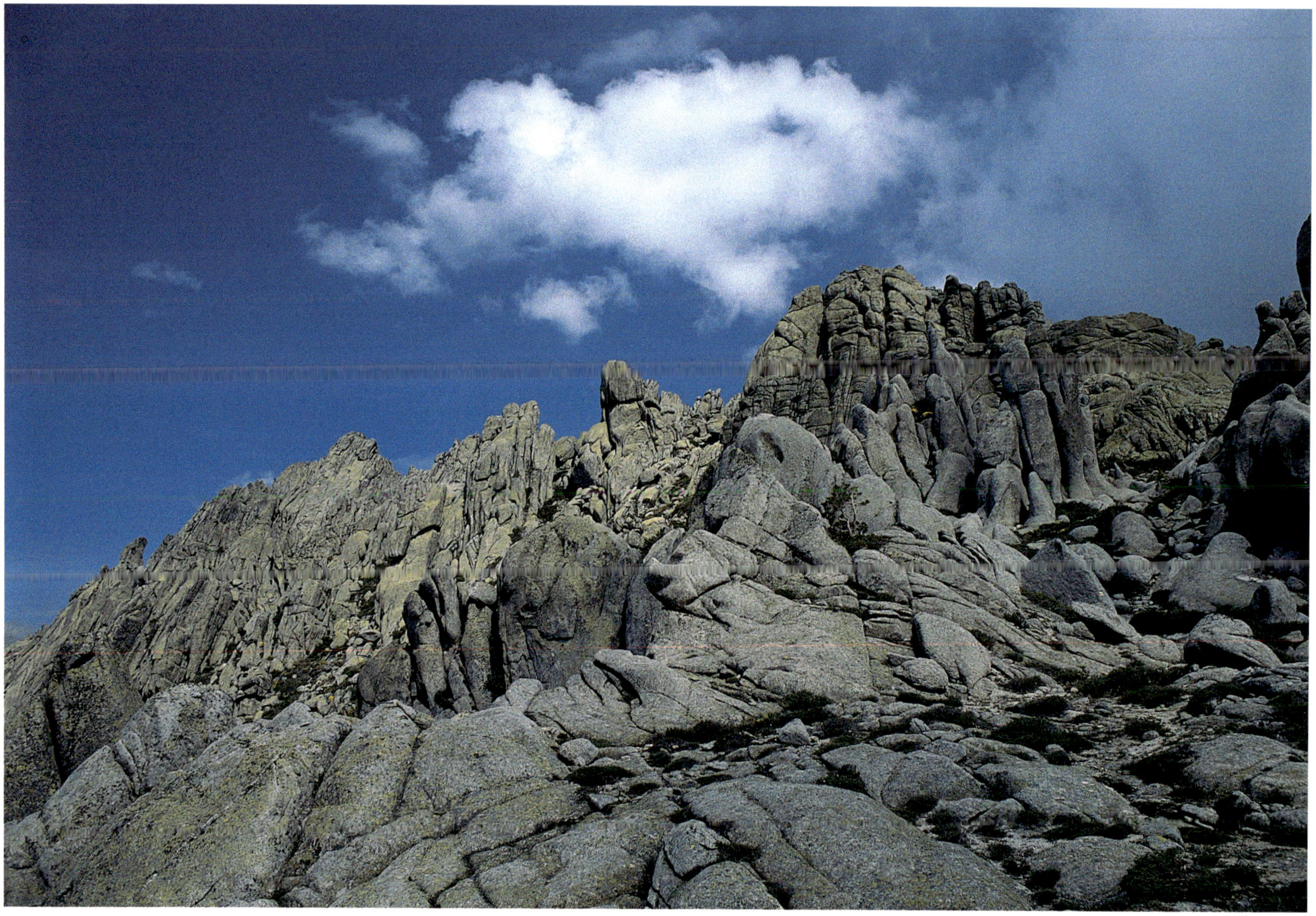

La Pedriza Posterior desde el sendero circular de La Pedriza. 118

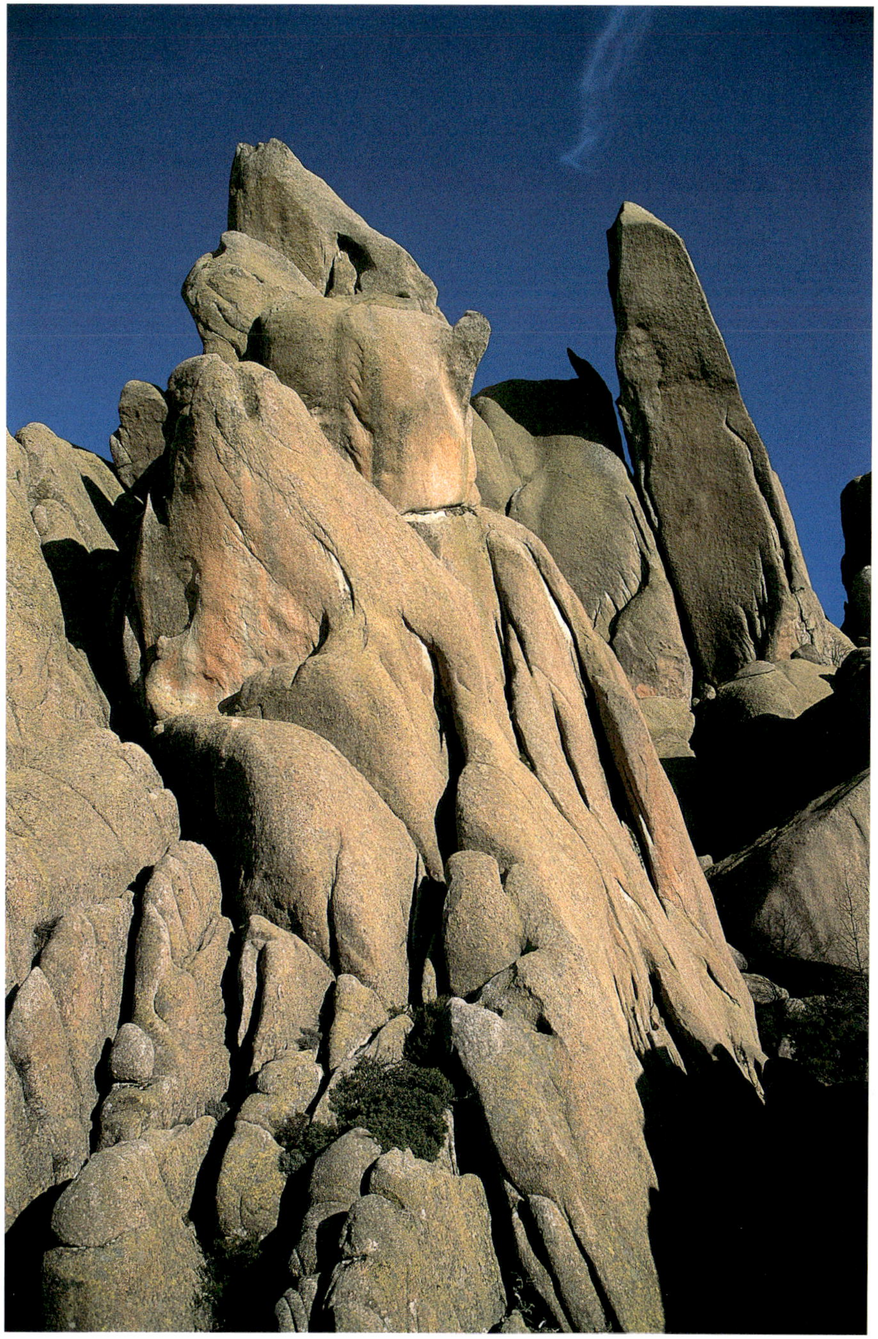

Atravesando los riscos del Laberinto se llega a El Torro, una especie de obelisco granítico. **119**

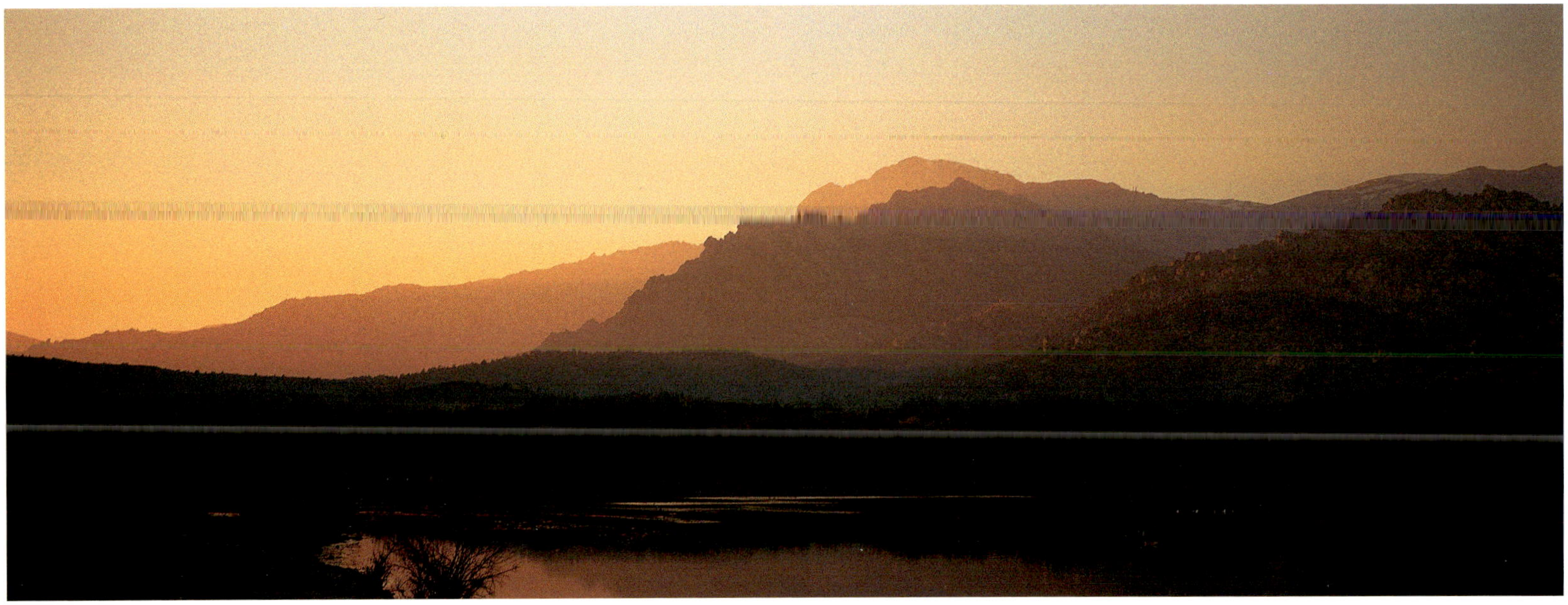

Últimas luces. **120**

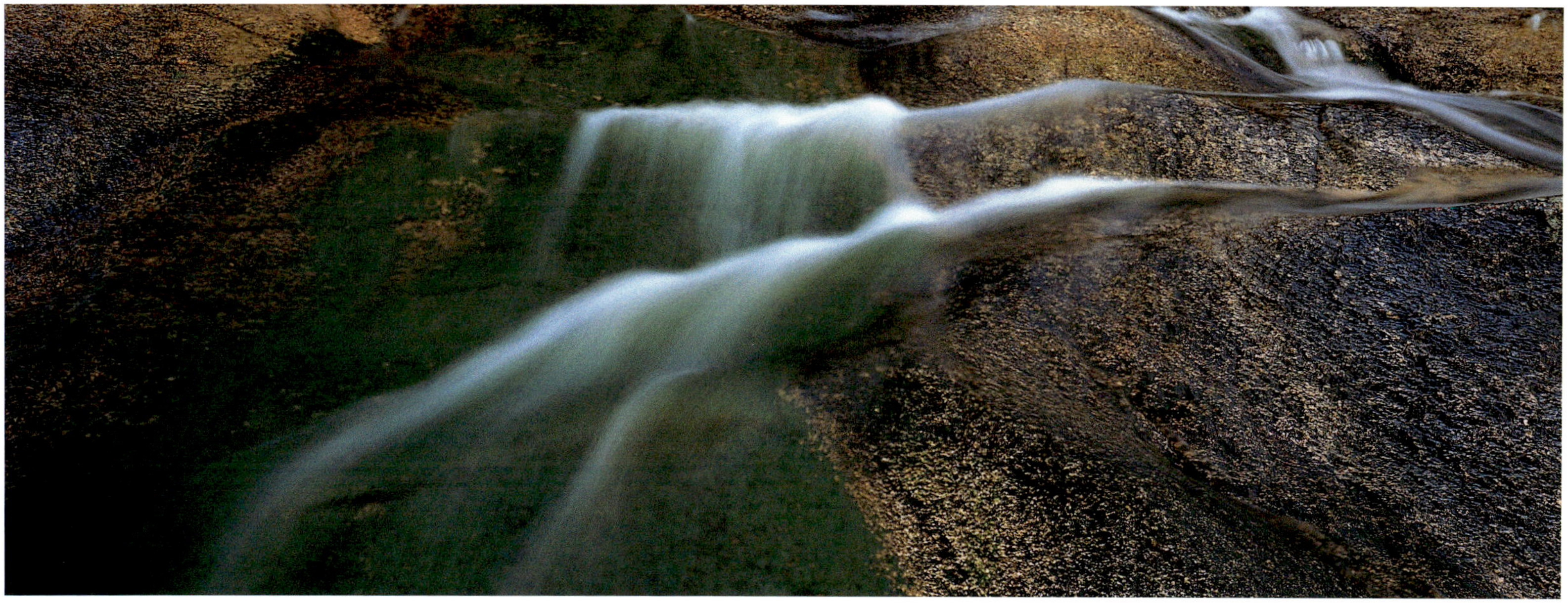

Arroyo en La Pedriza. Detalle. **121**

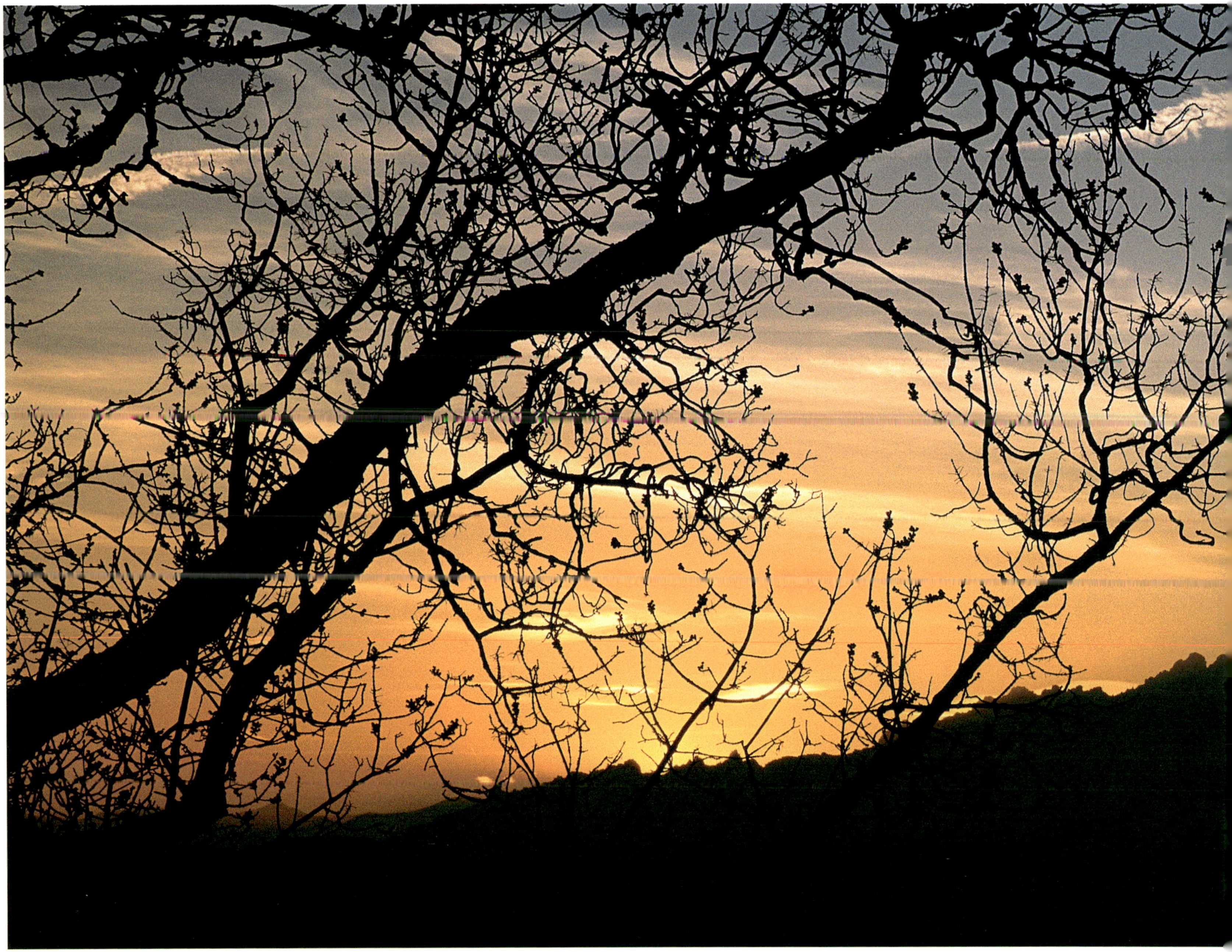

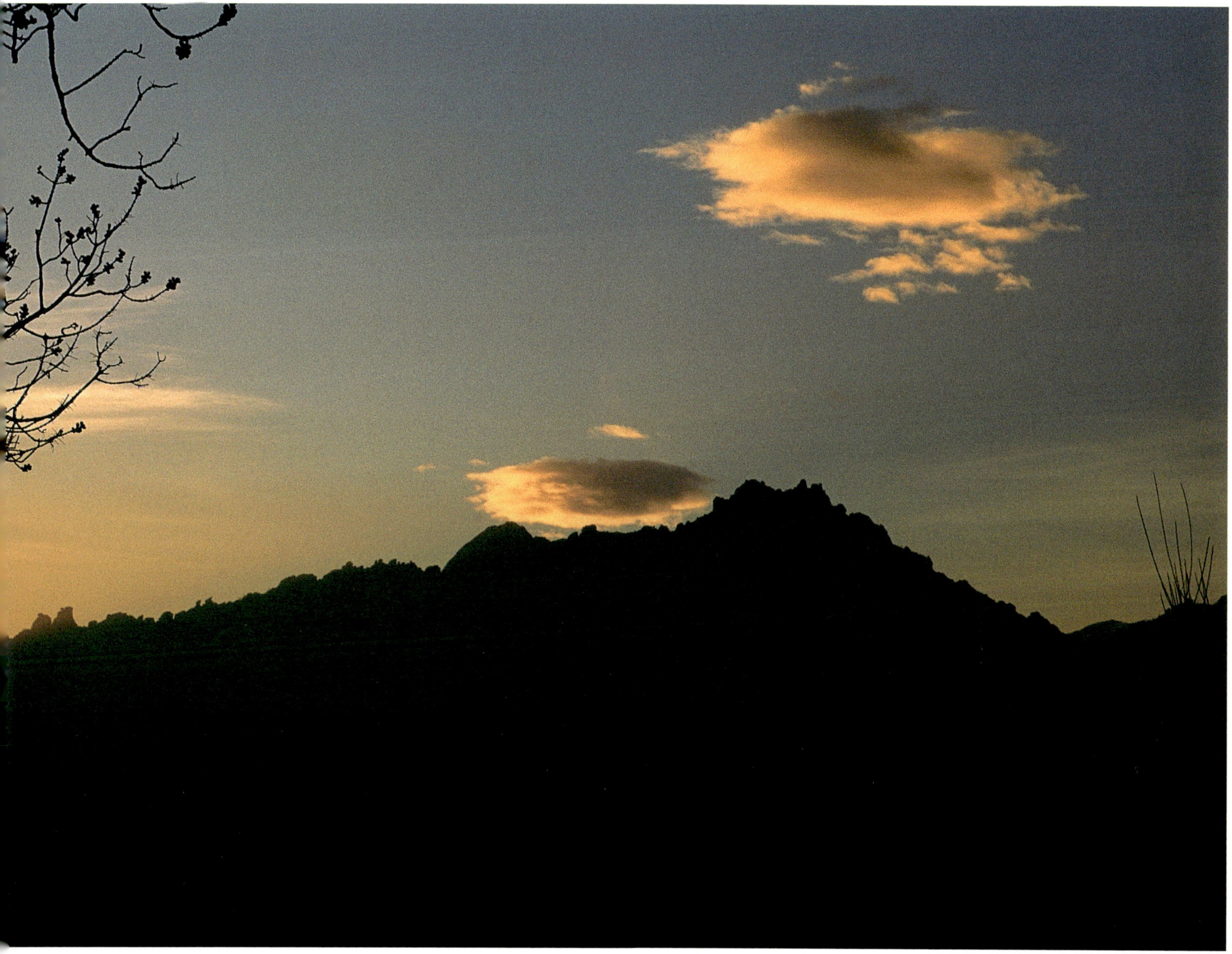

Atardecer desde la Ermita de la Virgen del Rosario en Soto del Real. Al fondo, la silueta de La Pedriza Anterior. **122**

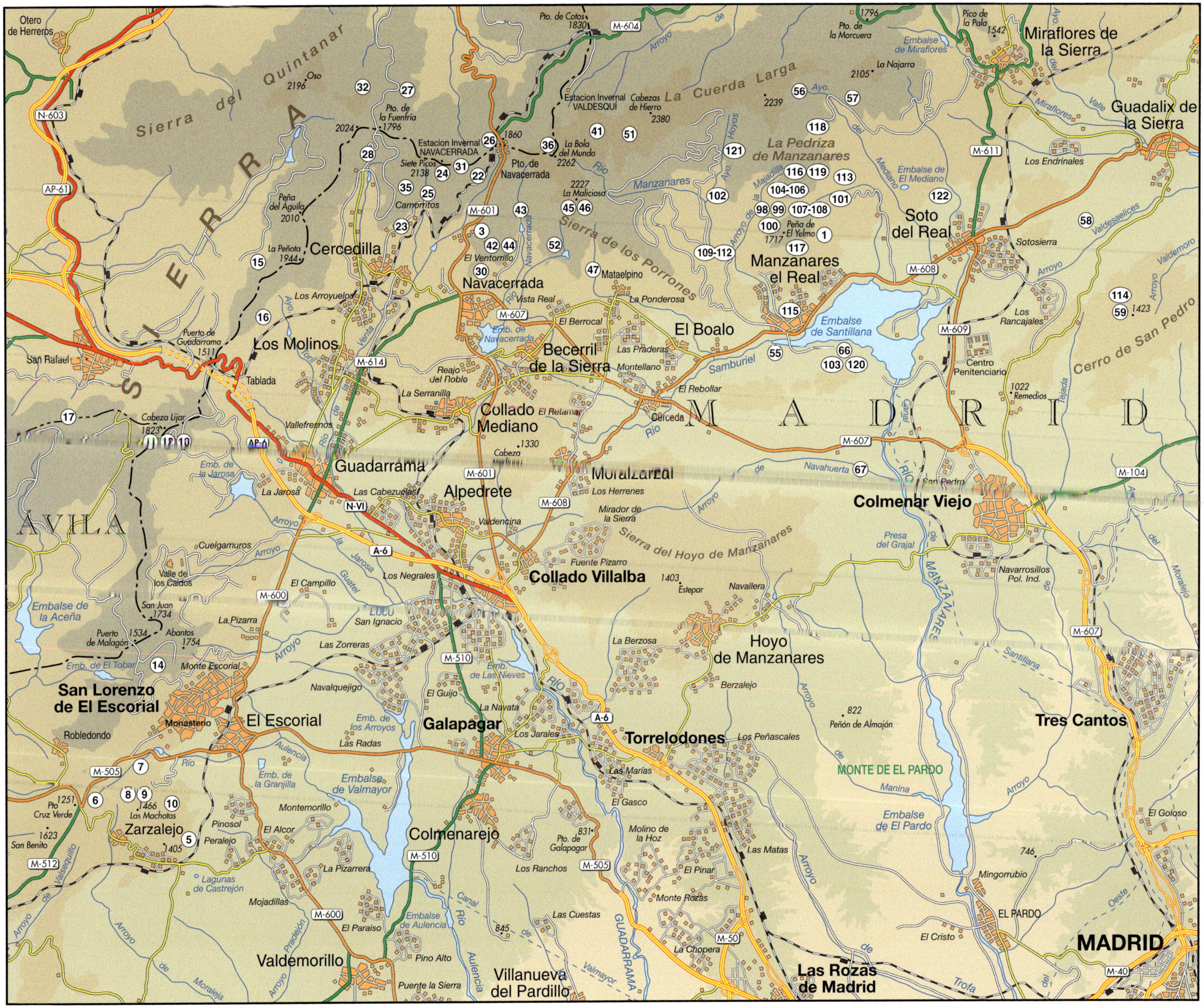

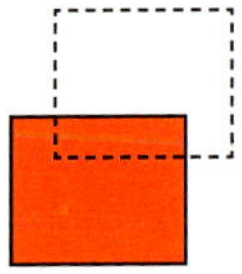

Los números indican el lugar desde donde están realizadas las fotografías

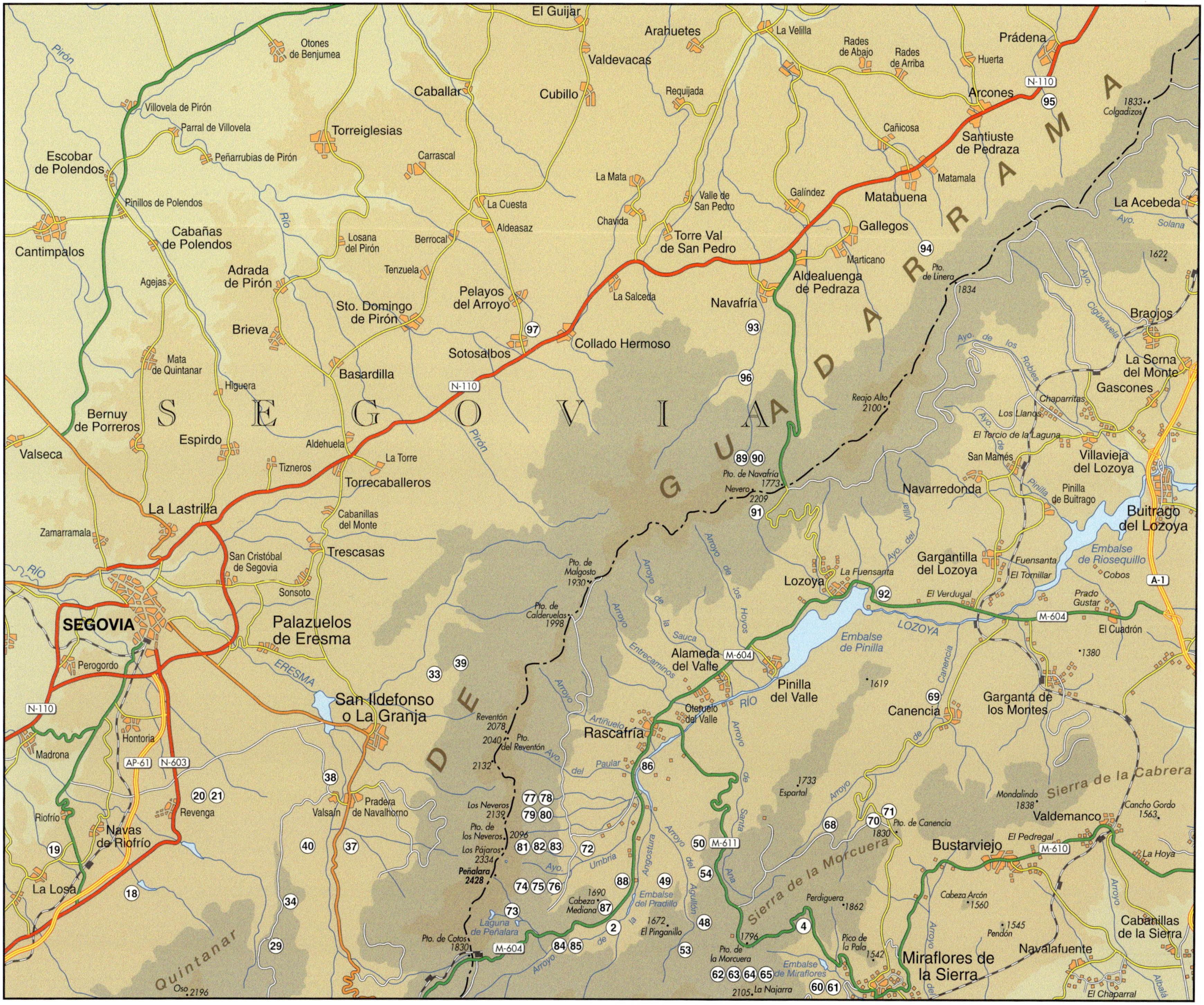
El Guijar
Arahuetes
La Velilla
Rades de Abajo
Rades de Arriba
Prádena
Huerta
Otones de Benjumea
Valdevacas
N-110
Caballar
Cubillo
Requijada
Arcones
Villovela de Pirón
Torreiglesias
Cañicosa
Santiuste de Pedraza
Parral de Villovela
Escobar de Polendos
Peñarrubias de Pirón
Carrascal
1833
Colgadizos
La Mata
Valle de San Pedro
Galíndez
Matamala
Matabuena
Pinillos de Polendos
La Cuesta
La Acebeda
Chavida
Aldeasaz
Gallegos
Cabañas de Polendos
Losana del Pirón
Berrocal
Torre Val de San Pedro
Ayo.
Solana
Cantimpalos
Marticano
1622
Adrada de Pirón
Tenzuela
Aldealuenga de Pedraza
Pto. de Linera
Agejas
Pelayos del Arroyo
La Salceda
Navafría
1834
Sto. Domingo de Pirón
Brieva
Braojos
Collado Hermoso
Sotosalbos
Mata de Quintanar
La Serna del Monte
Basardilla
Gascones
Higuera
Chaparritas
SEGOVIA
Bernuy de Porreros
Reajo Alto 2100
Los Llanos
Espirdo
GUADARRAMA
El Tercio de la Laguna
Valseca
Aldehuela
San Mamés
Villavieja del Lozoya
La Torre
Tizneros
Pto. de Navafría 1773
Torrecaballeros
Nevero 2209
Navarredonda
Pinilla de Buitrago
La Lastrilla
Buitrago del Lozoya
Cabanillas del Monte
Zamarramala
Embalse de Riosequillo
San Cristóbal de Segovia
Trescasas
Gargantilla del Lozoya
Fuensanta
Pto. de Malgosto 1930
Lozoya
La Fuensanta
El Tomillar
Cobos
Sonsoto
El Verdugal
A-1
Prado Gustar
Pto. de Calderuelas 1998
LOZOYA
M-604
El Cuadrón
Palazuelos de Eresma
Embalse de Pinilla
Alameda del Valle
1380
ERESMA
1619
Perogordo
Pinilla del Valle
Canencia
N-110
San Ildefonso o La Granja
Oteruelo del Valle
Garganta de los Montes
Reventón 2078
Pto. del Reventón
2040
Madrona
Hontoria
Rascafría
AP-61
N-603
2132
Paular
Sierra de la Cabrera
Riofrío
Revenga
Pradera de Navalhorno
Valsaín
Los Neveros 2139
Espartal
Mondalindo 1838
Cancho Gordo 1563
Pto. de los Neveros 2096
Valdemanco
Navas de Riofrío
Los Pájaros 2334
1830
Pto. de Canencia
El Pedregal
M-611
Bustarviejo
M-610
La Hoya
Peñalara 2428
Sierra de la Morcuera
La Losa
Cabeza Mediana
1690
Embalse del Pradillo
Perdiguera
1862
Cabeza Arcón 1560
Laguna de Peñalara
1672
El Pinganillo
1545
Pendón
Cabanillas de la Sierra
Pto. de Cotos 1830
M-604
1796
Pico de la Pala
1542
Pto. de la Morcuera
Miraflores de la Sierra
Navalafuente
Quintanar
Oso 2196
Embalse de Miraflores
2105
La Najarra
El Chaparral

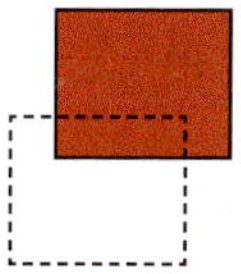

IMAGE D'UNE MONTAGNE

Eduardo Martínez de Pisón

Les montagnes montrent des paysages naturels clairs d'après leurs propres reliefs détachés parce qu'elles constituent des refuges, parfois des dernières formes de vies végétale et animale et parce que fréquemment elles conservent des traits révélateurs précieux.

Ces territoires sont en train d'être intégrés aux réseaux géographiques généraux, en expérimentant des changements d'usages, de modèles et de configurations. Mais les valeurs les plus originales des paysages montagneux ressortent de manière prépondérante de la vigueur de leurs supports naturels.

Cette règle marque le fondement des morphologies montagneuses, et dans la haute montagne, caractérisée par l'inhospitalité, elle est le domaine exclusiviste d'un des paysages naturels les plus stricts de la Terre. Les niveaux de hauteur, par exemple, distribuent leurs espaces bioclimatiques à travers l'empire du froid ou sur le rôle du substrat rocheux, des précipitations ou du vent. Ces caractères font des montagnes, des réserves spéciales, des espaces naturels.

Le relief de la montagne n'est pas seulement le grand support du reste de ses éléments et de ses dynamiques, il est également sa propre clef configuratrice. Il consolide les architectures montagneuses et dans certains domaines rocheux comme les gorges et la haute montagne nue, il est l'élément constitutif essentiel. Le relief est une valeur naturelle que nous devrions intégrer dans les codes conservationnistes.

Pour cela, depuis le XVIIIe siècle la montagne alpine et particulièrement la haute montagne, celle des rochers et des glaciers, a également fait l'objet d'une image culturelle intense, dont l'avant-garde fut formée par les scientifiques, bien qu'elle fut diffusée par les écrivains comme le refuge du sentiment bienfaisant du retour à la nature.

Le profit le plus fort que l'on obtient du contact de la nature, de l'engagement dans les paysages de montagne est celui procédant de ce sentiment, celui qui provient de l'adaptation attentive et respectueuse à ses domaines et à ses composantes: de notre accommodement à ses paysages.

Et c'est encore celui-ci le bien qui se perd également lorsqu'il n'existe pas en nous une telle attitude ou lorsque ces paysages naturels sont transformés jusqu'au point de perdre leurs caractères.

Le bien dont on parle procède du rythme des vieux chemins, de la cadence du vent et de la pluie, de la permanence du profil de la roche, du cycle des feuilles, du calme des panoramas sereins et patients à l'horizon.

Ce calme, n'est, cependant pas fréquent, ou il l'est dans une moindre mesure que celui qui provient d'un regard pragmatique sur les ressources naturelles ou de celui qui préfère adapter les montagnes à un objectif étranger et interpose des écrans qui évitent le contact direct avec la nature.

Le bien dont nous parlons est celui qui surgit de la puissante valeur de l'étranger, de la sécurité du silence, de l'harmonie des éléments exclusivement naturels, de la possibilité de la solitude, du rythme et l'ambiance des choses sauvages, de ces paysages fabriqués lentement, dont la forme est trop magnifique pour être abîmée.

Uniquement vis-à-vis des profonds contenus des paysages, le visiteur de la montagne pourra obtenir un sens moral de sa visite.

Dans cette approche, la Sierra de Guadarrama est exemplaire. Au XIXe siècle, les amateurs de la vie sylvestre de Guadarrama la comparaient à d'autres modes de vie moins écartés: «*Cómo dejaré la Sierra / do hay aire y truchas finas / por ir morar a la tierra / do hay bediñas e porcinas / a do la gente se encierra / con las especies caninas*». Mais c'est plus récemment, que l'attachement à Guadarrama est devenu un mouvement culturel, importé de l'Europe alpine, une entente éducative de la nature, activement mise en pratique et exprimée par l'Institution libre de l'Enseignement et par la Génération de 98.

Comme Nicolas Ortega nous l'a montré, si tout paysage est une formalisation de faits, de contenus et de valeurs appréciables pour l'éducation, son expression dans la Sierra de Guadarrama est devenue un excellent recours didactique et culturel, matériel et symbolique, par ses qualités, son enracinement et son accessibilité. Cela créa alors une sensibilité spécifique et une concrétion dans la pratique du «guadarramisme» qui, tout en recevant ce bénéfice éducatif de la nature, a délivré une qualification et un sens culturel propre à cette montagne. Paysage et randonnée vont bien ensemble, car cette dernière est le milieu le plus approprié pour arriver à sa compréhension. Le concept et la pratique «guadarramiste» sont associés et obéissent tous deux aux aspirations et aux idées de Giner de los Ríos. L'approche du paysage se posait, alors, comme un procédé identificateur, comme une recherche de certains traits de l'identité collective sur la scène géographique et comme une possibilité d'apprentissage et d'exercer l'intelligence, la sensibilité et l'imagination, outre le corps. Cette expression sélecte du paysage aura également son égal dans une image rénovée de Guadarrama, une découverte de ses valeurs et une attribution de valeurs symboliques à ses lieux, Peñalara, La Pedriza, le Reventón... Il y a de multiples effets de réciprocité entre la nature et la personne dans le sentiment du paysage; mais, dans cette école, un tel sentiment passe nécessairement par Guadarrama, Guadarrama révélatrice, provocatrice d'enthousiasmes.

En effet, les paysages possèdent une capacité civilisatrice qui se réfléchit en nous. Dans ceux-ci interviennent les effets de leur contemplation, leur expérience directe et la participation dans leurs images culturelles. Les paysages ont un corps parallèle qui peut-être est absent dans ces lieux, mais qui leurs concèdent parfois leurs sens le plus profond, des valeurs morales. Le rapport non matériel entre une société et son paysage peut ainsi acquérir assez de profondeur. Il en est le cas entre la ville de Madrid et la voisine Sierra de Guadarrama, avec tous ses zigzags. Une étrange relation entre le bitume et la montagne boisée pleine de ruisseaux propres et de rochers à profil enneigés.

Il y a, alors, un mouvement intellectuel, artistique et naturaliste, provenant surtout de Madrid, auquel s'incorporent beaucoup d'écrivains connus de la fin du XIXe siècle et du début du XXe siècle, même de premier rang comme Baroja, Machado, Juan Ramon Jimenez. Fréquemment, ils comparaient la ville et sa banlieue renfrognée, en premier lieu à la silhouette de la Sierra à l'horizon et ensuite à la placidité de ses sites. Au début du XXe siècle le poète Enrique de Mesa décrivait le milieu dur de la ville comme «*afueras de Madrid: estercoleros; / medianerías rojas; / trozos de sembradura con senderos; / de vez en vez, un álamo sin hojas*». Et il remarquait l'opposition avec la montagne: «*Pobreza, suciedad. Por la bocana / de la calle, que hiende el caserío, / blanca y azul, lejana, / la Sierra, madre del sediento río.*» Machado parlait également de «*Guadarrama, viejo amigo, / la sierra gris y blanca, / la sierra de mis tardes madrileñas / que yo veía en el azul pintada*».

Un peu plus tard, ils s'engagèrent dans la montagne et là, ils comprirent un message nouveau parmi ses ombres, des mots qui n'habitent que dans les profonds ravins «*donde el viento canta*». Ils retournent à Madrid avec l'impression et le souvenir des pas marchés sus ses scènes, des chemins perdus dans la bourrasque des rochers, de «*las trochas duras, / cercano al hosco roquedal cimero*». Ce fut dans cette montagne où Machado écouta que *la planète sonnait* dans la voix de l'eau. Là-bas ils virent la beauté de l'hiver, les rochers hérissés de glace, les lumières étendus sur la neige. C'est ainsi que naquît une nécessité de la beauté posée, uniquement fournie par la nature. Ils remboursèrent la dette avec leurs vers. La mélodie apprise dans les rochers sauvages et les manteaux des bois, dans les ruisselets de voix en cristal, où rit encore la neige des sommets, retourne dans sa voix, écrite à imitation du concert de l'eau, la pierre et l'arbre, du chant muet du brouillard, au «*cristal murmurador*» du glacier qui fond et à la *voix rauque de la rivière.* Ils ont connu le silence et le tumulte des nuages qui, depuis les embouchures des ports, roulent sur les flancs, le son à bataille de la pluie, le battement des ailes du vent, le rugissement dans la nuit des eaux sauvages par les endroits rocailleux. Un livre, un poème sur la nature d'un lieu est comme un acte sacramental dans lequel dialoguent les éléments et les sens, dans lequel la raison cherche pendant que le Monde parle et joue.

La pinède vers la fin de l'hiver est en réalité la réunion de la beauté de la silhouette du tronc, de la couleur tellement identificatrice du ramage rougeâtre, du crépitement à peine audible de son écorce, le passage entre les aiguilles des oiseaux, des roulades lointaines et d'autres proches et différentes, le clair ensoleillement, les éclats des micas du granite au bord du sentier, le son de l'eau, le scintillement du sommet enneigé entre las têtes des arbres, le grand bloc gris moyen couvert des mousses, le parfum des plantes, de la rive ou de l'ombre, le séjour d'un style élégant de la nature, les retrouvailles avec les souvenirs. Tout est un ensemble offert complémentairement, conforme, harmonieux et calme.

C'est tout le concert de l'eau de la montagne qui entre dans la bouche du randonneur qui boit au bord du torrent. La montagne va même faire partie physique des écrivains, et à travers eux de leurs lecteurs, les uns comme les autres appartenant pas à pas à la montagne. Intégration sélecte de certains citoyens dans les pinèdes austères. Vieux rochers qui sont estimés comme des maîtres. Lieux spécialement appréciés parce qu'ils nous fournirent des racines dans l'abîme. Cette tradition a créé un niveau de perception et également des obligations de maintien des valeurs qui permirent d'entreprendre des initiatives qui évitent l'extinction de son rêve. Il y a des paysages redoutables qui menacent nos montagnes. Je me souviens parfois de cette fin du livre de Arseniev sur la taïga de l'Oussouri, lorsqu'il retourne pour visiter le tombeau de Dersu Uzala et il ne peut pas reconnaître l'endroit, défiguré par les ouvrages des hommes. Les grands cèdres qui protégeaient la sépulture avaient disparu et du calme il ne restait plus que le souvenir. Je ne veux plus l'appliquer à nos montagnes.

Au bout des années, ma vie est une suite de paysages perdus, de jardins coupés, de scènes qui semblaient éternelles et qui nous n'avait été prêtés que temporellement. J'ai vu mourir des rives lors de leur enfance, des lacs lors de leur adolescence, des sommets jeunes. La vieillesse est composée d'abandons. Les retrouvailles avec les lieux irréconnaissables, sans le visage de la mémoire, sont tristes. Il y a des paysages qui n'existent plus que dans les souvenirs personnels diffus et qui disparaîtront définitivement avec moi. Il y a tellement de paysages associés aux vies, aux allers-retours, qu'il faut maintenir leur substance. Nous, les voyageurs errants nous ne sommes pas en terre brûlée, des gens sans dos, des perdants de racines. Nous le serons si au retour les horizons qui nous permettent de donner un sens au monde, ne sont pas là. Au bout des années, tellement de paysages maltraités, tellement de lieux ont vidé leur âme en recherchant à l'aveuglette être compétitifs. Le passage du temps est comme un voyage, parce que la vie parcourt un chemin, parce que les choses se transforment et les paysages muent, et parfois de telle manière, que, sans même nous séparer de ceux-ci, il semblerait que nous nous trouvions dans d'autres régions.

La vie est basée entre autres, sur les rêves et avec ceux-ci nous surmontons les conditions d'une simple existence. Il y a des circonstances qui n'élimine pas l'existence, mais qui réduisent la vie. Les projets et les illusions sont propres de la vie et ils libèrent les hommes de se replier sur une existence définie par un horizon fréquemment assez féroce. Il est vrai, que l'expérience est mélancolique. *«El tiempo es breve, las ansias crecen, las esperanzas menguan»*, écrivait Cervantes. La vie, en effet, est un bruit bref entre deux silences. Mais dans le maintien des rêves vitaux, dans le soutien de l'émotion face aux choses, il n'y a pas d'âge. Ce sont les pertes des objets et des personnes ce qui créé la nostalgie et permet la tentation de l'abandon. Parmi ses rêves vitaux il faut proposer le besoin de conserver les paysages parce qu'il coïncide avec le besoin de l'harmonie. Il ne faut pas oublier que nous sommes terrestres, que tout est terrestre et que notre rapport vis-à-vis de la terre n'est pas vide de significations. Nous respirons l'air de la terre, nous buvons l'eau de la terre, nous mangeons des plantes et des animaux terrestres. Nous vivons de la terre naïve. Et en outre, comment ne pas introduire ou projeter des rêves et des harmonies sur cette relation? Les convoitises sont-elles uniquement matérielles?

La Sierra de Guadarrama est un héritage vivant. Elle est certainement conformée par de vieux rochers de formes très caractéristiques, bois à personnalité prononcée, prés, neiges hivernales sur les profils de ses sommets, rivières aux vallées profondes. Ils sont tous, en guise de support et scène d'un héritage culturel vanté, dans des paysages encore harmonieux. Elle est aussi constituée de changements et même de plans plus ou moins pleins de vitalité. C'est justement dans le procédé de changement où il faut intervenir avec des propositions attrayantes et résistantes pour que ni les vieux rochers, ni les héritages séculaires ne soient emportés par l'une des multiples crues unilatéralement utilitaires qui apparaissent et disparaissent de nos jours. Le procédé est, en réalité, multiple. Nous devrions essayer de le faire harmonieux.

La grande chance de Madrid est d'avoir la Sierra à côté. Dans cet aspect culturel, la Sierra a également participé de cette chance d'avoir Madrid si près. Mais il est aussi indéniable que le fait d 'être sur l'orbite immédiate d'une ville si impétueuse est un sérieux problème pour sa nature. La Sierra n'est pas grande et encore moins pour une telle demande. On dit d'habitude qu'avant il y avait beaucoup d'espace et peu de gens et maintenant, il y a beaucoup de gens et peu de place. L'influence urbaine traditionnelle eu lieu, par exemple, à travers des points exceptionnels comme les Sites Royaux et, plus récemment, en agissant de référence migratoire proche et en causant une certaine spécialisation économique de montagne, comme dans le cas des carrières, de la demande de lait, de la production forestière, des réserves d'eaux, de son estime comme ressource pour la santé et les loisirs, ou comme but des colonies et des résidences d'été. De la ville procèdent également les projets de communication par chemin de fer et route, en s'engageant jusqu'au cols et en la traversant. La pression urbaine est la responsable des changements visibles qui parcourent tout le flanc de la Sierra, depuis les zones résidentielles jusqu'aux stations de ski. Tout cela a lieu sous l'essor d'une puissante dynamique transformatrice, dont les modifications n'atteignent pas seulement les espaces, paysages et usages, mais aussi leurs valeurs.

L'utilisation touristique intensive de la Sierra l'est plutôt les week-ends de neige ou pas, l'été pour chercher la fraîcheur. Mais, lorsque cette utilisation a lieu, elle est inondatoire et elle apporte les problèmes de massification et d'équipement de la ville aux paysages naturels. Avec cela, la jouissance appropriée de la montagne n'atteint pas les niveaux de qualité que doit pourvoir la nature libre et préservée, et l'on n'obtient pas non plus dans assez d'endroits le degré minimum de solitude convenable pour le visiteur.

De cette manière, si l'on suivait un autre modèle, on pourrait peut-être éviter les écoles de cette tendance. Et ce patron pour la montagne n'est pas loin, il se trouve précisément dans la propre Sierra, dans la restauration exemplaire réalisée dans l'espace naturel de Peñalara. Aujourd'hui on envisage la possibilité d'une initiative conservationniste globale longuement attendue: la proposition de concéder la catégorie de Parc National à un milieu qui reste à déterminer de la Sierra de Guadarrama. Un autre procédé de caractères différents est en train d'être entrepris, en accord à une récupération des valeurs que notre culture a concédé à Guadarrama. Cette ligne directrice de protection et d'aménagement des paysages naturels se réfléchira positivement sur la société qui habite ces espaces. Cette proposition apportera une nouvelle écriture au vieux document territorial et paysagiste où il y a déjà tant de siècles d'écritures superposées sans effacer les précédentes, comme quelque chose de vivant et projeté vers le futur.

Nous sommes arrivés à un point où ce qui n'est pas protégé, est menacé. Il y a des regards multiples et contrastés sur la Sierra, en partant de celui des biologistes qui aspirent à réintroduire des espèces et en arrivant à celui des promoteurs qui voudraient implanter plus d'aménagements pour le ski ou qui poursuivent des cauchemars en béton, et il faut trouver à chaque lieu les termes pondérés. Il y a des espaces où il est possible de faire réalité cette vieille proposition frustrée qu'un secteur de Guadarrama devienne un Parc National sans forcer ni la norme ni la montagne. Les milieux sont francs et même s'il existe des périphéries plus douteuses, qui auront besoin d'un traitement soigneux, celles-ci ne devraient pas affecter négativement la moelle.

Le Parc National acquiert divers sens, l'un pour la Sierra elle-même, ses éléments, significations, paysages, procédés et habitants, un autre pour la région dans laquelle elle se trouve, celle de Madrid et celle de Ségovie et la chaîne montagneuse du Système Central. Un autre encore, à l'échelle péninsulaire, en tant que partie d'un réseau géographique de montagnes, et à l'échelle nationale, en tant qu'expression partielle d'un système de parcs, et aussi à l'échelle internationale, en tant que site remarquable dans les lieux sélectes du monde. L'insertion dans la catégorie de Parc National inscrit à la Sierra dans un ensemble vedette. Cette noble réservation aura d'innombrables bénéficiaires dans le temps. On aura ainsi réservé pour eux une enceinte en pierre, en eau et en bois dans laquelle ils pourront apprendre et profiter du silence maintenu de la Sierra.

IMAGE OF A MOUNTAIN

Eduardo Martínez de Pisón

The mountains reveal clear natural landscapes due to their outstanding relief forms, because they are, at times, the final refuges of forms of animal and vegetable life and because they frequently conserve the enlightening remains of valuable cultural processes.

These territories are being integrated into the general geographic networks, experimenting changes of use, models and configuration. But, the most unique values of the mountain landscapes principally derive from the vigour of their innate supports.

This pattern is the basis of mountain morphologies and, at high altitudes, characterised by their inhospitable nature, is the select environment of one of the severest natural landscapes on Earth. High altitudes, for example, distribute their bioclimatic spaces by the rule of cold or by the role of the rocky substratum, of the rain or of the wind. These characteristics make the mountains special reserves of natural spaces.

The relief of the mountain is not only the great support of its other elements and dynamics, it is the very key to their configuration. It arms the mountain architectures and in certain rocky areas, such as ravines and barren high altitudes, is the essential constituent element. Relief is a natural value that we must integrate into the conservation codes.

For this reason, since the 18th century, alpine regions, and particularly high altitudes, those of rocks and glaciers, have also been the object of an intense cultural image, the vanguard of which comprised the scientists, although they were made known by writers as the refuge of the beneficial feeling of the return to nature.

The most profound benefit to be gained from the contact with nature, from penetrating the mountain landscapes, is that which comes from this feeling, which derives from our attentive and respectful adaptation to its domains and its components: of our adjustment to its landscapes.

And, this is the good that is also lost when we do not have this attitude or when these natural landscapes are transformed to the point of losing their own characteristics.

The good of which we speak derives from the rhythm of old roads, of the compass of the wind and of the rain, of the permanence of the profile of the rock, of the cycle of the leaves, of the calm of the serene and patient panoramas on the horizon.

This spirit, however, is not the norm; or is, at least, less frequent than that of a pragmatic glance at the natural resources or of one that would prefer to adapt the mountains to another purpose and put up screens that avoid direct contact with nature.

The good of which we speak is that arising from strongly valuing the distant, the security of silence, the harmony of exclusively natural elements, of the possibility of solitude, of the rhythm and the environment of wild things, of those landscapes constructed slowly, whose form is too magnificent to be damaged.

Only in relation to the deep inherent content of the landscape can visitors to the mountains derive a moral significance from their visit.

The Sierra of Guadarrama has been exemplary in this approach, since, in the 14th century there were already lovers of the wild environment of Guadarrama, which they compared to other less distant ways of life: *«Cómo dejaré la Sierra / do hay aire y truchas finas / por ir morar a la tierra / do hay bediñas e porcinas / a do la gente se encierra / con las especies caninas»*. But, it is closer to our times when the devotion to Guadarrama becomes a cultural movement, imported from alpine Europe, an educational understanding of nature, actively put into practice and expressed by the Institution for Free Teaching ("Institución Libre de Enseñanza") and by the Generation of '98.

As Nicolás Ortega has illustrated, if all landscape is a formalisation of facts, contents and values that are appreciable for educational purposes, the expression of the same in the Sierra of Guadarrama makes it an excellent didactic and cultural resource, both material and symbolic, for its qualities, its roots and its accessibility. In this way, a specific sensitivity evolved and the way of hiking in Guadarrama was defined, which, while having received that educational benefit from nature, has also granted its own cultural qualification and meaning to this Sierra. Landscape and hiking go together, because the latter is the best way to appreciate the former. The concept and practice of hiking trips to Guadarrama seem to be associated and both conform to the aspirations and ideas of Giner de los Ríos. Getting close to the land was proposed, therefore, as an identifying process, as a search for certain traits of collective identity in the geographic scenario and as a possibility to learn and to exercise one's intelligence, sensibility and imagination, as well as the body. That select expression of the landscape will also become a renewed view of Guadarrama, a discovery of its values and an attribution of symbolic values to its places, Peñalara, La Pedriza, El Reventón… There are a multitude of reciprocal effects between nature and man in the feeling of the landscape; but, in this school, such feelings must, of necessity, pass through Guadarrama, the revealing Guadarrama, that provokes enthusiasm.

In effect, the landscapes have a civilising effect, deriving from the effects of contemplating, experiencing directly and participating in their cultural images. The landscapes have a parallel body, which may perhaps be absent from the places themselves, but which sometimes affords them their most profound sense, moral values. The non material relationship between a society and its landscape may in this way acquire considerable depth This has happened between the City of Madrid and its nearby Sierra of Guadarrama, although not without zigzags. A strange immediate relationship between the paved streets and the woody sierra of clear streams and peaks with snowy profiles.

There was, therefore, an intellectual, artistic and naturalist movement from all over Madrid, of which many writers known at the end of the 19th and the beginning of the 20th centuries were part, including some of the very best, such as Baroja, Machado, Juan Ramón Jiménez. They frequently compared the city and its grim outskirts, firstly with the silhouette of the Sierra on the horizon and then with the calm of its places of escape. At the start of the 20th century, the poet Enrique de Mesa described the hard outskirts of the city as *«afueras de Madrid: estercoleros; / medianerías rojas; / trozos de sembradura con senderos; / de vez en vez, un álamo sin hojas»*. And he contrasted this with the mountain: *«Pobreza, suciedad. Por la bocana / de la calle, que hiende el caserío, / blanca y azul, lejana, / la Sierra, madre del sediento río.»* Machado also spoke of the *«Guadarrama, viejo amigo, / la sierra gris y blanca, / la sierra de mis tardes madrileñas / que yo veía en el azul pintada»*.

Later on, they went up the mountain and there they understood a new message within its shade, words that only dwelled in the deep ravines *«donde el viento canta»*. They came back to Madrid with the impression and the memory of the steps taken in its scenarios, of the paths lost in the storm of its crags, of *«las trochas duras, / cercano al hosco roquedal cimero»*. It was in the Sierra that Machado heard that *«sonaba el planeta»* in the voice of the water. There they saw the beauty of winter, the rocks bristling with ice, the lights laid out by the snow. In this way, a need grew for the measured beauty that only nature provides. They paid back the debt with their verses. The melody learnt in the wild rocky places and the mantels of the woods, in the pools of crystal voice, where the snow of the peak stills laughs, returns in their voice, written in similitude to the joint concert of the water, of the air, of the rock and of the tree, to the mute song of the snow, the *«cristal murmurador»* of the ice field that melts and the *«ronca voz del río»*. They have known the silence and the tumult of the clouds which, from the estuaries of the mountain passes, roll down the sides, the battle sound of the rain, the flapping of the wings of the wind, the roar in the night of the wild waters through the gullies. A book, a poem on the nature of a place is like a sacramental act in which the elements and the senses dialogue, in which reason explores while the world talks and acts.

The pine tree at the end of winter is in reality the union of the beauty of the silhouette of the trunk, of the characteristic red colour of the branches, of the barely audible cracking of its bark, of the birds passing through its needles, of a distant trill and another different one close by, the sunny clearing, the sparkle of the micas in the granite at the edge of the path, the sound of the water, the glint of the snowy peak between the tree tops, the huge grey block half covered in moss, the aroma of the plants, of the bank or of the shade, the permanence of an elegant style of nature, the reencounter with memories. Everything is a whole, proffered in a complementary, appropriate, harmonious and calm way.

It is the full concert of the mountain water that enters the mouth of the hiker that drinks at the edge of the stream. The mountain will even become a physical part of the writers and with them their readers, as both the former and the latter belong little by little to the Sierra. A select integration of certain citizens into the austere pine forests. Old rocky places that are viewed as masters. Places that have a special significance because they gave us roots in the abyss. This tradition has created a level of perception and also certain obligations to maintain the values that facilitated them, to undertake initiatives that stop the fantasy being extinguished. There are terrible landscapes that threaten our mountains. I remember at times the end of Arseniev's book on the taiga of the Ussuri, when he went back to visit Dersu Uzala's tomb and could not recognise the place, disfigured by the work of man. The great cedars that protected the sepulchre had disappeared and only the memory of the calm remained. I do not want to apply this to our mountains.

At the end of the years, my life is a succession of lost landscapes, of gardens cut down, of scenarios that seemed eternal and were only on loan for a short time. I have seen banks die in their infancy, lakes in their adolescence, peaks young. Old age is made up of surrenders. It is sad to reencounter unrecognisable places, without the countenance of the memory. There are landscapes that only exist now in my vague personal memories and that will disappear definitively with me. There are so many landscapes associated with lives, with the goings and the comings, that it is necessary to maintain their substance. We, the wanderers, are not of the scorched earth, are not people without a past, those who lose their roots. We will be so if on return the horizons that allow the world to have meaning are no longer there. At the end of the years, so many mistreated landscapes, so many places that have been emptied of their soul in a blind search to be competitive. The passing of time is like a journey, because life follows a path, because things are transformed and the landscapes change and, sometimes, to such an extent that, without leaving them, it seems that we have gone to other regions.

Life is based, among other things, on dreams and in this way we overcome the conditions of a mere existence. There are circumstances that do not take away existence, but they diminish life. Projects and illusions are part of life and liberate men from withdrawing to an existence defined by an often fairly atrocious horizon. Certainly, experience is melancholy. *«El tiempo es breve, las ansias crecen, las esperanzas menguan»*, wrote Cervantes. In effect, life is a short noise between two silences. But, there is no age for holding on to vital dreams or sustaining the emotion for things. It is the loss of objects and people that creates nostalgia and gives way to the temptation to give up. Among these vital dreams, we should propose the need to care for the landscapes, because this ties in with the need for harmony. We should not forget that we are earthly, that everything is earthly and that our relationship with the earth does not lack significance. We breathe the air of the earth, we drink the water of the earth, we eat the plants and animals of the earth. We live in a naive world. And, moreover, why not introduce or project dreams and harmonies into this relationship? Are our desires only material?

The Sierra of Guadarrama is a living legacy. Certainly, it is made up of old rocks of very characteristic forms, forests with a distinct personality, meadows, winter snows on the profiles of its peaks, rivers in deep valleys. All of these serve as a support and scenario for a cultural heritage distributed in still harmonious landscapes. And, it is also established by changes and even by plans of greater or lesser vitality. It is precisely in the process of change that it is necessary to intervene with attractive and resistant propositions, so that neither the old rocks nor the secular bequests are swept away by any of the many unilaterally utilitarian floods that appear and disappear in these times. In reality, the process is multiple. We must also try to do this appropriately.

It has been Madrid's good luck to have the Sierra next door. Also, with regard to the cultural aspect, it has certainly been the good fortune of the Sierra to have Madrid so close. But, equally, it is undeniable that it is a serious problem for nature to be in the immediate orbit of such an impetuous city. The Sierra is not large, less so for such demand. It is usually said that before there was a lot of space and few people and that now there are a lot of people and little space. The traditional urban influence was exercised, for example, through exceptional places, such as the Royal Residences ("Reales Sitios") and, more recently, acting as a close migratory reference and giving rise to a certain economic specialisation of the Sierra, as in the case of the quarries, the demand for milk, the forestry production, the water reserves, of how it is valued as a resource for health and leisure, or as a place for summer colonies and residences. The communications projects by rail and road have also come from the city, penetrating as far as the mountain passes and cutting through the Sierra. Visible changes across the whole skirt of the Sierra are due to urban pressure, from the residential areas to the ski stations. All of which amounts to a powerful transforming dynamic, in changes that not only affect the spaces, landscapes and uses, but also their values.

The intense use of the Sierra by tourists has usually only been at weekends, whether snowy or not, and, in summer, rather more a search for lower temperatures. But, when this tourism arrives, it is overwhelming and transfers the problems of overcrowding and infrastructure from the city to the natural areas. For this reason, adequate enjoyment of the mountain does not reach the quality levels that a free and conserved nature should provide, nor does it allow in many areas the minimum degree of solitude that would seem to suit the visitor.

So, if we were to follow another model, we might perhaps be able to avoid the consequences of this tendency. And such a plan for the mountain is not far away, it is in the Sierra itself, in the exemplary restoration carried out in the natural space of Peñalara. Today, the possibility of a long-awaited global conservation initiative is being considered: the proposal to give an as yet undetermined area of the Sierra of Guadarrama the category of National Park. Another procedure of different characteristics is therefore being undertaken, in consonance with the recovery of the values that our culture has granted to Guadarrama. These guidelines to protect and order the natural mountain areas will have a positive effect on the people who live in such areas. This proposal will add a new public deed to the old territorial and landscape document, to which the documents of so many centuries have been added without deleting the previous ones, as something alive and planned for the future.

We have reached a point where anything that is not protected is threatened. There are many and varied people contemplating the Sierra, from the biologists who wish to reintroduce species, to promoters who wish to build more ski monstrosities or who pursue cement nightmares, and it is necessary to find the weighted terms in each place. There are spaces where it is possible to effect the change to that old and frustrated proposal of turning a sufficient part of Guadarrama into a National Park, without the use of force, either in the norms or in the mountain. The nuclei are obvious and, although there are more doubtful environs that would require special treatment, these should not be the deciding factor, negatively affecting what are so overwhelmingly the core areas.

There are various reasons for a National Park, one for the Sierra itself, its elements, meanings, landscapes, processes and inhabitants, and another for the region in which it is situated, that of Madrid, Segovia and the Central System mountain chain. Another, at peninsular level, as part of a geographic mountain network, also, at national level, as the partial expression of a park system and, at international level, as an outstanding place among the select places of the world. The category of National Park would give the Sierra a place within a star group. This noble preservation will have innumerable beneficiaries over time. A small area of rock, water and forests will have been reserved for them in which they can learn and enjoy in the silence of the Sierra.

DAS BILD EINES BERGES

Eduardo Martínez de Pisón

Die Berge zeigen dank ihrer hervorstechenden Reliefs deutliche Naturlandschaften, da sie die – manchmal letzten – Zufluchtsstätten für Fauna und Flora darstellen und oft Spuren bewahren, die wertvolle Kulturprozesse offenbaren.

Diese Gebiete integrieren sich allmählich in die allgemeinen geographischen Netze ein und ihre Nutzung, die Modelle und die Konfiguration ändern sich. Aber die ursprünglichsten Werte der Berglandschaften ergeben sich hauptsächlich aus der Kraft der auf der Natur gestützten Grundlage.

Dieser Leitgedanke bildet die Basis der Bergmorphologien und im Hochgebirge, das sich durch die Rauheit charakterisiert, ist dies der Exklusivitätsaspekt einer der strengsten Naturlandschaften der Erde. Die bioklimatischen Zonen hoch oben in den Bergen entsprechen zum Beispiel dem von der Kälte beherrschten Bereich oder den Felsen, den Niederschlägen oder dem Wind. Diese Charakteristiken verwandeln die Berge in besondere Reservate von Naturgebieten.

Das Relief des Berges ist nicht nur der wichtige Träger seiner sonstigen Elemente und Dynamiken, sondern auch der Konfigurationsschlüssel selbst. Es stellt das Gerüst der Bergarchitekturen dar und ist in bestimmten felsigen Gebieten – wie z. B. in den Schluchten und dem nackten Hochgebirge – das wesentliche Element. Das Relief ist ein Naturwert, den wir in die Erhaltungscodes integrieren müssen.

Aus diesem Grund ist das Gebirge und im besonderen das Hochgebirge mit seinen Felsen und Gletschern seit dem 18. Jhdt. auch Gegenstand eines intensiven Kulturbildes gewesen, das an erster Stelle durch die Wissenschaftler geprägt, aber von den Schriftstellern als Zufluchtsstätte des wohltätigen Gefühls der Rückkehr zur Natur verbreitet wurde.

Der größte Nutzen, den man aus dem Kontakt mit der Natur, dem Eindringen in die Berglandschaften erhält, ist derjenige, der von diesem Gefühl ableitet und sich aus der aufmerksamen und respektvollen Anpassung an ihre Domänen und ihre Komponenten ergibt: unsere Anpassung an ihre Landschaften.

Und dies ist auch das, was sich uns entzieht, wenn wir diese Einstellung nicht haben oder wenn diese Naturlandschaften so weit umgewandelt werden, dass sie vollständig ihre Charakteristiken verlieren.

Und der Wert, von dem wir sprechen, hat seinen Ursprung in dem Rhythmus der alten Wege, des Windes und des Regens, der Beständigkeit des Profils der Felsen, des Naturzyklus der Blätter, der Ruhe des beschaulichen und geduldigen Panoramas am Horizont.

Aber diese Stimmung ist nicht so häufig anzutreffen; oder weniger als die, die von einem pragmatischen Blick auf die Naturressourcen oder von derjenigen ableitet, die die Berge lieber an ein fremdes Ziel anpasst oder Abschirmungen schafft, die einen direkten Kontakt mit der Natur verhindern sollen.

Das Gut, von dem wir sprechen, ist das, das sich aus dem mächtigen Wert der Ferne, der Sicherheit, die die Stille vermittelt, der Harmonie der ausschließlich natürlichen Elemente, der Möglichkeit zur Einsamkeit, dem Rhythmus und der Atmosphäre der im natürlichen Zustand belassenen Dinge und aus diesen langsam gebildeten Landschaften ergibt, deren Form zu schön ist, um geschädigt zu werden.

Nur in Verbindung mit dem tiefgreifenden Inhalt der Landschaft kann derjenige, der sich in die Berge begibt, aus seinem Besuch eine moralische Bedeutung ziehen.

Die Sierra de Guadarrama ist ein sehr gutes Beispiel für diese Annäherung. Bereits im 14. Jhdt. gab es Leute, die die Wildnis des Guadarrama zu schätzen wussten und sie mit anderen, weniger abgelegenen Lebensweisen verglichen: «Cómo dejaré la Sierra / do hay aire y truchas finas / por ir morar a la tierra / do hay bediñas e porcinas / a do la gente se encierra / con las especias caninas». Aber später, fast schon in unserer Zeit, verwandelte sich diese Liebe zum Guadarrama in eine aus dem Alpengebiet Europas importierte Kulturbewegung, in ein edukatives Verständnis der Natur, das von der Einrichtung «Institución Libre de Enseñanza y por la Generación del 98» aktiv in die Praxis umgesetzt und zum Ausdruck gebracht wurde.

Wie Nicolás Ortega gezeigt hat, ist, wenn jede Landschaft für die

Erziehung nutzbare Tatsachen, Inhalte und Werte förmlich darstellt, diese Ausdruckskraft der Sierra de Guadarrama wegen ihrer Qualität, Verwurzelung und Zugänglichkeit ein ausgezeichnetes didaktisches und kulturelles, materielles und symbolisches Mittel geworden. So bildete sich eine spezifische Sensibilität und eine Konkretisierung bei der Ausübung des "Guadarrismus", der diesen erzieherischen Wert von der Natur erhalten und gleichzeitig diesem Gebirgszug eine eigene Qualifizierung und kulturelle Bedeutung vermittelt hat. Die Landschaft und das Wandern sind miteinander verbunden, da letzteres das beste Mittel ist, um die Landschaft kennen zu lernen. Das Konzept und die Ausübung des "Guadarrismus" sind miteinander verknüpft und folgen den Bestrebungen und Ideen von Giner de los Ríos. Die Annäherung an die Landschaft wurde also als ein Identifizierungsprozess, als eine Suche nach gewissen Spuren einer kollektiven Identität auf der geographischen Bühne und als eine Möglichkeit gesehen, zu lernen und – abgesehen von körperlicher Betätigung - die Intelligenz, die Sensibilität und die Vorstellungskraft in Anwendung zu bringen. Diese auserlesene Ausdruckskraft der Landschaft führt auch zu einem neuen Bild des Guadarrama, zur Entdeckung seiner Werte und zum Umstand, dass den dort befindlichen Orten symbolische Werte zugewiesen werden: Peñalara, La Pedriza, el Reventón, ... Im Verständnis einer Landschaft spielen viele Wechselseitigkeitseffekte zwischen der Natur und der Person eine wichtige Rolle; aber in dieser Schule muss dieses Gefühl notwendigerweise auch durch den Guadarrama, den aufschlussreichen und Begeisterung auslösenden Guadarrama, geprägt werden.

In der Tat haben die Landschaften eine rückwirkende zivilisierende Fähigkeit, da die Auswirkungen des Betrachtens der Landschaft, das direkte Erlebnis und die Anteilnahme an ihren kulturellen Bildern dabei mitspielen. Die Landschaften haben einen parallelen Körper, der vielleicht an den verschiedenen Stellen nicht anwesend ist, ihnen aber manchmal ihren tiefstgehenden Sinn, moralische Werte verleiht. Die immaterielle Beziehung zwischen einer Gesellschaft und ihrer Landschaft kann somit ziemlich tief sein. Dies ist im Zusammenhang mit der Stadt Madrid und der in ihrer Nähe liegenden Sierra de Guadarrama geschehen, jedoch nicht ohne Umwege. Eine sonderbare unmittelbare Beziehung zwischen dem Asphalt und dem bewaldeten Gebirgszug mit reinen Quellen und mit Schnee bedeckten Felsprofilen.

Es gibt also eine intelektuelle, künstlerische und naturalistische Bewegung, die vor allem von Madrid ausgeht und der sich viele bekannte Schriftsteller der Jahrhundertwende vom 19. in das 20. Jhdt. anschließen, und zwar sogar auch berühmte Autoren wie Baroja, Machado, Juan Ramón Jiménez. Oft verglichen sie die Stadt mit ihrer düsteren Umgebung, zuerst mit der Silhouette des Gebirgszugs am Horizont und danach mit der Gemütlichkeit seiner verschiedenen Stätten. Zu Beginn des 20. Jhdts. beschrieb der Dichter Enrique de Mesa die rauhe Umgebung der Stadt in folgender Weise: *«afueras de Madrid: estercoleros; / medianerías rojas; / trozos de sembradura con senderos; / de vez en vez, un álamo sin hojas»*. Und er hob den Unterschied mit dem Gebirge hervor: *«Pobreza, suciedad. Por la bocana / de la calle, que hiende el caserío, / blanca y azul, lejana, / la Sierra, madre del sediento río»*. Machado drückte sich folgenderweise aus: *«Guadarrama, viejo amigo, / la sierra gris y blanca, / la sierra de mis tardes madrileñas / que yo veía en el azul pintada»*.

Ein wenig später begaben sie sich in das Gebirge und verstanden dort eine neue Botschaft zwischen seinen Schatten, Worte, die nur in den tiefen Schluchten *«donde el viento canta»* [in denen der Wind singt] beheimatet sind. Sie kehren nach Madrid mit dem Eindruck und der Erinnerung an die dort zurückgelegten Schritte, die im Sturm der Felsen verlorenen Wege, *«las trochas duras, / cercano al hosco roquedal cimero»* zurück. In der Sierra war es, wo Machado hörte, dass *«soñaba el planeta»* [der Planet] in der Stimme des Wassers [wiedergegeben ist]. Dort sahen sie die Schönheit des Winters, die in die Höhe steigenden, von Eis überzogenen Felsen, die vom Schnee gefärbten Lichter. So kam eine Notwendigkeit einer wohlgeordneten Schönheit auf, die nur die Natur ermöglicht. Und sie zahlten ihre Schuld mit Versen zurück. Die Melodie, die in den felsigen Geländen und dem Mantel der Wälder, in den Bächern kristalliner Stimme, in denen noch immer der Schnee der Gipfel lacht, haftet, kehrt in ihrer Stimme zurück; sie ist wie das Konzert des Wassers, der Luft, des Steines und des Baumes komponiert, wie der stumme Gesang des Nebels, wie das *«cristal murmurador»* [murmelnde Kristall] des Gletschers, der schmilzt, und wie die *«ronca voz del río»* [heisere Stimme des Flusses]. Sie haben die Stille und das Toben der Wolken, die von den Öffnungen der Pässe aus die Abhänge herunterrollen, den Tumult der vom Regen verursachten Schlachten, das Schlagen der Flügel des Windes, das Brausen der ungezähmten Flussläufe zwischen den Felsen in der Nacht kennengelernt. Ein Buch, ein Gedicht über die Natur eines Ortes ist wie ein dramatisches Stück, in dem die Elemente und die Sinne miteinander sprechen, in dem die Vernunft ermittelt, während die Welt spricht und handelt.

Der Pinienwald am Ende des Winters ist in Wirklichkeit das Zusammentreffen der Schönheit der Stammsilhouette, der so charakteristischen Farbe der rötlichen Äste und des kaum wahrnehmbaren Knisterns der Rinde. Es ist die Bewegung der Vögel zwischen den Piniennadeln, ein aus der Weite und ein anderes, aus der Nähe kommendes Zwitschern, die sonnige Lichtung, das Glänzen der Glimmereinschlüsse im Granit am Rande des Weges, das Rauschen des Wassers, der Glanz des mit Schnee bedeckten Gipfels zwischen den Baumkronen, der große graue Block, der halb mit Moos bedeckt ist, das Aroma der Pflanzen, des Flussufers oder des Schattens, das Verweilen eines eleganten Stiles der Natur, das neuerliche Zusammentreffen mit den Erinnerungen. All dies ist ein Komplex, der sich in komplementärer, übereinstimmender, harmonischer und stiller Weise darbietet.

Es ist der gesamte Einklang des Bergwassers, das der Wanderer am Ufer des Flusses trinkt. Der Berg verwandelt sich sogar in einen körperlichen Bestandteil der Schriftsteller und somit auch der Leser; alle fügen sich allmählich in den Gebirgszug ein. Eine auserlesene Integrierung bestimmter Bürger in die herben Pinienwälder. Alte Felsen, die als Meister anerkannt werden. Stellen, die in uns ein besonderes Gefühl erwecken, weil sie uns eine Wurzel im Abgrund ermöglichten. Diese Tradition hat ein Wahrnehmungsniveau und auch die Verpflichtung geschaffen, die Werte zu bewahren, die dies ermöglichten, und Initiativen einzuleiten, die das Erlöschen dieses Traumes verhindern. Es gibt grässliche Landschaften, die unsere Berge bedrohen. Oft erinnere ich mich an das Ende des Buches von Arseniev über die Taiga von Ussuri, als er zurückkehrt, um die Grabstätte von Dersu Uzala zu besuchen, und den Platz nicht wiedererkennt, weil er von den Bauwerken der Menschen entstellt worden ist. Die großen Zedern, die die Grabstätte umgaben, waren verschwunden und die Stille bestand nur mehr in der Erinnerung. Ich möchte dies nicht mehr an unsere Berge anwenden.

Im Verlauf der Jahre hat sich mein Leben durch eine Reihe von verlorenen Landschaften, abgeschnittenen Gärten und Landschaften charakterisiert, die ewig zu sein schienen, aber nur zeitweilig geliehen waren. Ich habe gesehen, wie Ufer in ihrer Kindheit und Seen in ihrer Jugend starben, auch junge Gipfel. Das Alter ist aus Verzichten gebildet. Das neuerliche Zusammentreffen mit unerkennbaren Stellen, die des Antlitzes der Erinnerung entbehren, ist traurig. Es gibt Landschaften, die nur mehr in meinen verschwommenen persönlichen Erinnerungen bestehen und endgültig mit mir verschwinden werden. Es gibt so viele Landschaften, die mit den Menschen, dem Kommen und Gehen verbunden sind, dass sie bewahrt werden müssen. Wir, die wir umherirren, kommen aus keinem verödeten Land, sind keine Wesen, die keine Vergangenheit besitzen oder die Wurzeln verloren haben. Dies wird aber so sein, wenn bei unserer Rückkehr keine Horizonte vorhanden sind, die es erlauben, dass die Welt für uns eine Bedeutung hat. Im Verlauf der Jahre sind so viele Landschaften misshandelt, so viele Stätten ihrer Seele beraubt worden, und zwar wegen der blinden Suche nach Konkurrenzfähigkeit. Der Verlauf der Zeit ist wie eine Reise, da das Leben einem Weg folgt, die Dinge sich ändern und die Landschaften sich verwandeln, und zwar oft so sehr, dass wir uns in anderen Gebieten zu befinden scheinen, obwohl wir uns nicht von der Stelle bewegt haben.

Das Leben stützt sich unter anderem auf die Träume und damit überwinden wir die Bedingungen einer reinen Existenz. Es gibt Umstände, die die Existenz nicht annullieren, aber das Leben mindern. Die Projekte und Hoffnungen sind Charakteristiken des Lebens und befreien die Menschen davon, sich mit einer Existenz begnügen zu müssen, die durch einen oft ziemlich grausamen Horizont definiert ist. Es stimmt, dass die Erfahrung Melancholie ist. *«El tiempo es breve, las ansias crecen, las esperanzas menguan»*, schrieb Cervantes. Das Leben ist in der Tat ein kurzes Geräusch zwischen zwei Stillschweigen. Aber bei der Aufrechterhaltung der Lebensträume und der Bewahrung der Gemütsbewegung angesichts der Dinge gibt es kein Alter. Es ist der Verlust von Gegenständen oder Personen, was die Nostalgie schafft und uns dazu verleitet, alles aufzugeben. Zwischen diesen Lebensträumen muss die Notwendigkeit aufgeworfen werden, die Landschaften zu schützen, weil dies mit der notwendigen Harmonie übereinstimmt. Man darf nicht vergessen, dass wir der Erde angehören, dass alles der Erde angehört und dass unsere Beziehung mit der Erde nicht bedeutungslos ist. Wir atmen die Luft der Erde, wir trinken das Wasser der Erde, wir essen die Pflanzen und Tiere der Erde. Wir leben dank der naiven Erde. Und außerdem: wie kann man vermeiden, Träume und Harmonien in diese Beziehung einzuführen oder zu begründen? Ist ein sehnsüchtiges Bestreben nur materiell?

Die Sierra de Guadarrama ist ein lebendiges Legat. Es stimmt, dass der Gebirgszug aus alten Felsen mit sehr charakteristischen Formen, Wäldern mit deutlicher Personalität, Wiesen, Winterschnee auf den Gipfelprofilen, Flüssen in klar umrissenenen Tälern gebildet ist. All dies dient als Stütze und Bühne für ein Kulturerbe, das sich in noch harmonischen Landschaften ausdrückt. Und er setzt sich auch aus Änderungen und sogar mehr oder weniger vitalen Plänen zusammen. Und gerade bei diesem Änderungsprozess muss mit attraktiven und resistenten Vorschlägen eingegriffen werden, damit weder die alten Felsen noch das mehrhundertjährige Erbe durch eine der vielen, in einseitiger Weise Nützlichkeitszwecken dienenden Überschwemmungen eliminiert werden, die in unserer Zeit aufkommen und wieder verschwinden. Der Vorgang setzt sich in Wirklichkeit aus mehreren Faktoren zusammen. Wir müssten danach trachten, in Übereinstimmung damit vorzugehen.

Für Madrid ist es ein großes Glück, dass die Sierra gleich in der Nähe liegt. Und von einem kulturellen Gesichtspunkt aus gesehen, ist es auch für die Sierra gut gewesen, dass Madrid so nahe ist. Gleichzeitig kann aber nicht geleugnet werden, dass der Umstand, sich ganz in der Nähe einer so großen Stadt zu befinden, en ernstes Problem für die Natur des Gebirgszugs ist. Die Sierra ist nicht sehr groß, besonders wenn man den Andrang berücksichtigt. Man sagt, dass es früher viel Raum und wenige Leute gegeben hat und dass es jetzt viele Leute und wenig Raum gibt. Der traditionelle Einfluss aus den Stadtgebieten kam z. B. aus bestimmten Gebieten ("Reales Sitios") und in jüngster Zeit war dieser Bereich das Ziel von Verlegungen, was zu einer gewissen Spezialisierung der Sierra auf wirtschaftlichem Gebiet führte, wie im Fall der Steinbrüche, der Milchnachfrage, der Waldproduktion, der Wasserreserven, der Wichtigkeit für die Gesundheit und Freizeit oder als Ziel von Sommerlagern oder Sommerhäusern. Aus der Stadt stammen auch die Projekte für die Bahn- und Straßenverbindungen, die bis zu den Pässen gelangen und die Sierra durchziehen. Dem von der Stadt ausgeübten Druck sind die sichtbaren Veränderungen zuzuschreiben, die man entlang des gesamten Abhangs der Sierra feststellt, von den Wohn- bis zu den Skigebieten. All dies bildet einen Bestandteil einer mächtigen Veränderungsdynamik, die sich nicht nur auf Räume, Landschaften und Gebräuche, sondern auch auf ihre Werte auswirkt.

Die intensive Nutzung der Sierra in touristischem Sinne war fast nur an Wochenenden im Winter (Schnee) oder im Sommer (Kühle) festzustellen. Aber diese Nutzung breitet sich normalerweise wie eine Überschwemmung aus und überträgt die Massen- und Ausstattungsprobleme der Stadt auf die Naturlandschaften. Dadurch erreicht die geeignete Nutznießung der Berge nicht das Qualitätsniveau, das die freie und bewahrte Natur bieten sollte, und an ziemlich vielen Stellen wird auch der Mindestgrad an Einsamkeit nicht erreicht, der für den Besucher anscheinend gut wäre.

Würden wir also ein anderes Modell verfolgen, könnten wir vielleicht die Folgen dieser Tendenz vermeiden. Und ein Muster dafür befindet sich in der Sierra selbst: die vorbildliche Restaurierung, die im Naturgebiet Peñalara ausgeführt wurde. Heute wird die Möglichkeit einer lang erwarteten, globalen Konservierungsinitiative in Erwägung gezogen: der Vorschlag, einem Bereich, der in der Sierra de Guadarrama noch zu bestimmen ist, die Kategorie eines Nationalparks zu verleihen. Man sieht also, dass ein ganz anderer Vorgang eingeleitet wird, der mit einer Wiedergewinnung der Werte übereinstimmt, die unsere Kultur dem Guadarrama zugemessen hat. Diese Leitlinie bezüglich Schutz und Planung der Naturlandschaften der Sierra wird auch eine positive Rückwirkung auf die Gesellschaft haben, die in diesen Gebieten lebt. Dieser Vorschlag wird zu einer neuen Ansicht über den alten Gebiets- und Landschaftsgeist führen, da jahrhundertelang viele neue Aspekte eingeführt wurden, ohne die vorherigen zu eliminieren. All dies wird etwas Lebendiges und in die Zukunft Gerichtetes ermöglichen.

Wir sind an einem Punkt angelangt, wo das, was nicht geschützt ist, bedroht ist. Es gibt viele und unterschiedliche Absichten bezüglich der Sierra: sie reichen von den biologischen Plänen – Gattungen sollen wieder eingeführt werden – bis zu den Maßnahmen, dass mehr Geräte für das Skifahren oder Alpträume aus Zement aufgestellt werden sollen. Und man muss für jede Stelle die geeigneten Bedingungen berücksichtigen. Es gibt Bereiche, in denen der alte und frustrierte Vorschlag über die Verwandlung eines ausreichenden Gebiets des Guadarrama in einen Nationalpark ohne Verstoß gegen die Vorschriften oder gegen die Berge in die Praxis umgesetzt werden kann. Das Wesentliche ist klar, und wenn es auch peripherische Aspekte gibt, die zweifelhafter sind und für die eine gewissenhafte Behandlung erforderlich ist, so dürfen sie nicht ausschlaggebend sein und sich negativ auswirken auf das, was wichtig ist.

Der Nationalpark ist in mehrerer Hinsicht sinnvoll: nicht nur für die Sierra selbst, ihre Elemente, Bedeutungen, Landschaften, Prozesse und Bewohner, sondern auch für das Gebiet, in der sie sich befindet – das Gebiet Madrid und Segovia sowie die Bergkette des Zentralsystems. Aber auch in Bezug auf die Halbinsel als Teil eines geographischen Bergnetzes und bezüglich des ganzen Landes an sich als teilweiser Ausdruck eines Parksystems; nicht zu vergessen ist die internationale Ebene: und zwar als Landschaft, die unter den auserwählten Gebieten der Welt hervorgehoben wird. Der Umstand, der Sierra die Kategorie eines Nationalparks zu verleihen, verwandelt sie in einen Bestandteil einer speziellen Gruppe. Dieser noble Schutz wird im Verlauf der Zeit vielen zu Gute kommen. Für sie wird ein Gebiet mit Steinen, Wasser und Wäldern reserviert worden sein, in dem sie – von der Stille der Sierra umgeben - lernen und genießen können.

ÍNDICE